# 講座 日本語コーパス

前川喜久雄 [監修]

5

# コーパスと日本語教育

砂川有里子
［編］

滝沢直宏
千葉庄寿
投野由紀夫
本田ゆかり
山内博之
橋本直幸
小林ミナ
小西　円
砂川有里子
清水由貴子
奥川育子
曹　大峰
井上　優
仁科喜久子
阿辺川武
ホドシチェク ボル
イレーナ スルダノヴィッチ
［著］

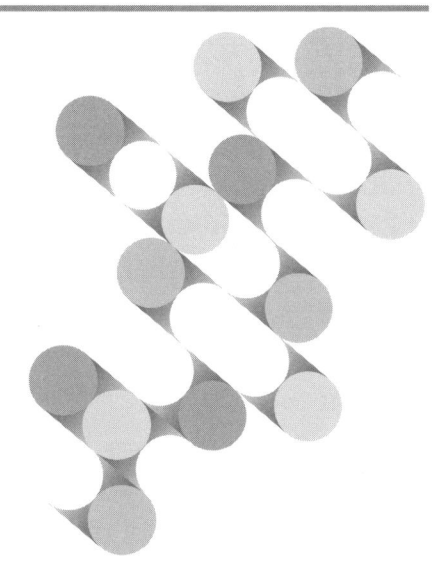

朝倉書店

**監修者**

前川喜久雄　　国立国語研究所

**第5巻編集者**

砂川有里子　　前筑波大学

**執筆者**

| | |
|---|---|
| 滝沢直宏 | 立命館大学 |
| 千葉庄寿 | 麗澤大学 |
| 投野由紀夫 | 東京外国語大学 |
| 本田ゆかり | 東京外国語大学 |
| 山内博之 | 実践女子大学 |
| 橋本直幸 | 福岡女子大学 |
| 小林ミナ | 早稲田大学 |
| 小西　円 | 国立国語研究所 |
| 砂川有里子 | 前筑波大学 |
| 清水由貴子 | 東京外国語大学 |
| 奥川育子 | 政策研究大学院大学 |
| 曹　大峰 | 北京外国語大学 |
| 井上　優 | 麗澤大学 |
| 仁科喜久子 | 前東京工業大学 |
| 阿辺川武 | 国立情報学研究所 |
| ホドシチェク ボル（Hodošček Bor） | 大阪大学 |
| イレーナ スルダノヴィッチ（Irena Srdanović） | ユライ・ドブリラ大学プーラ |

（執筆順）

# 本講座の刊行にあたって

　近年の言語研究では本講座の主題であるコーパスに対する期待がとみに増大している．自然科学において望遠鏡や顕微鏡が果たした役割を言語研究において果たすこと，すなわち人間の主観の限界を超えて従来不可能であった言語現象の観測を可能にすると共に言語研究の効率を飛躍的に向上させることがコーパスに期待されているのである．

　日本語の研究では国際的にみても早い時期に定量的研究への取組みが始まった．計量的語彙論の分野では顕著な成果が挙がり，専門学会が組織されたにもかかわらず，その後，研究用大規模コーパスの構築と公開においては諸外国語に大幅な遅れをとってしまった．

　1990年代末以降この問題を解決するための努力が国立国語研究所を中心に行われるようになったが，幸い政府による科学技術研究への投資にも支えられて，言語研究を主要な目的とする日本語コーパスの整備はこの十数年の間に飛躍的に進展した．国立国語研究所・情報通信研究機構・東京工業大学共同開発の『日本語話し言葉コーパス』（2004年公開）と国立国語研究所単独開発の『現代日本語書き言葉均衡コーパス』（2011年公開）はこの期間を代表するコーパスである．

　特に後者では構築の全期間（2006～2010年）にわたって文部科学省科学研究費特定領域研究「代表性を有する大規模日本語書き言葉コーパスの構築：21世紀の日本語研究の基盤整備」（略称日本語コーパス）の支援を受けることができ，我が国初の均衡コーパスの構築作業と並行してコーパスを利用した日本語研究を確立するための探索的研究を様々に試みることができた．

　本講座はこの特定領域研究の成果を一般に広く還元することを目標として企画立案されたものであり，各巻の編者には特定領域研究計画研究班の班長があたっている．ただし第3巻は主に『日本語話し言葉コーパス』の構築によって得られた成果を報告しており，特定領域の範囲に収まるものではない．また2010年度より実施中の国立国語研究所言語資源研究系の基幹型共同研究「コーパス日本語学の創成」および「コーパスアノテーションの基礎的研究」による成果も本講座の一部に含まれている．

本講座の読者としては日本語学の研究を志す学部・大学院の学生，これからコーパスを利用した研究に挑戦しようとしている日本語研究者，そして関連領域としてのコーパス日本語学に興味を持つ情報系研究者を想定している．本講座の刊行によって日本語研究におけるコーパス利用が広い範囲で促進されることを期待して緒言の締めくくりとする．

　2013 年 6 月吉日

講座監修　前川喜久雄

# まえがき

　コーパスから得られる情報は，日本語教育のための語法研究や習得研究のほか，語彙表やシラバスの作成，辞書の編集，教科書や文法書の開発といった幅広い応用に利用可能である．また，日本語学習支援システム，難易度判定システム，誤用判定システムなどの開発にもコーパスは欠かせない．日本語教育におけるコーパスの活用は，英語教育のそれと比べれば遅れを取ってはいるが，日本語のコーパスが本格的に整備され始めた2000年代に入って急速に盛んになり，この勢いは今後ますます加速するものと思われる．本書は，日本語教育にコーパスを活用するための基礎的な知識を概説するとともに，コーパス検索の具体的な方法やコーパス検索システムおよび学習支援システムの紹介，ならびにコーパスを使った類義表現やコロケーションの分析事例を示すことを目的とする．各章の概要は以下の通りである．

　第1章では，テキストエディターを使ってコーパスから情報を抽出する方法，言語データに情報を付加（アノテート）する方法，および『中納言』のような解析済みのコーパスデータから情報を抽出する方法などについて解説するほか，さまざまな技法によるコロケーションの抽出方法を紹介する．

　第2章では，教育語彙表の定義や特徴などの基本概念や，コーパスから語彙表を切り出すのに必要な技法について解説を行い，『現代日本語書き言葉均衡コーパス（BCCWJ）』を用いた頻度とコーパスサイズの実験結果や教育語彙表作成の方法を示す．また，BCCWJを利用して作成した日本語教育語彙表を紹介し，それを用いた日本語教育の可能性について述べる．

　第3章では，日本語教育における類義表現の扱いを批判的に検討し，類義表現の出現形に着目することとその使用環境を明らかにすることの必要性を述べる．また，コーパスを使った初級レベルと中・上級レベルの類義表現の分析事例を示す．

　第4章では，日本語教科書コーパスのサンプルとして試行的に作成した初中級および中級の総合教科書データを用い，語数や文長，品詞の出現頻度，文法項目の分布，特徴的語彙などを調査した結果，ならびに，中国で作成された日本語教

科書コーパスを用いた学習項目の分析事例を示す．

第5章では，理工系の大学への留学生を主たる対象とした日本語作文学習支援システム『なつめ』を紹介し，その有効性を検証するために行った学習者評価実験の内容と実験結果を示す．また，誤用コーパスの必要性から現在構築中の日本語学習者コーパスについて触れ，誤用判定システムの可能性について考える．

第6章では，国内外で開発されたコーパス検索ツールの概観と言語教育へのコーパスの応用事例，ウェブ上で使えるコーパス検索ツール Sketch Engine の紹介と Sketch Engine を用いたコロケーションや類義語などの調査方法，ならびに，コーパスを活用した学習者用コロケーション辞書作成の試みについて述べる．

また，付録では，テキスト処理やコーパス検索に有益な正規表現について概観する．

コーパスを活用して日本語教育の研究と実践に役立てたいと思う読者は，ぜひ本書を紐解いていただきたい．

なお，本書は特定領域研究「日本語コーパス」における計画研究班の「日本語教育班」と公募研究班の「作文支援システム班」による研究成果に基づくものであり，これらの班に所属するメンバーによって執筆されたものである．

2016年2月

第5巻編者　砂川有里子

# 目　　次

## 第1章　コーパス検索の方法 ……………………［滝沢直宏・千葉庄寿］ 1

1.1　は じ め に …………………………………………………………… 1
1.2　適切なコーパス検索に必要な知識 …………………………………… 2
1.3　適切なコーパス検索とツールの利用 ………………………………… 6
1.4　コーパスの構造とアノテーション …………………………………… 14
1.5　解析済みコーパスの検索 ……………………………………………… 19
1.6　コロケーションとコリゲーション …………………………………… 24
1.7　ま と め ………………………………………………………………… 33

## 第2章　教育語彙表への応用
　　　　　………………［投野由紀夫・本田ゆかり・山内博之・橋本直幸］ 35

2.1　は じ め に …………………………………………………………… 35
2.2　教育語彙表の基本概念 ………………………………………………… 35
2.3　コーパスからの語彙情報の抽出方法 ………………………………… 38
2.4　教育語彙表作成の方法論 ……………………………………………… 46
2.5　言語活動に直結した日本語教育語彙表 ……………………………… 52
2.6　教育語彙表を用いた日本語教育 ……………………………………… 57

## 第3章　類義表現分析の可能性
　　　　　………［小林ミナ・小西円・砂川有里子・清水由貴子・奥川育子］ 65

3.1　は じ め に …………………………………………………………… 65
3.2　日本語教育における類義表現 ………………………………………… 65
3.3　コーパスデータに基づいた類義表現の研究の位置づけ …………… 67
3.4　初級レベルで扱われる類義表現 ……………………………………… 68
3.5　中・上級レベルで扱われる類義表現 ………………………………… 81
3.6　ま と め ……………………………………………………………… 103

## 第4章　日本語教科書の分析　………［千葉庄寿・曹大峰・井上優］ **107**

4.1　はじめに………………………………………………………………107
4.2　日本語教科書の特徴…………………………………………………109
4.3　「日本語教科書の日本語」の分析……………………………………110
4.4　中国の日本語教科書コーパスの分析………………………………123
4.5　ま と め………………………………………………………………131

## 第5章　作文支援とコーパス
　　　…［仁科喜久子・阿辺川武・ホドシチェク　ボル（Hodošček Bor）］ **135**

5.1　作文支援システム『なつめ』構築にいたるまで…………………135
5.2　論文作成とコーパスの利用…………………………………………137
5.3　日本語作文支援システム『なつめ』の機能………………………140
5.4　学習者評価実験………………………………………………………148
5.5　日本語の誤用添削と文章校正支援…………………………………154
5.6　作文支援システムの課題と可能性…………………………………159

## 第6章　コーパス検索ツール
　　　………………………［イレーナ　スルダノヴィッチ（Irena Srdanović）］ **163**

6.1　はじめに………………………………………………………………163
6.2　コーパス検索ツールの発展と日本語教育への応用………………163
6.3　Sketch Engine ツールと日本語………………………………………168
6.4　Sketch Engine の日本語教育への応用………………………………177
6.5　ま と め………………………………………………………………185

**付録　正規表現とコーパス** ……………………………………［滝沢直宏］ **189**

  1　は じ め に …………………………………………………… 189
  2　複数の文字列の同時指定——（｜）………………………… 190
  3　繰り返しの指定——？＊＋ {m,n} {m,} {m} ……………… 190
  4　文字クラスの指定——［　］………………………………… 192
  5　文字の順番 …………………………………………………… 193
  6　位置を表す記号 ……………………………………………… 195
  7　制御文字と文字クラス（略記）を表す正規表現 …………… 196
  8　後 方 参 照 …………………………………………………… 196
  9　正規表現による明示化——コーパスをブラックボックスにしないために
        ………………………………………………………………… 197

**索　　引** ……………………………………………………………………… 199

# 第1章　コーパス検索の方法

## 1.1　はじめに

　言語の研究や外国語の勉強をしていると，「この表現はどのように使うのが自然なのか」，「こういう場合はどのような表現を使うとよいのか」と思うことがよくある．電子化された巨大な言語資料であるコーパスは，そのような問題を解決するための強力なツールになりうる．

　ある言語表現がどのように使用されているかを調べるには，「用例の収集」，すなわち「言語資料を見て，調べたい表現を探す」ということを行う．コンピュータがない時代，用例の収集には手作業でカードをとるのが一般的であり，問題の表現の使われ方を知るために必要十分な量の用例を収集するには，膨大な時間と労力が必要であった．しかし，眼前の表現が自分の求める例かどうかを判断しながら用例を探すことになるので，おのずと「自分の求める例だけを漏れなく収集し，それ以外のものを排除した」形で用例が収集されていた．

　コンピュータを利用する場合，用例の収集は「コーパスの検索」という形をとる．手作業の場合と異なり，コーパスを利用すれば，大量の用例がごく短時間で検索できる．しかし，検索の方法が適切でなければ，検索結果は「自分の求める例だけを漏れなく収集し，それ以外のものを排除した」ものにはならない．手作業による用例の収集と同程度の信頼度をもつ結果を「検索」によって得る，つまり，コーパスを検索して自分が調べたいことを調べるには，コーパスでできることとできないことを正しく把握するとともに，自分が求める用例を適切に検索する方法を考える必要がある．

　本章では，コーパスを検索してある言語表現がどのように使用されているかを調べる際に，どのようなことに留意する必要があるか，また，検索の際にどのような技術が必要になるかを述べる．1.2節と1.3節では，特定のコーパス分析ツールを使わずに，言語データを直接検索する方法を紹介する．1.4節では言語デ

ータに付与された情報（アノテーション）を用いて検索を行う方法について，1.5節ではコーパスを利用した用例収集の例としてコロケーションの検索について述べる．1.6節では，コロケーションの情報の重要性とその抽出法を扱う．

## 1.2 適切なコーパス検索に必要な知識

### 1.2.1 コーパスとコーパス分析用ツールの関係

コーパスは，大雑把に言って「コンピュータで処理することのできる巨大な言語資料」を指す．したがって，いざとなれば使い慣れたワープロソフトやテキストエディター（テキストファイルを読み書きするソフト）でファイルを開き，画面上で読むこともできるし，また印刷することもできる．その点では普通の文書と何ら変わるところはない．

一方，コーパス分析用ツールは，コーパスから効率よく必要な情報を抽出し，利用者に見やすい形式で提示するものである．したがって，コーパスツールは文書作成に使われる Word や表計算をするための Excel あるいは電子メールを送受信するための Outlook などと同様に，ツールなのである．

資料とそれを処理するツールは相互に独立しているので，あるコーパスを利用するにあたって特定のツールを使わないといけないということはない．この点は『現代日本語書き言葉均衡コーパス』(Balanced Corpus of Contemporary Written Japanese, 以下 BCCWJ と略記）についても同様で，DVD 版を入手すればそのファイルをワープロソフトやテキストエディターで表示することも可能である．

その一方，BCCWJ をインターネット経由で利用するという方法をとれば，ブラウザーを立ち上げ，『中納言』あるいは『少納言』という Web サイトにアクセスして利用することになる．『中納言』あるいは『少納言』は，有益と思われる機能が予め備えられたツールなので，これらを利用することで BCCWJ を有効に活用することができる．この利用法は，コーパスとコーパス分析用ツールを一体化して使う利用法だが，コーパスを初めて使う場合などは，こうしたツールの利用を考えるのが手っ取り早い方法と言える（その利用にあたってのマニュアルも用意されている）．

しかし，どのツールでも同様だが，あるツールで行えるのはそのツールが想定している作業のみであるという点に留意する必要がある．いかに高機能とはいえ，自分が行う必要のある機能が全て備わっていることは考えにくいので，いざとなればコーパス利用に特化されない一般的なツール（汎用ツール）でコーパスの処

理ができるようになっていると，コーパス活用の範囲は大幅に広がる．また，例えば『中納言』では，条件にマッチした抽出例を手元のパソコンにダウンロードすることが可能だが，そのダウンロードしたファイルからさらに細かい抽出を行う際にも，汎用ツールでの処理ができるとよい．

### 1.2.2 団体旅行と個人旅行

コーパス利用を旅行に喩えるとすると，『中納言』などのコーパス分析用ツールを使うことは，いわば団体旅行に相当する．団体旅行では，自分で切符の手配をする必要も，レストランやホテルを決める必要もない．見学先も旅行業者が決めてくれている．このような旅行は，集合時間に集合場所に行くという基本さえわきまえれば自分では何も判断する必要はなく，その意味で楽に旅行をすることができる．しかし，このような旅行では，各自の勝手は許されない．決められたレストランではなく，自分の趣味に合った別のレストランで食事をしようとしても無理である．このような自由な旅行をしようと思えば，団体旅行に参加するのではなく，個人で旅程を立てるべきだろう．乗るべき列車を時刻表その他を使って選定し，しかるべき方法で切符を購入する．食事や宿泊先にこだわりがあるなら，やはりさまざまな情報を自分で入手し，予約する．訪ねるべき観光地も自分の興味に併せて選定し，その場所へ行く方法もガイドブックその他を参考に調べなくてはならない．一見，面倒ではあるが，このような手続きを経て旅行を行えば，完全に自分の目的・趣味に合致した旅行を行えるだろう．

既存のコーパス分析用ツールを利用したコーパス利用は，いわば団体旅行に相当する．添付のマニュアルを読めばそれで基本的に十分であり，それだけで楽にかなりの情報を引き出すことができる．しかし，自由自在にコーパスからの情報抽出ができるわけではなく，そのツールの機能に縛られることになる．

### 1.2.3 個人旅行的にコーパスを使う

では，個人旅行に相当する方法でコーパスを利用するにはどのようにしたら良いだろうか．それにはまず，コーパスがどのように成り立っているかを知る必要がある．BCCWJを含めコーパスには詳細な説明書が添付されているのが普通だから，団体旅行の場合以上に，それに目を通すことが重要になってくる．その際，コーパスを構成するファイルを実際にコンピュータの画面に表示し，どのような形式になっているのかを目で確認することも有益である．画面に表示するために

は，ワープロソフトやテキストエディターでそのファイルを開けばよい．例えばWindowsの『メモ帳』もテキストエディターの一つである．Macであれば『テキストエディット』という名前のソフトが予め入っている（ほかにも，多くのテキストエディターがあり，WWW 上で無料あるいは安価で入手できるものが多い．それぞれ特徴があるので，自分の好みと用途に合わせて適当なテキストエディターを選べばよい）．そもそもコーパスは，多くの人が利用することを想定して構築されているから，テキストファイルと呼ばれる形式で配布されるのが普通である．テキストファイルであれば，どのテキストエディター，ワープロソフトでも読むことができるわけである．

　ここで，BCCWJ（DVD 版）のファイルの一部（LBa0_00002.xml より）を見てみよう．例えば，このファイルに含まれている「いいかげんなことを言う」という表現は，以下のようになっている．（見やすさのため，改行を追加している．）

```
<LUW B="S" SL="v" l_lemma="良い加減" l_lForm="イイカゲン" l_wType="混" l_pos="形状詞-一般" l_formBase="イイカゲン">
<SUW orderID="17050" lemmaID="38988" lemma="良い" lForm="ヨイ" wType="和" pos="形容詞-非自立可能" cType="形容詞" cForm="連体形-一般" formBase="イイ" orthBase="いい" pron="イー" start="26400" end="26420">いい</SUW>
<SUW orderID="17060" lemmaID="6316" lemma="加減" lForm="カゲン" wType="漢" pos="名詞-普通名詞-サ変可能" formBase="カゲン" pron="カゲン" start="26420" end="26450">かげん</SUW>
</LUW>

<LUW SL="v" l_lemma="だ" l_lForm="ダ" l_wType="和" l_pos="助動詞" l_cType="助動詞-ダ" l_cForm="連体形-一般" l_formBase="ダ" l_orthBase="だ">
<SUW orderID="17070" lemmaID="22916" lemma="だ" lForm="ダ" wType="和" pos="助動詞" cType="助動詞-ダ" cForm="連体形-一般" formBase="ダ" orthBase="だ" kana="ナ" pron="ナ" start="26450" end="26460">な</SUW>
</LUW>

<LUW B="B" SL="v" l_lemma="事" l_lForm="コト" l_wType="和" l_pos="名詞-普通名詞-一般" l_formBase="コト">
<SUW orderID="17080" lemmaID="12836" lemma="事" lForm="コト" wType="和" pos="名詞-普通名詞-一般" formBase="コト" pron="コト" start="26460" end="26480">こと</SUW>
</LUW>
```

```
<LUW SL="v" l_lemma="を" l_lForm="ヲ" l_wType="和" l_pos="助詞-格助詞" l_formBase="ヲ">
<SUW orderID="17090" lemmaID="41407" lemma="を" lForm="ヲ" wType="和" pos="助詞-格助詞" formBase="ヲ" pron="オ" start="26480" end="26490">を</SUW>
</LUW>

<LUW B="B" SL="v" l_lemma="言う" l_lForm="イウ" l_wType="和" l_pos="動詞-一般" l_cType="五段-ワア行" l_cForm="終止形-一般" l_formBase="イウ" l_orthBase="言う">
<SUW orderID="17100" lemmaID="1571" lemma="言う" lForm="イウ" wType="和" pos="動詞-一般" cType="五段-ワア行" cForm="終止形-一般" formBase="イウ" orthBase="言う" pron="イウ" start="26490" end="26510">言う</SUW>
</LUW>
```

これを見ると，「いいかげんなことを言う」という文がいくつかに分割され，その各単位に詳細な情報（形態論情報）が付与されていることがわかる．この文は，異なる2つの様式で分割されている．一つは「いいかげん・な・こと・を・言う」であり，今一つは「いい・かげん・な・こと・を・言う」である．違いは「いいかげん」と「いい・かげん」にある．前者を「長単位」，後者を「短単位」と言う．ここでは，長短の違いがあるのは1カ所のみであるが，例えば「公害紛争処理法」という表現であれば，長単位ではこれで一つの単位である一方，短単位では「公害・紛争・処理・法」に分割される（『現代日本語書き言葉均衡コーパス』利用の手引 (2011), p. 4）．BCCWJ は，このように長単位と短単位の2つの単位で解析されていることが大きな特徴の一つと言える．

　上を見れば，各単位に品詞情報，活用に関する情報，和語漢語の別などさまざまな情報が与えられていることがわかる．こうした情報が予め付されているために，これらの情報に依拠した検索（詳細に条件を指定した検索）が可能になるのである．例えば，形容詞「甘い」がどのような名詞を修飾しているかが調査できるのも，品詞情報が予め付与されていることによる．

### 1.2.4　広義のコーパスの場合

　ここまでは BCCWJ という綿密に設計されたコーパスを例に取り上げたが，新聞のデータベースや「青空文庫」なども広義にはコーパスと見なしうる．実際，BCCWJ が完成を見るまでは，こうした電子資料が日本語研究に広く用いられてきた．
　広義のコーパスの場合には，言語研究・言語教育を想定して電子化されている

わけではないので，品詞などの付加情報（アノテーション）はそもそも与えられていない．したがって，そのようなテキストをそのまま使っている限り，抽出できる情報は，実際に使われている文字列そのものに依拠したものに限定される．品詞情報に依拠した検索をしようとすると，形態素解析器で形態素解析と品詞情報付与を行うという手立てが必要になる．日本語の文を形態素に分割し，品詞情報を与えることができる解析器には，ChaSen や MeCab がある．

## 1.3 適切なコーパス検索とツールの利用

### 1.3.1 テキストエディターの利用

本節では，テキストエディターを使って，コーパスからどのように情報を抽出するのかを考える．前述の通り，『中納言』や『少納言』を使って BCCWJ を利用する場合や，その他のコーパス専用ツールを使う場合にはそのマニュアルを読めばすぐに使えるようになるので，ここでは，コーパス利用に特化されない一般的なソフトを利用して，電子テキストを利用する方法を考えることにする．前述の比喩でいえば，個人旅行的な利用法である．また，この方法は，『中納言』からダウンロードした資料を処理する際にも利用可能である．

ここで利用するテキストエディターは，インターネットを介して無料でダウンロードできる『サクラエディタ』というソフト（2015年11月時点での最新版はver. 2.2.0.1）である．サクラエディタは，テキストファイルの読み書きを行うテキストエディターであるという点では Windows に予めインストールされている『メモ帳』と同じだが，それにもかかわらず敢えてサクラエディタを使うのはこのソフトでは「正規表現（Regular Expression）」が使えるからである．正規表現が使えるテキストエディターはほかにもたくさんある．

正規表現が使えることは，テキストを電子的に処理するにあたってきわめて重要である．なぜなら，正規表現は，漢字1文字，任意の文字の繰り返しなど，具体的な表現を指定しなくても文字種やパターンを指定して検索・抽出を行うことができるものなので，これを駆使することによって柔軟なテキスト処理が可能になるからである（正規表現については付録や大名（2012）を参照されたい）．

テキスト検索・テキスト処理の勉強をするには，素材となるファイルが必要である．ここでは，インターネット上の図書館である『青空文庫』から取得する．Internet Explorer などのブラウザーで『青空文庫』のサイトにアクセスし，芥川龍之介『蜜柑』（新字新仮名）を使うことにする．ダウンロードしたファイルをこ

こでは mikan.txt と命名する．

　入手した電子テキストを対象にして，例えば以下のようなことを行うことができる．

① 調べたい語句を指定し，それが含まれている文をテキスト中から抽出する．
② テキストの中で使われている片仮名語や漢字の特定文字数の連鎖を網羅的に抽出する．
③ テキストの中で使われている全ての動詞を抽出する．
④ テキストの中で使われている副詞＋形容詞の連鎖を網羅的に抽出する．

このうち，③と④は「品詞情報付与」という段階を経る必要があるので 1.3.6 項で述べることにし，まずは①と②を実際に試みる．その過程で，必要になってくる事項に関しても併せて説明を加えていく．

### 1.3.2　ある指定したパターン（文字列）を含む文の抽出方法
　　　　―― grep の利用と「行」の意味

　まず，①についてである．これを行うには，サクラエディタのメニューバーの「検索」→「Grep」という機能を選ぶ（サクラエディタでは G を大文字で書くが，以下ではより一般的な小文字で表記する）．grep とは，「サクラエディタ」でのみ利用できるものではなく，広く一般的な名称である．その基本的な機能は，「指定したパターンを含む行の抽出」である．例えば，「甘い」という具体的な語を含む行を抽出したり，（正規表現を利用することによって）「片仮名語」を含む行を抽出したりすることができる．

　grep に関して重要なことは，抽出の単位が基本的には「行」であるということである．ここでいう「行」とは，日常的な意味での「行」ではなく，コンピュータにとっての「行」である点に注意が必要である．例えば，書物は普通，本書のように1ページ 35 行程度から成っている．「行」は，このような意味での使い方が日常的だが，grep によって抽出される「行」とは，概ね「改行で区切られた単位」と考えてよい．コンピュータを使っている際に，エンターキー（リターンキー）を叩いて「改行」を入力するのはいつかを考えてみると，それは「段落の終わり」であることに気付く．したがって，コンピュータにとっての「行」とは，日常的な用語でいう「段落」に相当することになる（この意味での「行」は「論理行」と呼ばれる）．コンピュータで作成するファイルは，「1 行＝1 段落」という

形式になっていることが多い．一方，言語教育や言語研究では，段落ではなく文が単位になることが多いから，入手したテキストの行が「1 行 = 1 段落」の形式になっている場合，それを「1 行 = 1 文」に整形すると便利である．この整形を予め行うことで，grep によって文単位での用例抽出が可能になる．

### 1.3.3 「1 行 = 1 文」に整形する方法

ここでは，mikan.txt を例にして，「1 行 = 1 段落」の形式（〈形式 1〉）から，「1 行 = 1 文」の形式（〈形式 2〉）に整形する方法の概略を述べる．以下の〈形式〉では，便宜的に ¶ によって改行を表している．なお，ルビは予め削除してある．

#### 芥川龍之介『蜜柑』の冒頭
〈形式 1：1 行 = 1 段落〉

> 　或曇った冬の日暮である。私は横須賀発上り二等客車の隅に腰を下して、ぼんやり発車の笛を待っていた。とうに電燈のついた客車の中には、珍らしく私の外に一人も乗客はいなかった。外を覗くと、うす暗いプラットフォオムにも、今日は珍しく見送りの人影さえ跡を絶って、唯、檻に入れられた小犬が一匹、時々悲しそうに、吠え立てていた。これらはその時の私の心もちと、不思議な位似つかわしい景色だった。私の頭の中には云いようのない疲労と倦怠とが、まるで雪曇りの空のようなどんよりした影を落していた。私は外套のポッケットへじっと両手をつっこんだまま、そこにはいっている夕刊を出して見ようと云う元気さえ起らなかった。¶
> ・・・

〈形式 2：1 行 = 1 文〉

> 　或曇った冬の日暮である。¶
> 私は横須賀発上り二等客車の隅に腰を下して、ぼんやり発車の笛を待っていた。¶
> とうに電燈のついた客車の中には、珍らしく私の外に一人も乗客はいなかった。¶
> 外を覗くと、うす暗いプラットフォオムにも、今日は珍しく見送りの人影さえ跡を絶って、唯、檻に入れられた小犬が一匹、時々悲しそうに、吠え立てていた。¶
> これらはその時の私の心もちと、不思議な位似つかわしい景色だった。¶
> 私の頭の中には云いようのない疲労と倦怠とが、まるで雪曇りの空のようなどんよりした影を落していた。¶
> 私は外套のポッケットへじっと両手をつっこんだまま、そこにはいっている夕刊を出して見ようと云う元気さえ起らなかった。¶
> ・・・

基本的に文は「。」（句点）で終わるので，「。」を「。改行」に置き換える「置

換」を行えばよい．改行は，\r\n で表すことになっているので，この置換を行うには，サクラエディタのメニューバーの「検索」→「置換」を選ぶ．すると，以下のように，置換の窓が開く．

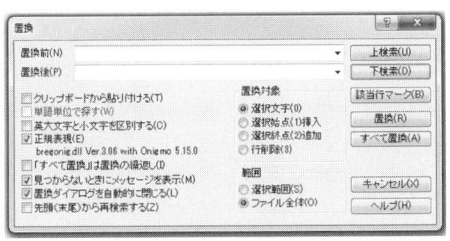

図 1.1 置換（サクラエディタ）

この窓の 1 行目の「置換前」と 2 行目の「置換後」の欄に，以下のように入力する（なお，\（バックスラッシュ）はサクラエディタでは半角円マークで表示されるが，本書では本来のバックスラッシュで表記する）．

置換前：。
置換後：。\r\n

その際，「正規表現」という箇所にチェックを入れることを忘れてはならない．このチェックが入っていないと，\r\n は文字通り \r\n を意味し，改行を意味しないからである．入力が終わって「すべて置換」のボタンをクリックすると，置換が実行される．この置換によって，句点の後ろには改行が追加され，「1 行＝ 1 文」に整形される（〈形式 2〉）[1]．

### 1.3.4 grep 検索の実行
このように整形されたファイルに対して grep を実行し，指定したパターンを

---

1) ただし，このような単純な整形だと，
　　彼は，「明日はきっと雨だよ。」と言った。
という文が，
　　彼は，「明日はきっと雨だよ。
　　」と言った。
のように整形されてしまう．これを回避して適切に整形しようとすると，もう少し複雑な置換が必要になるが，ここでは省略する．
　また ?! で終わる文にも対応するには，同種の置換によって，?! の直後に \r\n を追加すればよい．

含む「行」を抽出すれば，それがすなわち文単位での抽出ということになる．なお，サクラエディタでの grep では，検索した文字列を含む行（該当行）のみならず，検索した文字列そのもの（該当部分）のみを表示する機能もある（1.3.6項参照）．これは，具体的な文字列ではなくパターンでの抽出の場合には威力を発揮する重要な特徴である．

では，「1 行＝1 文」に整形した日本語のテキストを対象に，関心のある語句の grep 検索を実行してみよう．メニューバーの「検索」→「Grep」を選び，grep の画面を開く．以下のように，窓が開いたら，1 行目の「条件」欄に検索したいパターン（文字列）を入力する．

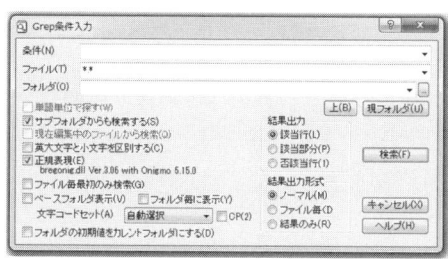

図 1.2　Grep（サクラエディタ）

2 行目の「ファイル」欄には，対象とするファイル名を書く．3 行目の「フォルダ」欄には，そのファイルが保存されているフォルダを指定する[2]．

これで，「検索」ボタンを押せば grep 検索が行われ，結果が画面に表示される．

最も単純な検索は，「条件」欄に具体的な文字列を入力することである．例えば，「甘い」という形容詞の用法を知りたければ，「甘い」と入力すればこの語を含む文のみが抽出される．しかし，「正規表現」の箇所にチェックを入れ，前述の「正規表現」を利用すれば，次節で見るようにパターンでの検索・抽出が可能になる．

### 1.3.5　正規表現の効用

電子テキスト（コーパス）を言語研究のために利用するにあたって，正規表現を駆使できることはきわめて重要である[3]．実際，この正規表現への精通が，コ

---

[2] 指定したフォルダ内にある全てのファイルを指定したい場合には「ファイル」欄に * とだけ書くことで，全ファイルを同時に指定することができる．*txt であれば，txt で終わる全ファイルを意味する．
[3] 1.3.3 項では，テキストの整形を行ったが，そこでも正規表現を用いていた．

ーパスから柔軟に情報を引き出す際になくてはならない力を発揮する．

　各記号の説明は付録で行うこととし，正規表現の効用を見てみよう．正規表現を使うと，コーパスから抽出したい複数の表現パターンやある条件にマッチしたパターンを一度に検索・抽出することができる．以下はその例である．

　**例 1-1**　動詞とその活用形をまとめて検索することができる．

　正規表現を用いずに，例えば動詞「行う」とその活用形を検索しようと思えば，「行わない」「行います」「行って」「行う」「行えば」「行おう」「行なわない」「行ないます」「行なって」「行なう」「行なえば」「行なおう」などの形を別々に検索することになる．しかし，それではいかにも煩雑である．そこで，正規表現を使い，

　　正規表現：　行な?(わない|います|って|う|えば|おう)

と表記する．すると，1回で12個の文字列を検索対象に指定できる．もし平仮名の「おこなう」も含めるのであれば，

　　正規表現：　(行な?|おこな)(わない|います|って|う|えば|おう)

とする[4]．

　**例 1-2**　具体的な単語や表現ではなくパターンを指定することができる．

例えば，

　　正規表現：　(きっと|多分|恐らく).+(ちがいな|かもしれな)い。

とすれば，「きっと・多分・恐らく〜ちがいない・かもしれない。」のような文（厳密には，文字列）を指定することができる．〜の箇所（正規表現では .+ によって表されている箇所）には，どんな文字列が現れていても構わない[5]．

---

4) ただし，「行って」は「おこなって」ではなく「いって」と読む可能性も高いが，単純な文字列検索では両者の区別はできない．さらに，分かち書きがなされていない普通のテキストの場合には，「銀行って」「修行って」などの「行って」にもマッチしてしまうことに注意する必要がある．これらを排除するには，形態素解析を実行し，あらかじめ分かち書きにしておく．そうすれば「銀行って」「修行って」の「行」の前（つまり「銀」や「修」と「行」の間）には区切りが置かれない一方，「行う」「行く」のテ形の前には区切りが入ることになり，区別が可能となる．また「流行って（はやって）」の場合には，形態素解析すると「流行っ」と「て」に分割されるので，やはり「行って」の連鎖にはならない．

また，正規表現を用いると，「行頭」や「行末」といった位置の指定ができるから，「行頭に生じている「きっと」」，「行末に生じている「ちがいない。」」など，位置に基づく条件指定も可能となる．

**例 1-3** 片仮名語，4 文字の漢字の連鎖（大器晩成，弱肉強食，中部空港など）のように文字種を指定した検索ができる．

正規表現：　[ァ-ヴー]+　（片仮名語）[6]
正規表現：　[一-龠]{4}　（漢字 4 文字）[7]

**例 1-4** 「ぽたぽた」「ちょこちょこ」「ぐにゅんぐにゅん」などの平仮名の繰り返しを含むオノマトペの一括抽出ができる[8]．

正規表現：　([ぁ-ん]{2,})\1

このように正規表現を使うことで，詳細な条件を指定したパターンによる検索・抽出が可能となる．

### 1.3.6　形態素解析と品詞情報付与

次に，③「テキストの中で使われている全ての動詞を抽出する」と④「テキストの中で使われている副詞＋形容詞の連鎖を網羅的に抽出する」に目を転じよう．前述の通り，言語研究を念頭において構築されたのではない広義のコーパス（電

---

5)　ただし，この指定では「どきっとしたにちがいない。」や「ご多分にもれず・・・かもしれない。」のような文字列にもマッチする．また，平仮名表記の「たぶん」も含めることにすると，「期待が強かったぶん失望も大きかったにちがいない。」のような非該当例も混入することになる．一般に平仮名による指定では，非該当例が含まれやすい．文字列検索は，あくまで文字の並びにしか着目しないので，全く意図しない文（非該当例）が混在してしまうことがある．

6)　[ァ-ヴー]は，ァからヴまでの全ての文字とー（音引き）を意味し，+はその繰り返しを示しているので，全体として片仮名語を指定する効果をもつ．ただし，このままでは「なぁーんだ」「しーんとしている」の中のーにもマッチしてしまう．これを回避するには，[ァ-ヴ][ァ-ヴー]*のように少々複雑な正規表現を書く必要がある．

7)　[一-龠]は，一から龠までの全ての文字を意味する．これは，Unicode と呼ばれる文字コードでの漢字 1 文字を表している．{4}は，その 4 回の繰り返しを示している．

8)　([ぁ-ん]{2,})\1 は，[ぁ-ん]{2,}は平仮名 2 文字以上，それと同じ平仮名が直後に繰り返されることを指定している．ただし，この正規表現では，「すがすがしい」の「すがすが」や「いまいましい」の「いまいま」のように，オノマトペ以外のものも数多く含まれてしまう．「しい」が来るものを除外するには，([ぁ-ん]{2,})\1(?!しい)のようにすればよい．また，いずれの正規表現でも，「義務付けするものではないのではないか」，「彼は落ち着いていて，もの静かだ」などの下線部のように，なかなか思いつきにくい非該当例が混在することになるので注意が必要である．

子化された言語資料）は，形態素解析も品詞情報付与もなされていない．したがって，品詞に言及する検索・抽出を行うには，前述した ChaSen や MeCab などの解析器を辞書（UniDic あるいは IPA 辞書）と組み合わせて解析する必要がある．例えば，「書く」は「書く_動詞」に，「甘い誘惑」は「甘い_形容詞 誘惑_名詞」のように解析される[9]．一度，このような情報を与えておけば，品詞に基づく検索が可能になる．

　動詞の抽出をしようと思えば，「\S+_動詞」のような指定になる．\S+ は「空白文字以外の1回以上の繰り返し」を意味するので，概略，一形態素を指定したことになる．また，前述の通り，サクラエディタの grep では，指定したパターンを含む行だけではなく，指定したパターンにマッチする文字列のみを抽出する機能（該当行ではなく該当部分を出力させる機能）をもっているので，それを利用すれば，あるファイルから「\S+_動詞」のみを抽出することができる．その上で，\S+ の部分だけを取り出せば，動詞のみが抽出される．

　副詞と形容詞，形容詞と名詞のように品詞の連鎖を得るには，「\S+_副詞 \S+_形容詞」，「\S+_形容詞 \S+_名詞」のように指定し，該当部分を抽出すればよい．

　なお，コーパス検索をする際には機械的なことのみならず，出てきた結果の解釈において注意を要することが多々ある．例えば，日本語の表現を扱った文章の中に，「「脇が甘い」とは言うが，「甘い脇」とは言わない．」という文が仮にあったとすると，「甘い脇」という認められない連鎖も「形容詞＋名詞」という検索条件にマッチしてしまう．前後の文脈を見れば，この連鎖が不可であることは自明だが，機械的処理では可能な連鎖と不可能な連鎖を区別できない．

　逆に，可能な連鎖であってもヒットしないものもある．例えば，「おいしい（＝甘い）果物」は，「甘い」と「果物」の間に）（括弧閉じ）があるため「甘い」と「果物」が連続せず，上の検索では抽出されない．また，「甘くて美味しい梨」では，「甘い」は「美味しい」と共に名詞「梨」を修飾しているが，連続していないので抽出されない．当然ながら，「アマい」，「あまい」，「甘〜い」，「あま〜い」なども抽出されない．

　さらに，「甘い司法の姿勢」という表現では，「甘い」は「姿勢」を修飾していると考えることが可能だが，表面的には「司法」の左に生起しているので，「甘い・司法」という連鎖で抽出されることになる．また，「審査が甘い金融機関」では，「甘い」のは「審査」だが，「甘い・金融」で抽出される．コーパス検索の場

---

9）　ここでは，形態素と形態素の間はスペースを入れている．

合，自分で抽出したいと思っている例を抽出することは一見，簡単に思われるが，その中には非該当例（いわゆるゴミ）が混在する可能性がある．同時に，「おいしい（＝甘い）果物」の例で見たように，該当例でありながら抽出されないこと（いわゆる漏れ）もありうる点に注意する必要がある．

コーパス検索を行い，その検索の妥当性を検証するには，何を検索対象としているかについて正規表現で明示するのが最も簡単である．正規表現で書き表されていれば，どの範囲を検索対象としているかが一義に決まるので，どのようなゴミ（抽出されるべきではないが抽出されている例）や漏れ（抽出されるべきだが抽出されていない例）が入りうるかを見極めることができる．微量のゴミや漏れは大きな問題を生じさせることはないとしても，それらが多く生じる場合には誤った結論に至る可能性もある．

以上，コーパス利用に特化されたソフトを使わずに，必要な情報を抽出する方法を述べた．その意義は，正に「個人旅行的」な旅行を可能にし，自分の目的に合ったコーパス処理が可能になるということである．すでに述べた通り，『中納言』でできるところまで処理し，その後，結果をダウンロードして，テキストエディターで処理することもできる．

## 1.4 コーパスの構造とアノテーション

### 1.4.1 アノテーションが表すもの

コーパスは，言語データに種々の情報を付加することにより，文字列検索では実現不可能あるいは困難な検索を可能にし，より複雑で応用性の高い分析にデータを利用することができるようになる．そのような情報（を付加すること）をアノテーション（annotation）と言う[10]．アノテーションは，分析者が自分でコーパスに付加することもあれば，コーパス構築者によってコーパスにあらかじめ付加されていることもある．1.3.6項で見た解析器と辞書を用いた形態素解析や品詞情報付与もアノテーションの一種である．

アノテーションには，大きく分けて次の3つの種類がある．

① 言語学的属性に関するアノテーション： 語や形態素の区切り，品詞，活用形，語種，文法関係などの言語学的属性に関する情報[11]．

---

[10] コーパスへの情報の付加は，エンコーディング（encoding），マークアップ（markup），タグ付け（tagging）とも呼ばれる（Garside, Leech and McEnery 1997）．本章では，情報の記述方式一般を「マークアップ」と呼び，「アノテーション」は（解釈を含む）言語的な情報を特に指す場合に用いる．

② 文章構造に関するアノテーション：「第6章」「注5」「引用」「ページ・行」など，当該文字列が文章中のどこにあるかを示す情報．
③ 文章属性に関するアノテーション： 文章の発表年，発表媒体，文章のバージョン，文章の著者や話者に関する情報など，文章の属性に関する諸情報．

アノテーションを検索や分析に活用することで，文字列の検索や処理だけではできない観察や分析が可能になる．その一方で，アノテーションが付加されたコーパスデータ（解析済みコーパス）は，文字列のみのデータよりも複雑になるため，コンピュータで適切に処理するには様々な工夫が必要となる．

### 1.4.2 アノテーションの表現方法

どのようなアノテーションをどのような形で付与するかについては，電子化されたコーパスの作成が始まった当初から，さまざまな方式が考案されてきた．例えば，Brown Corpus (The Brown University Standard Corpus of Present-Day American English) では，行頭に原本を示すID番号（以下の例ではA01 (*Atlanta Constitution*)）と行番号（0010は1行目，0020は2行目を表す）を固定長データとして置き，当該文字列がどの原本の何行目であるかがわかるようになっている[12]．

```
A01 0010    The Fulton County Grand Jury said Friday an investigation
A01 0020 of Atlanta's recent primary election produced "no evidence" that
A01 0030 any irregularities took place.    The jury further said in term-end
A01 0040 presentments that the City Executive Committee, which had over-all
A01 0050 charge of the election, "deserves the praise and thanks of the
A01 0060 City of Atlanta" for the manner in which the election was conducted.
```

文章の構造を総合的に記述した最初期のアノテーション方式がCOCOA形式である (Hockey, 1998)．日本語でも1990年に『源氏物語』コーパスがCOCOA形式で作成され，現在Oxford Text Archiveで公開されている（近藤, 2003）．第1帖「桐壺」の冒頭には，次のようなアノテーションが施されている．（W：作者，T：タイトル，V：版，C：帖のタイトル，E：帖のタイトルの英訳，S：帖のサブ

---

11) 1.2.3項で見た「いいかげんなことを言う」という短文に付された情報も言語学的属性のアノテーションの例である．
12) 以下のサンプルは現在ICAMEで配布されているデータである．各単語の後に / を挟んで品詞コードが記述された品詞つきバージョン (Form C) も開発・公開されている．

タイトル，F：英語版の対応ページ，P：原文のページ）．

```
<W 紫式部>
<T 源氏物語>
<V 1>
<C きりつぼ>
<E 1> {The Paulownia Court}
<S 1> {桐壺更衣に帝の御おぼえまばゆし}
<F 3>
<P 93>
いづれの御時にか，女御更衣あまたさぶら
ひたまひける中に，いとやむごとなき際に
はあらぬが，すぐれて時めきたまふありけ
```

　KOKIN ルール（国文学研究資料館）も，『岩波古典文学大系・旧版』の本文を忠実にコーパス化することを目的に設計されたものである（近藤，2003）．

　言語データに情報を付加する場合は，特定の記号で範囲を指定して情報を付加するが，発話データの構造の記述には，一般的なテキストの構造がもつ階層性をまたいだ複雑なアノテーションがしばしば必要になる．例えば，ICE (International Corpus of English) では，<|> と <|/> で囲んだ部分は会話者の発話がオーバーラップしている範囲を表し，また <[> と <[/> で囲んだ部分は実際に発話がオーバーラップしている部分を表す（<$　> は話者，<#：　> は文番号）．次の例では，話者 A の発話（文番号 1）の末尾の I と話者 B の発話（文番号 2）の最初の and がオーバーラップしている．

```
<$A><#:1> yes that I think you told me <|><[>I<[/>
<$B><#:2> <[>and<[/><|/> none of them have been what you might call...
```

　これらのアノテーション方式は，多くが独立した動機で独自に設計されたものであるため，相互変換ができないという問題がある（Hockey, 1998；近藤，2003）．また，これらのアノテーションを活用して高度な検索処理を行うためには，各アノテーション方式に対応したソフトウェアを利用する必要なことがあり，汎用性の点でも問題がある．

　このような問題を避けるため，現在では，汎用のマークアップ言語である XML (Extensible Markup Language)[13] をアノテーションに用いることが増えている．

1.4 コーパスの構造とアノテーション　　　　　　　　　　　17

以下に示すのは，BCCWJ の書籍データ（OB）のファイルの一つ（OB0X_00012.xml）を web ブラウザー（Internet Explorer）で表示した例である．

```
</titleBlock>
- <paragraph>
  - <sentence>
    東京駅頭あたりで転出する同僚に，
    <quote>「女に気をつけろよな」</quote>
    そんな言葉を
    <ruby rubyText="はなむけ">餞</ruby>
    にして，肩をたたいてみたりしたところで，ははあ，こいつは東京在勤中，俺の女出入りにやきもちを焼いてやがったんだな，痛くもない腹をそう勘ぐられるのがおちでしょう．
  </sentence>
  <br type="automatic_original"/>
```

図 1.3　BCCWJ の表示例

XML のアノテーションでは，情報を付加したい文字列を開始タグ< ＞と終了タグ</ ＞で囲んで必要な情報を付加する．また，より詳細な情報は開始タグに記述する．上の例では，<sentence> と </sentence> で囲んだ部分が 1 文であり，<quote> と </quote> で囲んだ部分が引用部分である．また，「餞」の部分を<ruby rubyText="はなむけ"> と </ruby> で囲むことにより，ルビが表現されている．1.2.3 項にあげた「いいかげんなことを言う」も XML によるアノテーションの例である．

XML をアノテーションに用いることにより，XML に対応しているさまざまなツールを閲覧や分析に利用できる．例えば，上記のルビを含む XML データは，XML の関連規格である XSLT などを用いてスタイルを適用することで，web ブラウザ上でルビの形で閲覧できる．また，XML の構造を解釈できるソフトウェアやツールを用いて，アノテーションの検索や加工などの処理を行うこともできる．

XML のタグは付加も容易だが，削除も容易である．例えば，XML のタグをすべて削除し XML のマークアップのないテキストのみのデータを復元したければ，以下のような正規表現を使ってタグを検索し，削除すればよい[14]．

　　　<[^>]+>

---

13)　XML の特徴とその歴史的経緯については千葉（2006, 2011）などを参照．
14)　XML タグを削除するこの正規表現は，タグの記述に用いられる記号「>」がコーパスの本文中に存在しないことを前提としている（大名, 2012）．

### 1.4.3 アノテーションを自分で付加する

コーパスを用いた研究では，分析者自身が独自に情報を付加することがある．解析済みコーパスを用いる場合でも，調べたい用例を検索するための情報が付与されていなければ，自分で情報を付与することになる．

例えば，BCCWJはレジスターごとにコーパスの構造が異なり，データの種類によっては「見出し」の部分と「地の文」の部分が区別されていない．そのため，研究内容によっては，「見出し」を構成する文字列と「地の文」を構成する文字列を区別するためのアノテーションを自分で付加することが必要になる．また，日本語学習者の発話や作文のコーパスを利用して，どのような誤用がどの程度現れるかを調べようと思ったら，発話や作文を見ながら，誤用に関してどのような情報を付すのが適切かを検討したうえで，情報の付与を行うことになる（李ほか，2012 参照）．

アノテーションを自分で付加することは，言語データを加工するということである．自分でアノテーションを付加する場合は，加工により言語データそのものに問題が生じることがないよう，Leech（1993）が提案する以下の原理を念頭に置き，アノテーションの形式や内容について十分に検討する必要がある．

① 生のコーパスに簡単に戻せるようにすること．
② アノテーション自体を取り出せるようにすること．
③ アノテーションの内容や解釈の原則を利用者が閲覧できるようにすること．
④ 誰がどのようにアノテーションを付加したかが分かるようにすること．
⑤ アノテーションは便宜的なものであり，利用者が自己責任で使うものであること．
⑥ アノテーションはできるだけ偏らず，理論に中立なものにすること．
⑦ 特定のアノテーションを絶対的なものとは考えないこと．

①，②は，データの混乱や破壊が生じないように，データ中の言語テキストの部分とアノテーションの部分とを明確に区別できるようにせよ，ということである．
③，④は，アノテーションがどのように行われたかを記録する文書を作成せよ，ということである．どのような情報をどのように付加したのかが分からないと，コーパスの共有や永続的な利用ができないからである．⑥も，アノテーションが特定の理論に依存しないほうがコーパス共有の可能性が広がる，ということである．
⑤と⑦は，アノテーションの形式や内容は目的に応じて柔軟に考えてよいが，

## 1.5 解析済みコーパスの検索

### 1.5.1 シンプルな解析済みコーパス

それだけに，付与する情報を利用して何ができるか（何ができないか）を十分に見極める必要がある，ということである．

解析済みコーパスには，比較的単純な情報を付加しただけのシンプルなものもあれば，様々な種類の情報を付加した複雑なものもある．シンプルな解析済みコーパスの例としては，CASTEL/J（日本語教育支援システム研究会）の『日本語教育用教材テキストデータ（BOOKDATA）』があげられる．これは，CASTEL/Jが開発した日本語教育用データ[15]に収録されている49冊の書籍データからなるコーパスであり，オリジナルのテキストデータに加え，形態素境界をセミコロン(;)で表示した形式のデータ[16]が提供されている．

> プレーンテキスト：政治家が「やってあげますよ」というよりさきに、
> 形態素境界つき：政治家;が;「;やっ;て;あげ;ます;よ;」;と;いう;より;さきに;、
> 　　　　　　　　（飯田経夫（1982）『「ゆとり」とは何か』講談社新書のデータ）

形態素境界を利用した検索の例として，終助詞「よ」の検索を考えてみよう．終助詞は文末に現れるので，「よ。」と文字列検索するだけでも一定数の用例は得られる．しかし，「よ」は「そうだよね」，「そうだよと言った」，「そうだよなんて言ってない」のように「。」の直前に現れないこともあるので，「よ。」を文字列検索するだけでは，終助詞「よ」を漏れなく検索することはできない．終助詞「よ」は語形変化のない独立の形態素なので，「;[よヨ][;$]」[17]でgrep検索すれば，終助詞「よ」を漏れなく検索することができる（ただし「夜」「世」などの語が「よ」と表記されていればそれも検索対象となるので完全ではない）．

### 1.5.2 より複雑な解析済みコーパス

コーパスにより詳細な情報，例えば「この部分はこれこれの語のこういう変化

---

[15] 現在は言語資源協会からデータが配布されている：GSK2009-A（CASTEL/J CD-ROM V1.5）URL：http://www.gsk.or.jp/catalog/gsk2009-a/
[16] 形態素境界付きデータのほか，形態素境界に加え，漢字をかな表記したデータ，文字をアルファベットで音表記したデータなども付属する．
[17] [;$]は「よ」の直後がセミコロン（;）か行末位置かのいずれかであることを表す正規表現．また[よヨ]はカタカナ書きされる例を考慮している．

形である」,「この部分はこれこれの語をこのように表記したものである」といった情報が付与されていれば,その情報を利用して,より高度な検索を行うことができる.

例えば,1.3.5 項で見たように,動詞「行く」を検索する場合,正規表現を使うことにより,「行き」「行っ」などの変化形を含む検索ができる.しかし,テキスト中の「五段動詞の連用形」を網羅的に検索したいという場合は,動詞連用形の形態が音便形も含め多様であるため,文字列検索ではかなりの手間がかかる.「行き」「行っ」「書き」「書い」「読み」「読ん」「貸し」などに「五段動詞・連用形」という活用形情報が付与してあれば,「五段動詞の連用形」は効率よく検索することができる.

また,「きく」「聞く」「聴く」「訊く」のように,表記上の使い分けや揺れがあるものについては,それらが同一の語彙素の異表記であるという情報が付与されていれば,語彙素を基準に検索をすることにより,表記の異なる同一の語を効率よく検索することができる.

簡単な例として,『中納言』で動詞の「て形」を検索する場合を考えよう.

解析済みコーパスの検索においては,そのコーパスの品詞体系に従って検索内容を指定する.『中納言』を利用する際も,品詞や活用情報を確認するために,検索したい表現を UniDic で解析してみるのがよい.以下に示すのは,UniDic の解析支援ツール『茶まめ』で「ここに文章を入力してみよう.」という文を解析した例である(図 1.4)[18].

「して」の部分の解析結果を見ると,表 1.1 のようになっている.「書字形」はテキストでの表記,「発音形」はその読み方,「語彙素」は「し」が「為る(する)」という動詞であることを示し,「語彙素読み」はその読みを表す.

同じように「泳いでいる」を UniDic で解析すると,「で」も「助詞-接続助詞」と解析されていることがわかる.つまり,『中納言』で動詞の「て形」を検索するには,「動詞の連用形」に(書字形ではなく)語彙素が「て」である「助詞-接続助詞」が後続するものを検索すればよい.

---

18) 『茶まめ』は Windows 上で動作するアプリケーションであり,配布サイトより無料でダウンロードして使用できる.オンラインで解析を行う『Web 茶まめ』というサービスもある.URL: http://chamame.ninjal.ac.jp/index.html

『茶まめ』を用いるほかに,『中納言』で文字列検索を行い,表示されたサンプルの ID をクリックして短単位情報を表示させることでも解析情報を確認できる(この方法は長単位情報も確認することができるメリットがある).

図 1.4 『茶まめ』による「て形」の解析例

表 1.1 UniDic による「て形」の解析情報

| 書字形 | 発音形 | 語彙素読み | 語彙素 | 品詞 | 活用型 | 活用形 | 語形 | 語種 |
|---|---|---|---|---|---|---|---|---|
| し | シ | スル | 為る | 動詞-非自立可能 | サ行変格 | 連用形-一般 | スル | 和 |
| て | テ | テ | て | 助詞-接続助詞 | | | て | 和 |

『中納言』では，連用形をキーとして検索することも，「て」をキーとして検索することもできる．連用形をキーとして検索する場合は，「活用形の大分類＝連用形」である短単位をキーとして，その後に「語彙素＝て」である短単位が続くものを検索することになる（図1.5）．

『中納言』の検索結果は，キーとして検索した要素が中央に配置する形（KWIC）

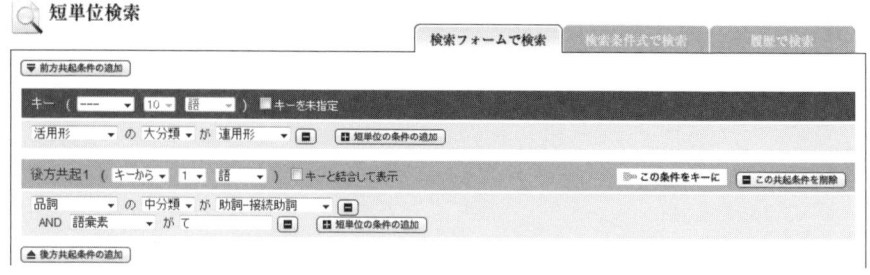

図 1.5 『中納言』での「て形」の検索

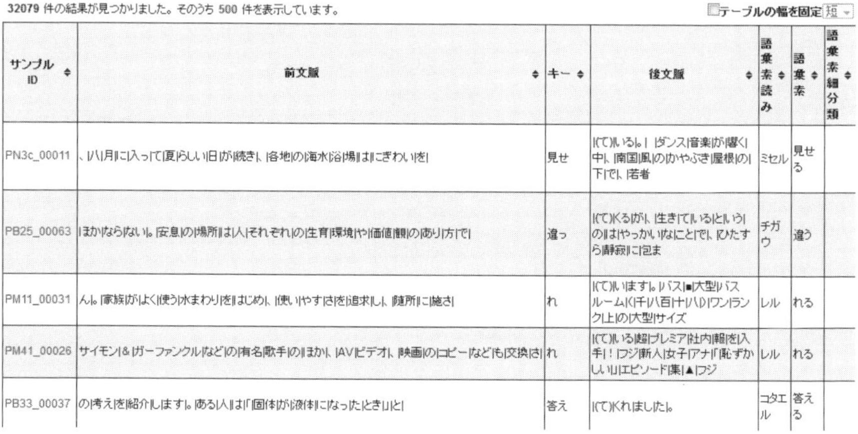

図 1.6 図 1.5 の検索結果

で表示される．検索された用例は，まずランダムに 500 例が検索画面に表示される（図 1.6）．「検索結果をダウンロード」ボタンをクリックすると，全ての用例をダウンロードできる．

この検索結果を Excel などの表計算ソフトに読み込み，語彙素のフィールドを基準にソートしたり，データの個数を集計したりすることにより，どのような動詞がどれくらい「て形」で用いられるかを観察することができる（図 1.7）．

また，Excel では，下図のように，参照する行ラベルの下位項目に品詞を置くことで，品詞ごとにどのような表現が出現しているかも確認できる（図 1.8）．

『中納言』のような解析済みデータを検索できるツールは便利である．しかし，1.2.1 項でも述べたように，あるツールで行えるのは，そのツールが想定している作業だけであり，ツールを用いることが即検索の効率化に結びつくわけではな

## 1.5 解析済みコーパスの検索

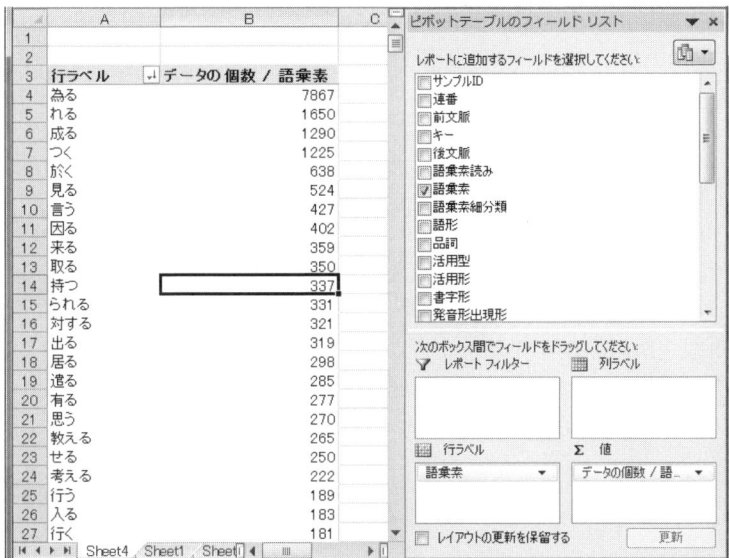

図 1.7 検索結果を観察してみる

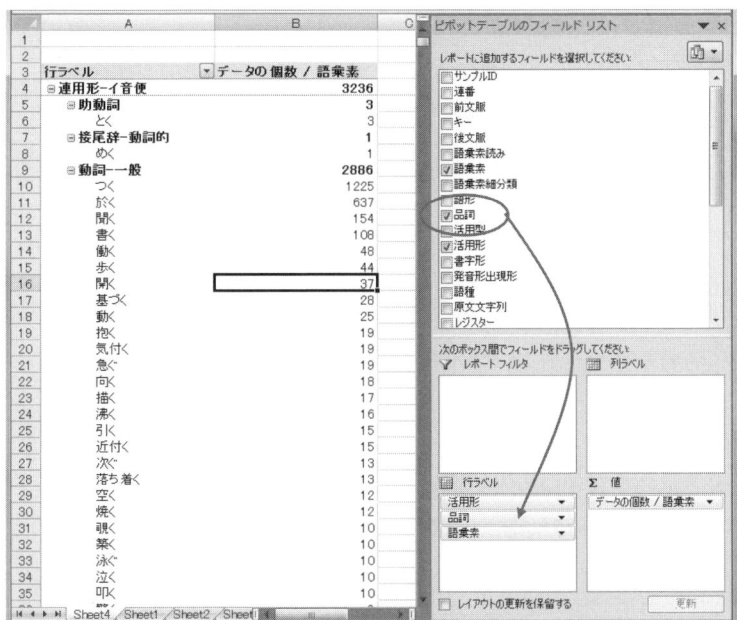

図 1.8 品詞ごとの表現をみてみる

いことは十分に認識する必要がある．

　例えば，「かもしれない」(UniDicで解析すると「か|も|しれ|ない」)のように複数の短単位からなる固定的表現は，正規表現を用いた文字列検索のほうが簡単に検索できる．また，広義の「述語の否定形式」を検索するという場合も，①助動詞「ない」「ぬ」「ず」とその変化形（「ね（ば）」「ざる」「ざれ」など），②「ませ（ん）」（助動詞「ます」の未然形「ませ」＋終助詞「ぬ」），③否定推量の助動詞「まい」，④禁止の終助詞「な」など，述語の否定形式を形成しうる表現を漏れなく想定して検索することが必要であり，ツールを用いた場合でも検索にはそれなりの手間がかかるのである．

　また，『中納言』では，キーとなる要素に隣接しない形態素の情報を参照することも含め，ある程度複雑に形態素情報を組み合わせた検索が可能である．しかし，複雑な表現を指定すればそれだけ検索に時間がかかり，予期せぬエラーが発生する可能性もある．また，複雑に条件を組み合わせると，条件の指定を誤り，適切な検索結果が得られないこともある．

## 1.6　コロケーションとコリゲーション

### 1.6.1　コロケーションの重要性

　ある言語における語と語の共起のしやすさ，いわゆる「コロケーション」に関する情報は，自然な表現を産出するために不可欠であり，その言語を第二言語として学ぶ学習者にとって非常に重要な情報である．辞書や教科書の例文を考えるための作業としても，コロケーションを考えることは重要である．

　コロケーション情報の重要性はさまざまな面に現れる．例えば，「買う」「呼ぶ」は，旧「日本語能力試験」出題基準では入門レベルである4級にリストされているが，この場合，念頭に置かれているのは，「テレビを買う」「友達を呼ぶ」のようなモノ名詞やヒト名詞をヲ格に取る場合であり，「反発を買う」「話題を呼ぶ」のような抽象名詞をヲ格に取る用法は考えられていないと思われる．しかし，新聞や専門誌を読む上では，むしろ後者の用法のほうが重要であり，このような情報は中・上級の学習者にとって重要な情報である（大曽・滝沢，2003）．

　また，旧「日本語能力試験」の1級，2級には，「～ずくめ」「～まみれ」「～を禁じ得ない」のような機能語の類が多いが，これらは共起する語がある程度限られており，それを理解することは学習者にとって重要である．しかし，この種の制限を内省でとらえることは母語話者にとっても難しく，母語らしい表現の使い

方や典型的な使い方を分析するには，やはりコーパスを用いて出現パターンを客観的に把握することが必要となる（大曽・滝沢, 2003）.

コロケーション情報の中には，より複雑な情報も含まれる．例えば，「頭が回らない」というコロケーションは，「思考力がよく働く」という意味であり，「回る」を「回転する」のような他の類義語に置き換えたり，対応する他動詞「回す」を用いて「×頭を回す」という表現を作ったりすることができない（小野ほか, 2009）．コーパスを用いることにより，このような内省に一定の裏付けを与えることができる[19]．

コロケーションのうち，当該表現が用いられる文法的なパターンという性格の強いものは，コリゲーション（colligation）と呼ばれることがある（Kjellmer, 1991；Hunston, 2001；Hoey, 2005）．「受動文でよく用いられる」,「主語として現われる傾向が高い」,「否定的な要素を含む文の中に出る傾向がある」といった，語または語の連鎖がよく使用される文のタイプや文法的環境なども，コリゲーションに含まれることがある（Hoey, 2005）．コリゲーションとは，いわば当該表現を使用する際の「文法的な癖」のことであり，その言語を学ぶ学習者にとっては，語彙的なコロケーションと同様に重要な情報と言える．

コロケーション（やコリゲーション）には，コーパスの検索により見出すことが比較的容易なものとそうでないものがあるが，以下では，コーパスを用いてコロケーションを見出す方法としてよく用いられる方法を紹介する．

### 1.6.2 既存のツールを用いる

コーパス活用ツールの中には，指定した語の出現パターンを自動的に解析・表示してくれるものがある．BCCWJをベースとしたこの種のツールとしてNINJAL-LWP for BCCJW（NLB）がある[20]．次に示すのは，NLBで名詞「目標」を検索した場合の画面である（図1.9）.

左上の「助詞＋動詞」欄を見ると，「目標」がどのような格助詞と用いられやすいかが分かる．また，この中の「目標に」をクリックすると，その右の「目標に

---

[19] ただし，コーパスからはいわゆる否定情報は得られないので,「このような表現は存在しない」という証明はできない．

[20] URL：http://nlb.ninjal.ac.jp/．同じシステムを利用したサービスに，Webから取得した11億語のコーパス（筑波ウェブコーパス）を検索できるNINJAL-LWP for TWCがあり，同じURLから検索画面を開くことができる．
　NLBの具体的な利用例については3.5節も参照されたい．

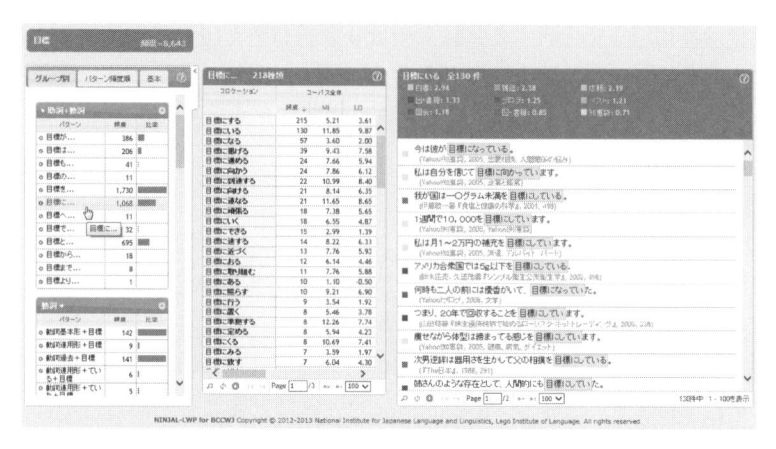

図1.9 NLBの検索画面

…」欄に「目標に」の後に続く表現のパターンが，頻度，MIスコア（語の相互の結びつきの強さを表す統計的指標），LogDice係数（LD，共起頻度を各語の出現頻度で調整したダイス係数を対数化した指標）とともに表示される．さらに，その中の「目標にいる」をクリックすると，画面の右半分に「目標に」と「いる」が共起している用例が表示される[21]．

　NLBのようなツールを用いることで，コーパスデータからコロケーション情報を容易に得ることができる．ただし，あるツールで得られるのは，そのツールで想定されている情報に限られる．また，あるツールを用いて得られる情報は，そのツールが基盤としているデータベースの仕様やツールの解析アルゴリズムに依存する．ツールを利用する場合は，ツールが一種の「ブラックボックス」であることを念頭に置く必要があるのである．MIスコアなどの統計的な指標も，その意味するところを十分に理解しておく必要がある．

### 1.6.3　表計算ソフトウェアを利用する

　NLBのようなツールを用いずにコロケーション情報を得たい場合は，自分でコーパスのデータを処理し，コロケーションについて調べる必要がある．具体的には，① ツールが用意されていないコーパスを利用する場合，② 既存のツールの分析結果を自分で検証したい場合，③ ツールとは異なる方法でコロケーション情報

---

21) NLBは統語解析情報を用いて用例をデータベース化しているため，「目標になっている」のような係り受け関係にある用例も検索できる．

9550 件の結果が見つかりました。そのうち 500 件を表示しています。

<table>
<tr><th>サンプル ID</th><th>前文脈</th><th>キー</th><th>後文脈</th></tr>
<tr><td>OT73_00009</td><td>|十|四|　|心身|の|相関|と|ストレス|学習|の|</td><td>目標</td><td>|◆|心|の|働き|と|体|の|働き|が|相互|に|影響|し|あう|関係|に|つい|て|，|例</td></tr>
<tr><td>LBr7_00015</td><td>を|確認|する|必要|が|あり|ます|。|1|　|基本|を|体|で|覚える|ため|の|素振り|目的|・|</td><td>目標</td><td>|●|正しい|フォーム|を|体|に|覚え込ま|せる|。|●|最終|的|に|は|無|意識|に|正しい|フォーム|で</td></tr>
<tr><td>OP02_00001</td><td>　|理想|の|都市|●|第|3|章|　|基本|構想|の|推進|●|第|4|章|　|まちづくり|の|</td><td>目標</td><td>|●|第|5|章|　|目標|時期|●|第|6|章|　|人口|の|想定|●|第|7|章|</td></tr>
<tr><td>LBr7_00015</td><td>練習|だ|。|十|一|　|特定|の|コース|・|球種|を|リクエスト|し|て|フリー|・|バッティング|目的|・|</td><td>目標</td><td>|●|通常|の|フリー|・|バッティング|で|不足|し|がち|な|コース|打ち|や|変化|球|を|打ち込む|こと|で</td></tr>
<tr><td>OP34_00002</td><td>担当|（|区|役所|本庁|舎|9|階|）|☎|五千|九百|八十|四|，|四|七|五|四|計画|</td><td>目標</td><td>|　|アニメ|産業|を|区|の|重点|産業|と|し|て|強化|する|こと|で|，|地域|経済|全体|に</td></tr>
<tr><td>OP84_00003</td><td>4|-|2|2|2|8|，|FAX|5|0|4|-|2|2|5|6|）|計画|の|内容|</td><td>目標</td><td>|　|平成|二十|八|年|まで|に|，|平成|十|七|年|の|自殺|死亡|率|十|八|，|六</td></tr>
<tr><td>PB13_00473</td><td>生活|科|新設|の|趣旨|を|生かす|と|いう|こと|で|ある|。|（|6|）|　|生活|科|の|</td><td>目標</td><td>|　|生活|科|の|内容|構成|上|の|第|6|の|視点|は|，|生活|科|学習|指導|要領|の</td></tr>
<tr><td>PB23_00730</td><td>|1|-|1|　|大昔|の|くらし|の|再現|邪馬台|国|を|探せ|！|☆|</td><td>目標</td><td>|　|自力|で|邪馬台|国|を|見つける|と|いう|作業|を|通し|て|，|歴史|に|興味|・|関心|を</td></tr>
<tr><td>LBt3_00167</td><td>ならない|し|それ|で|も|炭焼き|四|年|し|いま|で|も|おもしろく|て|夢中|。|炭焼き|名人|が|</td><td>目標</td><td>|，|と|いう|。|　|いま|四|歳|に|なる|子ども|を|育てる|あいだ|は|，|炭焼き|の|収入|を</td></tr>
</table>

図 1.10　『中納言』の検索結果を後文脈で並べ替える

<table>
<tr><th></th><th>A</th><th>B</th><th>C</th><th>D</th><th>E</th><th>F</th><th>G</th></tr>
<tr><td>1</td><td>サンプルID</td><td>連番</td><td>前文脈</td><td>キー</td><td>後文脈</td><td>語彙素読み</td><td>語彙素</td></tr>
<tr><td>6597</td><td>LBj7_00026</td><td>27160</td><td>ませ|ん|。|高い|年俸|を|もらう|こと|を|</td><td>目標</td><td>|に|し|て|頑張れ|ば|いい|。|　|しかし|</td><td>モクヒョウ</td><td>目標</td></tr>
<tr><td>6598</td><td>LBl3_00123</td><td>42400</td><td>十|五|億|ドル|の|削減|を|行う|こと|を|</td><td>目標</td><td>|と|し|まし|た|。|経費|の|削減|が|一時</td><td>モクヒョウ</td><td>目標</td></tr>
<tr><td>6599</td><td>PB34_00215</td><td>3090</td><td>男|全摘|術|と|再建|術|を|行う|こと|を|</td><td>目標</td><td>|と|し|て|い|た|ため|、|特に|組織|剥離</td><td>モクヒョウ</td><td>目標</td></tr>
<tr><td>6600</td><td>OW2X_00441</td><td>49360</td><td>)|長|時間|D|-|T|燃焼|を|行う|こと|を|</td><td>目標</td><td>|と|する|こと|に|つい|て|並び|に|装置</td><td>モクヒョウ</td><td>目標</td></tr>
<tr><td>6601</td><td>PB45_00033</td><td>32410</td><td>指示|と|同等|の|記録|を|行う|こと|を|</td><td>目標</td><td>|と|し|て|JIS|　|C|　|千|五百|十|二|「|</td><td>モクヒョウ</td><td>目標</td></tr>
<tr><td>6602</td><td>OW3X_00982</td><td>9510</td><td>|友好|関係|を|強化|し|て|いく|こと|を|</td><td>目標</td><td>|と|し|て|いる|。|実際|に|は|経済|及び</td><td>モクヒョウ</td><td>目標</td></tr>
<tr><td>6603</td><td>OM65_00007</td><td>277950</td><td>均|物価|水準|に|持っ|て|いく|こと|を|</td><td>目標</td><td>|と|し|て|、|これ|を|目標|と|し|て|自然</td><td>モクヒョウ</td><td>目標</td></tr>
<tr><td>6604</td><td>OW3X_00343</td><td>500</td><td>|欧米|先進|諸国|に|追いつく|こと|を|</td><td>目標</td><td>|に|四十|年|代|に|高度|経済|成長|を</td><td>モクヒョウ</td><td>目標</td></tr>
<tr><td>6605</td><td>OM11_00010</td><td>95180</td><td>進|国|並み|の|水準|に|近づく|こと|を|</td><td>目標</td><td>|と|いたし|て|おり|ます|が|、|その|目標</td><td>モクヒョウ</td><td>目標</td></tr>
<tr><td>6606</td><td>PB42_00198</td><td>4460</td><td>|主|のみ|ことば|に|従い|行く|こと|を|</td><td>目標</td><td>|と|し|て|いる|から|で|ある|。|　|「|地</td><td>モクヒョウ</td><td>目標</td></tr>
<tr><td>6607</td><td>PB32_00247</td><td>11730</td><td>|2|つ|の|宗派|の|国|」|を|築く|こと|を|</td><td>目標</td><td>|に|掲げ|た|が|，|この|反乱|に|よっ|て</td><td>モクヒョウ</td><td>目標</td></tr>
<tr><td>6608</td><td>LBs5_00002</td><td>38940</td><td>で|、|温かく|なる|まで|動かす|こと|を|</td><td>目標</td><td>|に|やっ|て|み|て|ください|。|●|基本|</td><td>モクヒョウ</td><td>目標</td></tr>
<tr><td>6609</td><td>OY07_00104</td><td>5570</td><td>|・|カスパロフ|を|打ち負かす|こと|を|</td><td>目標</td><td>|と|し|た|。|ディープ|・|ブルー|は|、|三</td><td>モクヒョウ</td><td>目標</td></tr>
<tr><td>6610</td><td>OY07_00104</td><td>1420</td><td>|・|カスパロフ|を|打ち負かす|こと|を|</td><td>目標</td><td>|と|し|まし|た|。|ディープ|・|ブルー|は|</td><td>モクヒョウ</td><td>目標</td></tr>
<tr><td>6611</td><td>OC09_14581</td><td>2170</td><td>|日|一|日|を|大切|に|過ごす|こと|を|</td><td>目標</td><td>|に|、|時間|を|かけ|て|ゆっくり|と|別れ</td><td>モクヒョウ</td><td>目標</td></tr>
<tr><td>6612</td><td>OP75_00001</td><td>379320</td><td>|に|二|年|比|で|6|%|減らす|こと|を|</td><td>目標</td><td>|に|、|省|エネルギー|の|推進|や|ごみ</td><td>モクヒョウ</td><td>目標</td></tr>
<tr><td>6613</td><td>PB11_00071</td><td>56270</td><td>げ|、|「|怒る|」|機会|を|減らす|こと|を|</td><td>目標</td><td>|に|する|わけ|です|。|図|2|-|十|　|『|</td><td>モクヒョウ</td><td>目標</td></tr>
<tr><td>6614</td><td>PM25_00120</td><td>3960</td><td>を|落とし|、|回転|数|を|減らす|こと|を|</td><td>目標</td><td>|と|し|て|い|ます|。|また|、|スイッチ|を</td><td>モクヒョウ</td><td>目標</td></tr>
<tr><td>6615</td><td>PB55_00084</td><td>44420</td><td>|家|は|人|が|快適|に|暮らす|こと|を|</td><td>目標</td><td>|と|し|て|建てる|。|ところ|が|家|に|よ</td><td>モクヒョウ</td><td>目標</td></tr>
<tr><td>6616</td><td>PB22_00210</td><td>32820</td><td>追いつき|、|やがて|追い越す|こと|を|</td><td>目標</td><td>|と|する|の|だ|。|私|の|心情|は|日本|</td><td>モクヒョウ</td><td>目標</td></tr>
<tr><td>6617</td><td>OW5X_00115</td><td>13540</td><td>具体|的|な|項目|を|洗い出す|こと|を|</td><td>目標</td><td>|と|し|て|、|旧|「|指針|」|の|見直し|を|</td><td>モクヒョウ</td><td>目標</td></tr>
<tr><td>6618</td><td>PB54_00007</td><td>3420</td><td>効率|的|な|動作|を|引き出す|こと|を|</td><td>目標</td><td>|と|し|た|。|　|具体|的|に|は|食器|洗い</td><td>モクヒョウ</td><td>目標</td></tr>
<tr><td>6619</td><td>PB54_00007</td><td>37910</td><td>|側手|協調|動作|を|引き出す|こと|を|</td><td>目標</td><td>|と|し|た|。|　|具体|的|に|は|，|洗濯|</td><td>モクヒョウ</td><td>目標</td></tr>
<tr><td>6620</td><td>PB59_00183</td><td>17540</td><td>新しい|シルキー|を|生み出す|こと|を|</td><td>目標</td><td>|と|し|て|進め|られ|て|い|ます|。|詳細</td><td>モクヒョウ</td><td>目標</td></tr>
<tr><td>6621</td><td>PB33_00786</td><td>9150</td><td>者|の|自立|と|参加|を|促す|こと|を|</td><td>目標</td><td>|と|し|、|国|と|地方|公共|団体|など|が</td><td>モクヒョウ</td><td>目標</td></tr>
</table>

図 1.11　『中納言』の検索結果を Excel で表示（並べ替え前）

を得たい場合がこれにあたる．

この場合の最も単純な方法は，調べたい表現をキーとした検索の結果を KWIC 形式で表示し，前後の文脈によるソートや絞り込みを行いながら，その表現の使用のパターンを観察する方法である．

『中納言』上では，表示された検索結果の表の見出し「後文脈」クリックすることで検索結果を後文脈で並べ替えることができる．図 1.10 は，語彙素「目標」をキーとして『中納言』で検索した結果を，「後文脈」の並べ替えボタンを用いて並

図1.12 Excel 上で「後文脈」で並び替える

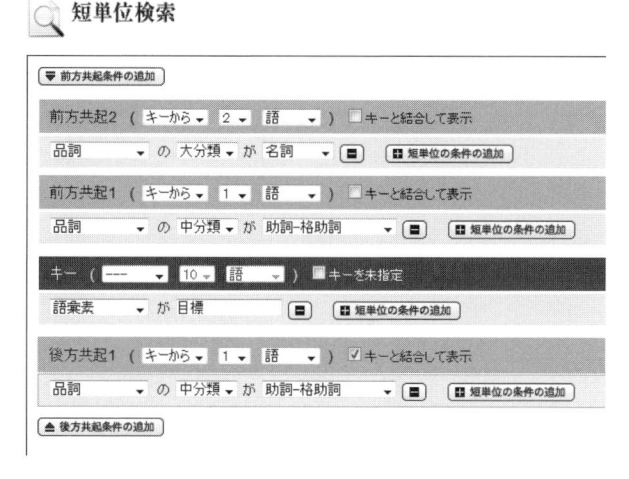

図1.13 『中納言』での検索条件の設定例

べ替えた直後の画面である.

　『中納言』の検索結果をダウンロードすれば，Excel 上で並び替えや絞り込みを行い，キーの前文脈および後文脈を観察して，頻出するパターンを見つけることができる（図1.11, 1.12）．図1.11 は「目標」の前文脈に「を」が先行する例文（手順は後述する），図1.12 は「目標」の後文脈に「を」が後続する例文を表示したものである．それぞれ，「目標」が「(～する) ことを__に／とする (して)」「__を掲げる／__をクリア (する)」といったパターンでよく用いられていることがわかる．

**1734** 件の結果が見つかりました。そのうち **500** 件を表示しています。

<table>
<tr><th>サンプル ID</th><th>前文脈</th><th>キー</th><th>後文脈</th></tr>
<tr><td>OY14_46744</td><td>て|いる|。| |オバマ|大統領|は|新|(戦略)|(の)|</td><td>目標|を</td><td>|「|安定|、|自立|した|主権|国家|と</td></tr>
<tr><td>PM41_00510</td><td>|就任|記者|会見|で|、|第|2|(ステージ)|(の)|</td><td>目標|と</td><td>|し|て|5|位|以内|を|掲げ|ました</td></tr>
<tr><td>LBs1_00032</td><td>トップ|の|座|より|は|NO・|2|の|(位置)|(を)|</td><td>目標|に</td><td>|する|こと|が|出世|の|条件|と|いえる|。</td></tr>
<tr><td>PB41_00028<br>著作権表示</td><td>あり|、|その|人物|に|なる|こと|が|(人生)|(の)|</td><td>目標|に</td><td>|なっ|て|いる|。|私|たち|は|イメージ|先行</td></tr>
<tr><td>OB5X_00157</td><td>の|どの|地域|に|生まれ|て|も|、|(自分)|(の)|</td><td>目標|を</td><td>|八|割|から|九|割|以上|達成|でき|た</td></tr>
<tr><td>LBe4_00009</td><td>的|考慮|を|払い|つつ|無くす|こと|を|(最終)|(の)|</td><td>目標|と</td><td>|し|て|、|この|物質|の|世界|における</td></tr>
<tr><td>PB30_00115</td><td>アプローチ|と|し|て|は|，|政策|の|(目的)|(と)|</td><td>目標|を</td><td>|反映|し|類型|化|し|た|もの|と|し</td></tr>
</table>

**図 1.14** 『中納言』の検索結果

<table>
<tr><th></th><th>A</th><th>B</th><th>C</th><th>D</th><th>E</th></tr>
<tr><td>1</td><td>サンプルID</td><td>連番</td><td>前文脈</td><td>キー</td><td>後文脈</td></tr>
<tr><td>933</td><td>LBq3_0000</td><td>32580</td><td>千|四|年|の|アテネ|・|(パラリンピック)|(を)|</td><td>目標|に</td><td>|がんばる|つもり|だ|。| |いま|の|</td></tr>
<tr><td>934</td><td>OY15_1385</td><td>5910</td><td>土日|は|、|一|日|五十|(ストーキング)|(を)|</td><td>目標|に</td><td>|する|か|。|いや|、|これ|で|は|一</td></tr>
<tr><td>935</td><td>PB10_0003</td><td>3970</td><td>二|回|も|行き|、|秋|に|は|(キノコ)|(を)|</td><td>目標|に</td><td>|山|に|行く|よう|に|なっ|た|。|公目</td></tr>
<tr><td>936</td><td>OC04_0076</td><td>2530</td><td>変|か|も|しれ|ませ|ん|。|(田舎暮らし)|(を)|</td><td>目標|に</td><td>|貯金|と|か|し|て|み|て|は|いかが</td></tr>
<tr><td>937</td><td>OC09_1039</td><td>590</td><td>せ|ながら|体型|は|締まっ|てる|(感じ)|(を)|</td><td>目標|に</td><td>|し|て|い|ます|。|(|タイ|の|キック</td></tr>
<tr><td>938</td><td>PB4n_0005</td><td>1940</td><td>ブ|は|ひと握り|短く|持ち|、|(フェース)|(を)|</td><td>目標|に</td><td>|向け|て|構え|ます|。|後|は|ロー</td></tr>
<tr><td>939</td><td>OY14_3795</td><td>360</td><td>今年|は|無事|に|「|やり|通す|」|(こと)|(を)|</td><td>目標|に</td><td>|し|て|ます|。|「|継続|は|力|なり</td></tr>
<tr><td>940</td><td>PB44_0002</td><td>46980</td><td>え|、|同じ|状況|を|繰り返さ|ない|(こと)|(を)|</td><td>目標|に</td><td>|療養|生活|を|スタート|さ|せ|た|。</td></tr>
<tr><td>941</td><td>OP28_0000</td><td>24980</td><td>ため|、|新た|に|増加|さ|せ|ない|(こと)|(を)|</td><td>目標|に</td><td>|し|ます|。|・|個別|目標|の|うち|達</td></tr>
<tr><td>942</td><td>OY03_0188</td><td>740</td><td>を|毎日|更新|しよう|！|」|と|いう|(こと)|(を)|</td><td>目標|に</td><td>|あげ|て|い|まし|た|。| |多く|の</td></tr>
<tr><td>943</td><td>OY14_2678</td><td>1660</td><td>人|の|3|倍|働く|」|と|いう|(こと)|(を)|</td><td>目標|に</td><td>|掲げ|、|2|年|半|以上|が|経過|。</td></tr>
<tr><td>944</td><td>PB23_0012</td><td>16940</td><td>仕事|を|し|て|いる|」|と|いう|(こと)|(を)|</td><td>目標|に</td><td>|授業|を|始め|た|。| |ところ|が|、</td></tr>
<tr><td>945</td><td>PB37_0007</td><td>54460</td><td>「|日米|決戦|」|を|行う|と|いう|(こと)|(を)|</td><td>目標|に</td><td>|、|日本|の|プロ|野球|誕生|以来|</td></tr>
<tr><td>946</td><td>PB48_0004</td><td>3930</td><td>ま|の|お|名前|を|覚える|と|いう|(こと)|(を)|</td><td>目標|に</td><td>|し|た|。|V|I|P|の|お|顔</td></tr>
<tr><td>947</td><td>OM35_0000</td><td>121360</td><td>子|と|同じ|よう|に|考える|と|いう|(こと)|(を)|</td><td>目標|に</td><td>|し|て|おり|ます|。|したがい|まし|</td></tr>
<tr><td>948</td><td>OM11_0001</td><td>228170</td><td>|経済|成長|を|達成|する|と|いう|(こと)|(を)|</td><td>目標|に</td><td>|設定|を|し|た|わけ|で|ござい|ます</td></tr>
<tr><td>949</td><td>OM25_0000</td><td>171360</td><td>分|の|一|に|到達|する|と|いう|(こと)|(を)|</td><td>目標|に</td><td>|逐年|努力|し|て|まいっ|た|つもり</td></tr>
<tr><td>950</td><td>OM11_0001</td><td>319470</td><td>支|は|一応|六十|億|ドル|と|いう|(こと)|(を)|</td><td>目標|に</td><td>|し|て|おり|ます|けれど|も|、|緊急</td></tr>
<tr><td>951</td><td>OM51_0000</td><td>560440</td><td>方|の|指導|者|に|なる|と|いう|(こと)|(を)|</td><td>目標|に</td><td>|、|研修|を|実施|を|し|て|おり|ます</td></tr>
<tr><td>952</td><td>OM11_0001</td><td>537840</td><td>|広く|農政|活動|を|やる|と|いう|(こと)|(を)|</td><td>目標|に</td><td>|し|て|おる|団体|で|ある|と|いう|</td></tr>
<tr><td>953</td><td>LBj7_00026</td><td>27160</td><td>り|ませ|ん|。|高い|年俸|を|もらう|(こと)|(を)|</td><td>目標|に</td><td>|し|て|頑張れ|ば|いい|。| |しかし</td></tr>
<tr><td>954</td><td>OW3X_003</td><td>500</td><td>で|欧米|先進|諸国|に|追いつく|(こと)|(を)|</td><td>目標|に</td><td>|四十|年|代|に|高度|経済|成長|を</td></tr>
<tr><td>955</td><td>PB32_0024</td><td>11730</td><td>つ|の|宗派|の|国|」|を|築く|(こと)|(を)|</td><td>目標|に</td><td>|掲げ|た|が|，|この|反乱|に|よっ|</td></tr>
<tr><td>956</td><td>LBs5_0000</td><td>38940</td><td>り|で|、|温かく|なる|まで|動かす|(こと)|(を)|</td><td>目標|に</td><td>|やっ|て|み|て|ください|。|●|基本</td></tr>
<tr><td>957</td><td>OC09_1458</td><td>2170</td><td>、|日|一|日|を|大切|に|過ごす|(こと)|(を)|</td><td>目標|に</td><td>|、|時間|を|かけ|て|ゆっくり|と|別</td></tr>
</table>

**図 1.15** 『中納言』の検索結果を Excel で並べ替える

『中納言』では，検索条件をより詳しく設定した検索もできる．図 1.13 は，キーの前が「名詞 | 格助詞」，キーの後が「格助詞」であるものを検索する場合の設定[22]である．

検索の結果，1,734 例の用例が収集される（図 1.14 参照）．

この検索結果をダウンロードして，Excel で読み込み，「目標＋格助詞」のパターンが同一の用例を前文脈の情報で並べ替えてみよう．『中納言』では，ダウンロ

22) なお，ここでは格助詞を「キーと結合して表示」させている．

ードされるデータの中に，前文脈の文字列を逆順にしたもの（反転前文脈）が含まれ，それを基準に並べ替えを行うことにより，「目標」の直前の文字を基準とした並べ替えができる．「目標＋格助詞」の並び替えと組み合わせると，「目標＋に」が「ことを目標に」というパターンでよく用いられることがわかる（図 1.15）．

### 1.6.4　*n*-gram を利用する

コロケーション情報は，コーパス中にどのような連鎖（文字の連鎖，形態素の連鎖，語の連鎖など，連鎖の単位はさまざまである）がどれくらい出現するかを計算することにより得ることもできる．コーパス中の $n$ 個の単位（文字，形態素，語など）からなる連鎖をデータ化したものを *n*-gram と言う．*n*-gram を用いることにより，語と語との共起という狭い意味でのコロケーションはもちろん，統語上構成素を成さない連鎖も見出すことができる．これは，日本語のような分かち書きをしない言語の場合には特に有益である（大曽・滝沢，2003）．

大曽・滝沢（2003）には，CD-ROM 版『毎日新聞』（1999 年）の本文の最初の1 万行（約 95 万字）を *n*-gram にかけた結果得られた，出現頻度の高い文字列連鎖の例の一部が示されている．

| 4字 | のは必至 |
|---|---|
| 6字 | としながらも，したのに対し，可能性が強い，方針を固めた |
| 7字 | が強まっている，が高まっている，ことがわかった，すると発表した，せざるを得ない，の調べによると，ものとみられる |
| 8字 | しているのに対し，の疑いで逮捕した，を改めて強調した |
| 9字 | ことを明らかにした |
| 12字 | との見通しを明らかにした |

このような一覧表を作成することにより，例えば「見通し」という名詞は「との見通しを明らかにした」というパターンにおいて使われることが多いことが自動的にわかる．同じように，形態素の境界情報が付与されたコーパスを用いれば，形態素を単位とした *n*-gram により，どのような形態素の連鎖が多く出現するかを計算することができる．

### 1.6.5 picture 機能

英語のコーパス研究では，次の3つの観点からコロケーションを自動的に分析することがよく行われる．

- キー（key）：検索対象（の語）
- 共起要素（collocates）：検索対象と共起する語
- スパン（span）：共起語の調査範囲．キーの左右数語の範囲で共起語を収集し，分析する．

この分析には，picture と呼ばれる機能が使われることがある．picture 機能とは，キーとなる語の前後に現れる語を頻度や MI スコアなどの統計値の順に示す機能のことである．以下に示すのは，Bank of English（利用時の総語数が5億2,000万語の現代英語のコーパス）で instantly という語を検索語（NODE）とし

| the | the | was | NODE | recognisab | the | the |
|---|---|---|---|---|---|---|
| and | and | and | NODE | and | a | a |
| to | he | died | NODE | the | to | of |
| of | was | almost | NODE | to | by | was |
| that | to | is | NODE | <p> | and | to |
| a | it | killed | NODE | when | as | and |
| it | i | be | NODE | in | it | in |
| he | be | it | NODE | i | was | s |
| <p> | she | him | NODE | he | that | it |
| in | you | are | NODE | she | he | with |
| s | that | would | NODE | that | in | he |
| his | were | will | NODE | as | <p> | that |
| can | would | he | NODE | it | his | as |
| i | of | were | NODE | recognizab | with | his |
| you | they | knew | NODE | by | i | her |
| would | is | can | NODE | a | you | i |
| she | will | to | NODE | with | into | on |
| her | her | that | NODE | but | she | is |
| on | a | i | NODE | into | of | <p> |
| they | his | an | NODE | from | from | for |
| was | can | said | NODE | became | for | by |
| be | killing | you | NODE | forgettabl | up | had |
| which | s | not | NODE | recognised | their | you |

図 1.16 Bank of English における instantly の picture 画面

た前後3語の頻度順の picture である（西村・滝沢, 2014）．（このシステムでは表示できる文字数が1語あたり10文字までに制限されているため，一部で語の末尾が欠落している．）

　NODE の直後の語を見ると，recognisable（1行目）と recognizable（14行目）がある．ここから，instantly recognisable/recognizable「すぐにわかる」というコロケーションが存在することがわかる．また，NODE の直前の語を見ると，died instantly（3行目）や（be）killed instantly（6行目）など「即死」に関係する語との連鎖の頻度が高いことがわかる．

### 1.6.6　正規表現の活用

　日本語には，「見るとはなしに見て（しまった）」のように同じ動詞が繰り返されるパターンがある（以下は滝沢（2014）の要約である）．このような語彙的パターンもコロケーションの一種であるが，1.3.6項で述べたような品詞情報が付与されたテキストであれば，以下の正規表現によって，どのような動詞がこのようなパターンで用いられているかを特定できる．（\S+ にマッチするのが任意の動詞であり，マッチした動詞が \1 で繰り返し用いられることを指定している．なお，この正規表現では，「見るとはなしに見」にあたる箇所までを指定し，「てしまった」の部分は省いている．また，間に読点「、」が介在する可能性も考慮している）．

　　\b(\S+)_動詞 と_助詞 は_助詞 ない_形容詞 に_助詞 (、_記号)? \1_動詞

　品詞情報を付与した青空文庫のファイルを対象に検索すると，「見るとはなしに見てゆくうちに」，「見るとはなしに見まわしているうち」，「聞くとはなしに聞き入つた」などの例が抽出された．「見る・見回す」，「聞く・聞き入る」のように，動詞が完全に一致しているわけではない例の存在も確認できる．また，詳細は省くが，「聞くとはなしに耳をかたむけた」や「聞くとはなしに………が耳に流れ込む」のように使われる動詞がまったく異なる例も存在する．

　同じ形態素の繰り返しを含む語彙的パターンには，「こじれにこじれた」型や「行きつ戻りつ」型など数多く存在する．記述すべき対象がどのようになっているかを仔細に検討し，必要な情報付与を行ったり，コーパスに付与された情報と正規表現を活用することで，普段意識することのないパターンを詳細に捉えることが可能となるのである．

## 1.7 ま と め

　本章では,「コーパスを検索する」という観点からコーパス活用法の一端について述べた.

　言語研究の基本は用例の収集であり,用例の収集が量的・質的に十分になされて初めて適切な分析が可能になる.これはコーパスを用いる場合にもまったく同じである.

　コーパスを用いれば大量の用例を収集することができるが,収集された用例の質を保証するためには,検索が適切な形でなされる必要がある.「どのように検索するか」と「検索した結果をどのように利用するか」ということは別の話であるが,前者が後者と同じくらい重要な問題であることは本章の記述から理解してもらえるものと思う.

　コーパスは言語を研究するための重要な道具の一つであるが,あくまで道具であるという認識は重要である.コーパスを研究の道具として適切に使うためには,使用するコーパスについてよく知り,コーパスでできることとできないことを正しく把握するとともに,日頃から言語事実の観察を行って鋭敏な語感と言語を分析するセンスを磨くことが大切である.コーパスを使うか使わないかに関係なく,言語を研究するにはそのようなセンスが不可欠だからである.

[滝沢直宏・千葉庄寿]

## 参 考 文 献

李在鎬,石川慎一郎,砂川有里子.(2012).『日本語教育のためのコーパス調査入門』,くろしお出版.

大曽美恵子,滝沢直宏 (2003).「コーパスによる日本語教育の研究——コロケーション及びその誤用を中心に——」,『日本語学』, **22**-5, 234-244.

大名力 (2012).『言語研究のための正規表現によるコーパス検索』,ひつじ書房.

小野正樹,小林典子,長谷川守寿 (2009).『コロケーションで増やす表現——ほんきの日本語——』,Vol. 1,くろしお出版.

近藤泰弘 (2003).「古典語のコーパス」,『日本語学』, **22**-5, 62-81.

国立国語研究所コーパス開発センター『現代日本語書き言葉均衡コーパス』利用の手引 2011 第 1.0 版.URL:http://www.ninjal.ac.jp/corpus_center/bccwj/doc.html

滝沢直宏 (2014).「日本語におけるコロケーションと語彙的パターンについて」,『2014 台湾応用日語教学国際学術研討会:多元・創新・再造　論文集』, pp. 15-28.

千葉庄寿 (2006).「構造化された言語データが言語研究にもたらすもの——コーパスを利用する言語研究者の知識基盤としての XML ——」,『麗澤大学紀要』, **82**, 43-66.

千葉庄寿 (2011).「HTML と XML」. 荻野綱男, 田野村忠温編『ウェブによる情報収集』, pp. 177-227, 明治書院.

西村祐一, 滝沢直宏 (2014).「リレーショナルデータベースを用いたコーパスからの情報抽出：その方法について」,『言語科学研究』, 4, 87-111.

Garside, R., Leech, G. and McEnery A. (eds.) (1997). *Corpus Annotation*. Longman.

Hockey, S. (1998). *Electronic Texts in the Humanities*. Oxford University Press.

Hoey, M. (2005). *Lexical Priming : A New Theory of Words and Language*. Routledge.

Hunston, S. (2001). *Corpora in Applied Linguistics*. Cambridge University Press.

Kjellmer, G. (1991). A mint of phrases. In Aijmer, K. and Altenberg, B. (eds.). *English Corpus Linguistics*. pp. 111-127, Longman.

Leech, G. (1993). Corpus annotation schemes. *Literary & Linguistic Computing*, 8-4, 275-281.

Meyer, C. F. (2002). *English Corpus Linguistics : An Introduction*. Cambridge University Press.

Sinclair, J. (1991). *Corpus, Concordance, Collocation*. Oxford University Press.

# 第2章 教育語彙表への応用

## 2.1 はじめに

　本章では，日本語コーパスの教育語彙表への応用について触れる．まず2.2節では，教育語彙表の基本概念に触れ，その定義，特徴，先行研究における日本語教育語彙表について述べる．2.3節では，コーパスからの語彙情報の抽出方法として語彙表切り出しのための言語処理的な側面に触れ，特に頻度と分布，有用度指標の概念に関して詳細に解説する．また『現代日本語書き言葉均衡コーパス（BCCWJ）』で行った頻度とコーパス規模に関する実験から，言語特徴とその適正コーパス規模について触れる．2.4節では教育語彙表の方法論に関して解説し，単語親密度，語彙の概念的・統語的繋がり，日本語教科書との関係などに関して論じる．

　2.5，2.6節ではBCCWJを利用して作成した日本語教育語彙表に関して紹介する．特に名詞類の話題別意味タグ付与，学習レベル別の語彙項目の分類と，動詞類の構文情報付与などの方法を紹介し，語彙表を教育用に活用度の高いものとする方法を解説する．

## 2.2 教育語彙表の基本概念

### 2.2.1 教育語彙表とは

　コーパスからはさまざまな種類の語彙表を作成することができる．通例，一般的なコーパスに基づく語彙表は，コーパスを構成する対象テキストの分析がその主目的である．これに対して，教育語彙表の場合には語彙表そのものが教育利用に供されることが目的である．その意味で，語彙表を抽出するコーパスデータにすべて依存するわけではなく，教育利用という観点からのさまざまな評価尺度が語彙表作成の際に考慮に入れられる．また一般的な語彙表は元のテキストを分析するためのデータの一種としてあくまでも興味の中心は元のテキストの特性にあ

るわけであるが，教育語彙表の場合には元のテキスト特性からは離れて，語彙表そのものが独立してさまざまな教育目的に活用されることを念頭に置かれて作成される．

言語資料に基づく現在の教育語彙表の起源は，19 世紀後半に速記用の資料として 1,100 万語のドイツ語テキストから語彙表を作った Kaeding（1898）が先駆的なもので，その後は 20 世紀初頭の米国を中心とした教育測定運動の流れがある．特に，小学校における母語としての英語の「読解語彙」1 万語の語彙表を 41 種類，約 400 万語の資料をもとに科学的に構築した Thorndike（1921）の功績は大きい．彼はその後頻度主義で，2 万語（Thorndike, 1931），3 万語（Thorndike and Lorge, 1944）の語彙表を発表する．同時期に日本の英語教育に貢献した Palmer, Hornby が英語教授研究所（I. R. E. T.）で語彙表作成を行い，この両者が Faucett, West らと共にカーネギー財団の招聘により米国で英語教育政策会議を行った結果提案された Interim Report on Vocabulary Selection（1936）に収録された General Service List（これが後に West が単独で出版する General Service List の母体）が，戦前の英語教育語彙表の一つの金字塔であった．

### 2.2.2　教育語彙表の特徴

教育語彙表の特徴をまとめたものが表 2.1 である．比較のために Tono, et al. (eds.)（2013）[1]，Thorndike and Lorge（1944），Palmer（1931）を挙げ，それぞれの語彙表の設計基準の比較を示す．

教育語彙表の利用目的には，対象が母語話者 vs. 外国人学習者，すなわち国語教育用か，外国語教育用か，という対立がある．Thorndike の一連の語彙表は主として国語教育用だったのに対して，Palmer の語彙表は日本の英語教育のためであった．また「受信か発信か」という対立も重要で，Palmer の語彙表は受信だけでなく発信の基礎になるという概念を重要視して語彙を最も基本になる 1,000 語程度に絞り込むということに注力した．さらに「学校教育用か」「商用か」といった区別が，特に商用の語彙表が多くなった現在の分類には必要となろう．

次に語彙表の中身としてどのような語彙情報が提供されているかが重要である．表層形（word form）と辞書形（lemma; headword）は例えば英語の例であれば give 以外に gave や given なども見出し語に載っている場合は表層形での扱い，

---

1) Tono, et al. (eds.)（2013）は頻度辞典であるが，コーパス準拠の語彙表の基本的な性格をすべて網羅しているのでここに日本語の例として挙げた．

## 2.2 教育語彙表の基本概念

**表 2.1** 教育語彙表の設計基準

| 分類カテゴリー | 分類項目 | Tono, et al. (eds.) (2013) | Thorndike and Lorge (1944) | Palmer (1931) |
|---|---|---|---|---|
| 利用目的 | 母語話者用 vs. 外国人学習者用 | 外国人 | 母語話者 | 外国人 |
| | 受信用 vs. 発信用 | 受信・発信 | 受信 | 受信・発信 |
| | 学校教育用 vs. 学校外教育用 | 学校内・外 | 学校内・外 | 学校教育 |
| | 商用 vs. 公用 | 商用 | 公用 | 公用 |
| 基本語彙情報 | 表層形 | ○ | ○ | |
| | 辞書形 | ○ | | ○ |
| | 品詞 | ○ | ○ | ○ |
| | 発音・よみ | ○ | | |
| | 語の頻度 | ○ | ○ | |
| | 語の分布 | ○ | ○ | |
| | 意味 | ○ | | |
| | 使用域 | ○ | | |
| 教育的観点 | 意味・概念的まとまり | | | ○ |
| | 生活語彙や分野別語彙 | | ○ | |
| | 教室内での言語活動語彙 | | | ○ |
| | 学習難易度表示 | | | |

ということになる．昔の語彙表で言語資料を用いたものはほとんどがこのタイプであった．一方，Palmer の語彙表のように資料からの機械的な抽出でないリストの場合には，辞書形でリストを作ることが主である．それゆえ，Thorndike and Lorge（1944）のリストの 3 万語は実質的にはその半分程度の見出し語になると想定される．このほかに，発音・読み，品詞，コーパスに基づく語彙表であれば，語彙頻度，分布統計などが語彙の有用度表示として示されることが多い．

最後の「教育的観点」という大分類は，教育語彙表が他の一般的なコーパスからの語彙表と異なる特徴を示す部分に関して挙げてある．まず，「意味・概念的まとまり」とは，語彙表を単純なコーパスの頻度集計結果のみでなく，単語の意味・概念のまとまりを考慮して必要項目を補充してある場合を指す．例えば，方角の「東西南北」，色の「赤緑青黄白黒」という概念的まとまりを考えた場合，コーパスによる頻度に機械的に従うのではなく，同一学習段階でまとめて提示することが望ましい，という考え方である．

次に「生活語彙・分野別語彙」や「教室内での言語活動語彙」に対する配慮がある．教育語彙表の場合，特に実用的な観点から日常生活語彙を重視し，また中

上級レベルには分野別語彙を意識した選定を行うこともある．Thorndike and Lorge（1944）の語彙表は基礎資料選定の際に，一般的なコーパス頻度だけでなく小学校の生徒が読む各教科の教科書や国語用リーダーを対象にした頻度も勘案している．また Palmer の語彙表では外国語としての英語の授業では教室内での言語活動の表現を重視し，その際に必要な単語も語彙表に加えるという教育的な判断をしている．

さらに教育語彙表の特徴として「学習難易度表示」がある．英語では母語話者の文字導入用として Dolch（1948）の 220 語の sight vocabulary list，また新しいものでは英語学習者向けの English Vocabulary Profile（EVP）[2] などがある．これらは学習段階に応じた語彙リストの難易度設定をしており，特に後者の EVP の場合は Cambridge Learner Corpus などの資源を用いて，単語の意味や用法別に CEFR レベルを付す，という詳細な難易度情報を提供する．

### 2.2.3 日本語における教育語彙表

日本語に関して教育語彙表に関連する研究としては，国立国語研究所の『高校教科書の語彙調査』(1983, 1984)，『中学校教科書の語彙調査』(1986, 1987)，『児童の作文使用語彙』(1989) などがあるが，これらは調査対象の資料の記述的な分析で，教育語彙表としてその後活用されてはいない．

現状で日本語教育語彙表として知られているものとしては，『日本語能力試験出題基準語彙表』（1～4 級），『日本語基本語彙表』（名古屋大学佐藤研究室），『J.BRIDGE 語彙リスト』（凡人社），『日本語教育スタンダード試案語彙』（山内博之編著，ひつじ書房，2008）などがある．また BCCWJ に基づいた頻度辞典 Tono, et al.（eds.）(2013) も日本語教育に特化してコーパスからの頻度語彙表を拡張したものと言えよう．

## 2.3 コーパスからの語彙情報の抽出方法

コーパスからの語彙情報の抽出方法には日本語処理の基本的な技法が応用される．ここで簡単にまとめてみる．

---

[2] http://www.englishprofile.org/

### 2.3.1 語彙表切り出しの基本ステップ

**a. コーパス構築**

　教育語彙表を構築する基礎となるコーパス・データの収集が語彙表作成の大きなポイントになる．この場合，教育語彙表の使用目的に応じて，標本抽出（sampling），代表性（representativeness），均衡（balance）という3つの概念を考慮することになる．大きな方法論として，コーパス構築の段階で綿密な設計を行い，分野バランスなども十分考慮に入れて構築されたコーパスの頻度をそのまま語彙表として採用するという方法と，コーパスからの頻度情報は1つの参考データとして用い，それ以外のさまざまな指標とからめて総合的に判断するため，コーパスの構築自体は比較的大まかな設計で行う，という2つのやり方がある．どちらの場合にせよ，「入れたものが出てくる」というコーパスの必然的な特徴を十分理解して，コーパスに含める資料の内容の吟味は適切に行われなければならない．

　これに対して，一部のコーパス言語学者からは規模が大量になれば，あまり分野バランスは細かいことを言わなくてもよい，という考え方もある．しかし，どんなに規模が大きくなっても，設計時に抽出する分野テキストに偏りがあればそれがそのまま語彙表に強く反映されてしまうので，単に規模が大きければいい，というわけではなく，標本抽出の方法が問題である．

**b. 形態素解析と単位**

　語彙表は「単語とは何か？」という問題を内包している．コーパス言語学ではこれは「単語単位認定（tokenization）」の問題という．英語の場合であれば，New York を1つの名詞とする，Denny's は1語だが，She's gone. は3語などといった判断を機械にどうさせるかということである．日本語の場合であれば，言語の形態的側面を重視し，最小の意味を持つ単位としての「短単位」に対して，文節を基にした「長単位」がある．長単位の場合には文節の認定をまず行い，その内部を規則に従って自立語部分と付属語部分に分割する．また複合語は構成要素に分割せずに全体で一つとして扱う．「万が一」などの連語，「運動している」などの「体言＋する」「によって」などの複合辞なども一長単位として数える．

　教育語彙表ではこれらの形態素単位として何を採用するかの判断をする必要がある．長単位を用いた頻度表は従来あまり多くなかったが，BCCWJ の開発と同時に研究が進み，Tono, et al.（eds.）（2013）では長単位をベースにした頻度辞典が開発されている．

#### c. 語彙情報のレベル

「単語認定」の後は個々の見出し語に対してどのような情報を付与するかという情報のレベルが規定される必要がある．これには，表2.1でも述べた，表層形，辞書形，発音・読み，品詞などが考えられる．これに意味や用例などを付す形で教材としても使えるような形態にする場合もあるが，語彙表としては意味や用例は必ずしも必須ではない．通例このレベルの情報は，形態素解析器に依存し，よく用いられる Chasen, MeCab などの形態素解析ツールでは自動的にこれらの情報が付与される．

### 2.3.2 語彙表に必要な統計値

#### a. 頻　　度

コーパスに基づく語彙表では，コーパスからの頻度情報を掲載する．頻度は比較するコーパスが複数ない場合には粗頻度（raw frequency）で，複数の分野コーパスなどを比較する場合などは調整頻度（adjusted frequency）で表示する．英語のコーパスでは調整頻度は基準コーパスの規模に応じて100万語，10万語など，適宜選択されることが多い．これらの頻度は当然のことながら，表層形か辞書形かという判断を経た後の集計頻度になる．

#### b. 分　　布

頻度と同時に分布（dispersion）に関する統計情報も重要である．例えば，Leech, et al.（2001）によれば British National Corpus で HIV, keeper, lively という語の頻度は同じ（100万語換算で16回）だった．頻度だけではこれら3語が同程度の重要性を持つという主張ができてしまうが，実際に分布を見ると keeper と lively に関しては100の同サイズに分割されたサブコーパスのうち97カ所に検出されたのに対して，HIV は62カ所であった．これにより，HIV の方がよりテキストに依存する語であることが判定できる．このように分布に関する情報は語の一般性を理解する際に非常に重要な示唆を与えてくれる．

分布の指標はいろいろ考えられ，一般の統計分野では以下のような指標がよく用いられる．今，あるコーパスが $n$ 個の（または $n$ 分割された）サブコーパスを持つと仮定し，その各サブコーパスが全体に占める割合を $s_1, s_2, \cdots, s_i, \cdots, s_n$（値は百分率）としよう．言語特徴 a の各サブコーパスの頻度を $v_1, v_2, \cdots v_i, \cdots, v_n$ とし，それらの平均を $\bar{v}$，合計の総頻度を $f$ とすると，

(1) レンジ（range）：当該言語特徴 a を含む部分の数または割合

(2) 範囲（max-min diff）：$\max(v) - \min(v)$

(3) 母標準偏差（standard deviation）：$sd = \sqrt{\dfrac{\sum_{i=1}^{n}(v_i - \overline{v})^2}{n-1}}$

(4) 変動係数（variation coefficient）：$vc = \dfrac{sd}{\overline{v}}$

(5) カイ2乗値（chi-squared）：$\chi^2 = \sum_{i=1}^{n} \dfrac{(\text{observed } v_i - \text{expected } v_i)^2}{\text{expected } v_i}$

ただし expected $v_i = s_i \cdot f$

コーパス言語学ではさらに以下のような指標が古典的なものとして今でも利用されている．

(6) Juilland's $D$：$1 - \dfrac{vc}{\sqrt{(n-1)}}$　　　$n$：サブコーパスの数

(7) Carroll's $D_2$：$\left(\log_2 f - \left(\left(\sum_{i=1}^{n} v_i \log_2 v_i\right)\dfrac{1}{f}\right)\right)\dfrac{1}{\log_2 n}$

Gries (2008) ではこれらの指標の欠点を挙げて，自ら DP という指標の提案をしている．

(8) Gries' $DP$：$\dfrac{\sum_{i=1}^{n}\left|\dfrac{v_i}{f} - \dfrac{S_i}{\Sigma S}\right|}{2}$

この値が $DP$ で 0～1 までの範囲を示し，0 の場合が完全に均一に分布している状態を示し，1 に近づくほど分布に偏りがある．2.4 節で解説する頻度とコーパス・サイズの関係ではこの $DP$ を用いている．

### c. 有用度指標

頻度と分布の統計値を別個に出す語彙表もあるが，この 2 つの指標を合成して，語の有用度指標（utility measure）を算出する試みもある．

(9) Juilland's usage coefficient $U$：$D \cdot f$　　　$D$：(6) を参照

(10) Carroll's $U$：$\left(\sum_{n=1}^{i} v_i\right) \cdot D_2 + (1 - D_2) \cdot \dfrac{f}{n}$　　　$D_2$：(7) を参照

(10) を利用した語彙表には Carroll, et al. (1971), Zeno, et al. (1995) などがある．日本の語彙表では Tono, et al. (eds.) (2013) で頻度と分布統計を系統的に提示した例がある．

### 2.3.3 統語・意味解析

形態素解析の後，多品詞語と多義語に関してどこまで分類整理するかの判断が必要で，それによって人手による作業が必要になる．英語の場合，前後の文法関係によって water が「水」（名詞）か「水をやる」（動詞）かの判断は品詞同定をある程度機械的にできるが，bank を「土手」と「銀行」という意味で分けて頻度集計するような語義別頻度分析（semantic count）を自動処理するのは現状でもなかなか難しい．日本語の場合はこれに表記の問題も関わり，「かかる」という動詞はひらがな表記が多い場合でも，「病気に罹る」「気に懸かる」「主語に係る」「橋が架かる」「壁に掛かる」など，用法によって異なる漢字を充てる場合とそうでない場合がある．このような解析は，もとの表記がかな漢字交じりでないと意味解析を含むことになり，困難である．

### 2.3.4 頻度とコーパスサイズ

#### a. 頻度ランクと分布統計の関係

語彙表作成の際に一般的に分布統計の安定度に関する資料があると参考になる．以下に BCCWJ の一部を用いて行った実験を紹介する．これは Biber（1993）の方法に準拠して，BCCWJ 領域内公開データ（2008・2009 年度版）の 10 分野からそれぞれ 2,000 語区切りのテキスト 100 ファイル（合計 20 万語），計 1,000 ファイル（合計 200 万語）をランダムに作成し，各ファイルの語彙頻度と分布（Gries

表 2.2 BCCWJ 領域内公開データ 10 分野[*1]の頻度表（100 語[*2]）の順位相関

|    | LB | OB | OC | OM | OT | OW | OY | PB | PM | PN |
|----|----|----|----|----|----|----|----|----|----|----|
| LB | 1.00 | 0.88 | 0.86 | 0.76 | 0.79 | 0.58 | 0.84 | 0.97 | 0.88 | 0.73 |
| OB | 0.88 | 1.00 | 0.83 | 0.74 | 0.51 | 0.32 | 0.71 | 0.87 | 0.68 | 0.54 |
| OC | 0.86 | 0.83 | 1.00 | 0.71 | 0.67 | 0.40 | 0.88 | 0.87 | 0.82 | 0.64 |
| OM | 0.76 | 0.74 | 0.71 | 1.00 | 0.50 | 0.43 | 0.56 | 0.70 | 0.57 | 0.43 |
| OT | 0.79 | 0.51 | 0.67 | 0.50 | 1.00 | 0.83 | 0.78 | 0.79 | 0.90 | 0.87 |
| OW | 0.58 | 0.32 | 0.40 | 0.43 | 0.83 | 1.00 | 0.56 | 0.57 | 0.72 | 0.83 |
| OY | 0.84 | 0.71 | 0.88 | 0.56 | 0.78 | 0.56 | 1.00 | 0.84 | 0.92 | 0.78 |
| PB | 0.97 | 0.87 | 0.87 | 0.70 | 0.79 | 0.57 | 0.84 | 1.00 | 0.89 | 0.74 |
| PM | 0.88 | 0.68 | 0.82 | 0.57 | 0.90 | 0.72 | 0.92 | 0.89 | 1.00 | 0.89 |
| PN | 0.73 | 0.54 | 0.64 | 0.43 | 0.87 | 0.83 | 0.78 | 0.74 | 0.89 | 1.00 |

[*1] LB：書籍（流通実態），OB：ベストセラー書籍，OC：Yahoo! 知恵袋，OM：国会会議録，OT：検定教科書，OW：白書，OY：Yahoo! ブログ，PB：書籍（生産実態），PM：雑誌，PN：新聞

[*2] LB で見出し語を頻度降順にソートし，見出し語上位 100 語を採用した場合．この際，R の Hmisc ライブラリの rcorr.adjust で処理した結果，90 語が有効（欠損値なく処理できたもの）であった．

の $DP$)を作成して安定度を見た.これにより,当該分野のテキストを無作為に選んだとした場合の代表的なテキスト特徴を得られると仮定し,2,000語×100ファイルに関してさまざまな分析を試みた.

まずジャンルごとの2,000語×100ファイルを合計した20万語のサブコーパス間の語彙表の順位相関(上位100, 500, 1,000語)を見た.その結果が表2.2〜2.4である.表2.2〜2.4とも,各行と列に配置された10分野の頻度表の順位の相関行列になっており,対角線上の同一カテゴリーは同じものなので相関係数が1.00,それ以外は0.00〜1.00の範囲で相関の強弱を表している.これを見ると,全般に白書(OW)は国会会議録(OM)とだけ中程度の相関があるが,他分野とは概して相関が低い.この原因は,白書の場合には頻度表の中に大量の数字や記号類が混入してくることが挙げられる.

また表2.2に見るように,上位100語のような高頻度語彙の場合には比較的ど

表2.3 BCCWJ領域内公開データ10分野の頻度表(500語)の順位相関

|    | LB | OB | OC | OM | OT | OW | OY | PB | PM | PN |
|----|----|----|----|----|----|----|----|----|----|----|
| LB | 1.00 | 0.85 | 0.75 | 0.66 | 0.74 | 0.44 | 0.80 | 0.85 | 0.83 | 0.71 |
| OB | 0.85 | 1.00 | 0.81 | 0.58 | 0.59 | 0.25 | 0.86 | 0.86 | 0.82 | 0.62 |
| OC | 0.75 | 0.81 | 1.00 | 0.62 | 0.63 | 0.37 | 0.88 | 0.83 | 0.83 | 0.66 |
| OM | 0.66 | 0.58 | 0.62 | 1.00 | 0.61 | 0.62 | 0.62 | 0.68 | 0.68 | 0.65 |
| OT | 0.74 | 0.59 | 0.63 | 0.61 | 1.00 | 0.63 | 0.64 | 0.72 | 0.74 | 0.71 |
| OW | 0.44 | 0.25 | 0.37 | 0.62 | 0.63 | 1.00 | 0.39 | 0.44 | 0.54 | 0.70 |
| OY | 0.80 | 0.86 | 0.88 | 0.62 | 0.64 | 0.39 | 1.00 | 0.85 | 0.86 | 0.72 |
| PB | 0.85 | 0.86 | 0.83 | 0.68 | 0.72 | 0.44 | 0.85 | 1.00 | 0.88 | 0.71 |
| PM | 0.83 | 0.82 | 0.83 | 0.68 | 0.74 | 0.54 | 0.86 | 0.88 | 1.00 | 0.80 |
| PN | 0.71 | 0.62 | 0.66 | 0.65 | 0.71 | 0.70 | 0.72 | 0.71 | 0.80 | 1.00 |

表2.4 BCCWJ領域内公開データ10分野の頻度表(1000語)の順位相関

|    | LB | OB | OC | OM | OT | OW | OY | PB | PM | PN |
|----|----|----|----|----|----|----|----|----|----|----|
| LB | 1.00 | 0.82 | 0.67 | 0.60 | 0.66 | 0.35 | 0.74 | 0.82 | 0.78 | 0.64 |
| OB | 0.82 | 1.00 | 0.73 | 0.53 | 0.54 | 0.17 | 0.80 | 0.81 | 0.76 | 0.55 |
| OC | 0.67 | 0.73 | 1.00 | 0.52 | 0.56 | 0.28 | 0.82 | 0.75 | 0.76 | 0.57 |
| OM | 0.60 | 0.53 | 0.52 | 1.00 | 0.52 | 0.61 | 0.53 | 0.62 | 0.63 | 0.61 |
| OT | 0.66 | 0.54 | 0.56 | 0.52 | 1.00 | 0.52 | 0.56 | 0.67 | 0.67 | 0.63 |
| OW | 0.35 | 0.17 | 0.28 | 0.61 | 0.52 | 1.00 | 0.29 | 0.36 | 0.44 | 0.60 |
| OY | 0.74 | 0.80 | 0.82 | 0.53 | 0.56 | 0.29 | 1.00 | 0.79 | 0.81 | 0.67 |
| PB | 0.82 | 0.81 | 0.75 | 0.62 | 0.67 | 0.36 | 0.79 | 1.00 | 0.84 | 0.64 |
| PM | 0.78 | 0.76 | 0.76 | 0.63 | 0.67 | 0.44 | 0.81 | 0.84 | 1.00 | 0.74 |
| PN | 0.64 | 0.55 | 0.57 | 0.61 | 0.63 | 0.60 | 0.67 | 0.64 | 0.74 | 1.00 |

表 2.5 語彙頻度ランクと DP 平均値

| 頻度ランク（位） | DP 平均値 |
|---|---|
| 10 | 0.17 |
| 50 | 0.34 |
| 100 | 0.42 |
| 500 | 0.69 |
| 1,000 | 0.79 |
| 2,000 | 0.86 |
| 3,000 | 0.89 |

のテキストにも安定して出現する語彙が多いため全体に相関が高めであるが，500語，1,000語とランクが下がるにつれて，各分野のテキストの語彙特徴が徐々に濃厚になり，フォーマルな書き言葉系[3]（OW, OM）と話し言葉系（OY, OC）ではっきり傾向が分かれてくる．また，書籍・雑誌類は全般に互いに相関が高く，白書以外のテキストとも中程度の相関を維持している．

これらの相関データから，ジャンルの傾向を分類すると，［書籍（LB, OB, PB）/教科書（OT）/雑誌（PM）/新聞（PN）］vs.［ブログ（OY）/知恵袋（OC）］vs.［白書（OW）/会議録（OM）］といったグループになる．教育語彙表として BCCWJ を参考にする際に，このような分野の偏りによる語彙頻度特性を理解して使用することが肝要である．

また分布の統計値 $DP$[4]に関しては $DP$ の平均値は頻度ランクごとに表 2.5 のようになった．基本語彙が安定してどの分野にも出現するのはせいぜい上位 100 語程度で，それ以降は急激にテキスト依存性が高まることがわかる．つまり，分野テキストを広範囲に集めそれを一定量集めて組み合わせることをしないと数千語単位の語彙表データでも安定性を欠くことになる．

**b. 頻度とコーパスサイズの関係**

教育語彙表を作成する際のコーパスサイズに関してはどのような目安が必要であろうか．Biber（1993）では必要コーパス規模の推定を行っている．Biber は，

---

[3] 国会議事録（OM）を書き言葉とするのは若干問題があろう．議事録には日常会話のような表現は出てこないが，通常の書き言葉とは明らかに違うフォーマルな場面での資料に基づく発表や議論が含まれる．書き言葉と話し言葉の中間的な文体と言えよう．ここでは OY, OC との差別化のために便宜的に書き言葉系としてある．

[4] BCCWJ 実験用データ 200 万語全体での語彙頻度表を作成，各語の 10 分野の $DP$ 平均値を基に集計．

標本サイズが正規分布を仮定できる 30 以上であれば，信頼区間 95％で，サンプルの頻度平均が母平均±許容可能誤差（tolerable error：te）の範囲内である，と想定できるとして，標本サイズの推定式を以下のように規定した．

(11) $N = \dfrac{(母標準偏差)^2}{(te \div t 値)^2}$

ただし te（許容可能誤差）= t 値 × 標準誤差

Biber (1993) によると，現実的な解決方法として，観察される言語特徴のサブコーパスの平均頻度の ± 5％を te としている．これをもとに投野・本田 (2010) ではコーパスサイズの推定を行った．その結果が表 2.6 である．書籍 (BK)・知恵袋 (OC)・白書 (OW)・国会議事録 (OM) の 4 分野において均等に一定頻度で出現する語彙 (例：の，なる，いる) の場合は，観察値の誤差が少ないため推定サイズは小さめで済むが，「ます」「言う」「です」のように「白書」などではほとんど使わない用法を含めようとすると，分野の偏りが大きなネックとなり，標準偏差が増大，それに伴って推定サイズも巨大になる．

この実験では，種類のテキストのみの分析であり，かなり言語特徴により頻度差が出やすい領域の比較になっているので一般化には注意が必要であるが，このようなデータを繰り返しサンプリングしたテキストから得ておくことで，語彙調査の推定コーパス規模を予測することが可能になる．

また投野 (2011) は英語の web コーパスの評価実験で，学習語彙 1 万語レベル

表 2.6 Biber (1993) の手法による言語特徴別のコーパス・サイズの推定

| 見出し語 | BK | OC | OM | OW | 総計 | 平均 | 標準偏差 | te | 必要頻度 | 推定サイズ |
|---|---|---|---|---|---|---|---|---|---|---|
| の | 10,565 | 8,451 | 9,792 | 10,276 | 39,084 | 9771 | 936.00 | 488.55 | 14.10 | 2,820,188 |
| は | 6,250 | 4,537 | 5,284 | 3,647 | 19,718 | 4929.5 | 1105.78 | 246.48 | 77.32 | 15,464,448 |
| と | 4,392 | 3,556 | 6,635 | 3,271 | 17,854 | 4463.5 | 1523.83 | 223.18 | 179.09 | 35,819,689 |
| を | 5,310 | 3,155 | 4,621 | 4,467 | 17,553 | 4388.25 | 900.17 | 219.41 | 64.66 | 12,932,001 |
| が | 4,493 | 5,087 | 4,365 | 3,047 | 16,992 | 4248 | 860.24 | 212.4 | 63.01 | 12,602,940 |
| なる | 4,038 | 3,774 | 4,147 | 4,516 | 16,475 | 4118.75 | 307.67 | 205.94 | 8.57 | 1,714,888 |
| た | 5,839 | 3,405 | 2,639 | 2,074 | 13,957 | 3489.25 | 1658.74 | 174.46 | 347.26 | 69,453,788 |
| ます | 1,063 | 4,416 | 6,268 | 47 | 11,794 | 2948.5 | 2895.19 | 147.42 | 1481.58 | 296,316,119 |
| いる | 2,125 | 1,794 | 2,476 | 1,988 | 8,383 | 2095.75 | 287.58 | 104.79 | 28.93 | 5,786,874 |
| で | 2,081 | 2,552 | 2,140 | 1,327 | 8,100 | 2025 | 510.33 | 101.25 | 97.59 | 19,518,449 |
| も | 2,280 | 2,369 | 2,654 | 678 | 7,981 | 1995.25 | 892.54 | 99.76 | 307.48 | 61,497,952 |
| 言う | 1,412 | 1,045 | 4,523 | 216 | 7,196 | 1799 | 1883.65 | 89.95 | 1684.64 | 336,928,458 |
| です | 952 | 4,334 | 1,572 | 5 | 6,863 | 1715.75 | 1860.63 | 85.79 | 1807.12 | 361,423,198 |
| ある | 2,041 | 1,423 | 1,937 | 1,344 | 6,745 | 1686.25 | 353.63 | 84.31 | 67.58 | 13,516,120 |
| ない | 1,186 | 1,118 | 953 | 186 | 3,443 | 860.75 | 460.35 | 43.04 | 439.53 | 87,906,683 |

の単語の用例数を調査した．2,500万語規模のwebコーパスを10回ほど自動的に構築し，その中に500件以上用例が見つかった単語を調べたところ，約4,500語だった．1万語レベルの単語の平均用例数は187例で，この1万語の用例に関してコーパスによる語彙動態把握をするために500件の用例を必要とした場合，推定で7,000万語のコーパス規模が必要と算定した．一般の学習辞典は5万語程度の見出し語数になるので，この用例が十分に調査できるためには推定10億語のコーパス規模になる．現状では，この規模のコーパス構築は現実的に可能になってきているが，分野バランスなどを綿密に設計して10億語規模を集めたコーパスは世界的にもまだOxford English Corpus（20億語，商用データ）しかない．

## 2.4 教育語彙表作成の方法論

コーパスに基づく教育語彙表は，語彙の選定を専門家の主観的判断によるのではなく，コーパスの出現頻度を基礎資料とし客観性を重視して作成する．日本語教育ではこれまで前者の語彙表が主流であったが，BCCWJの完成によりTono, et al.（eds.）（2013）や，2.5，2.6節で紹介されるようなコーパスに基づく語彙表も作られ始めている．ここではBCCWJを利用した日本語教育語彙表の作り方の一例について紹介する．

### 2.4.1 教育語彙表作成のためのコーパス選定

BCCWJは均衡コーパスであり，現代日本語書き言葉の総体の縮図となるようにデザインされ，さまざまな分野のテキストが含まれている．2.3.1項a.で述べたように，教育語彙表の作成方法には，コーパスデータ構築段階で綿密な設計を行い，分野バランスなども考慮に入れて構築されたコーパス頻度をそのまま語彙表として採用するという方法と，コーパスの構築自体は比較的大まかな設計で行い，コーパス頻度をそのまま語彙表に採用するのではなく，統計指標などとからめて統合的に語彙選定を行う方法がある．いずれにせよ，コーパス頻度を語彙選定のデータとして使うため，コーパスの設計は語彙表の出来を左右する重要な問題である．BCCWJを教育語彙表の基礎となるコーパスデータとして利用する際にも，まず，この点について考えなければならない．

投野・本田（2010）では，BCCWJからランダムサンプリングした書籍，国会会議録，白書，Yahoo!知恵袋の4分野（各20万語，合計80万語）について，語彙頻度と分布統計（$DP$）を用いて比較を行った．ランクごとに$DP$の平均値を見

ていくと，10位：0.11，50位：0.37，100位：0.49，500位：0.81，1,000位：0.89という結果であった[5]．さらに，2.3.4項ではレジスターを10分野に拡大してDPの平均値を求めているが，その結果は，10位：0.17，50位：0.34，100位：0.42，500位：0.69，1,000位：0.79であった（表2.5）．これを見ると，レジスターの分野が増えることによって500位以下のDP平均値はやや低くなるものの，やはり，基本語彙が安定してどのテキストにも出現するのは上位100語程度までである．このように，テキストの分野によって語彙の分布は多様なので，コーパスデータの分野バランスによって抽出される語彙もかなり異なってくる．

さらに，投野・本田（2010）でレジスターごとに頻度上位100語の内容を比較したところ，白書では「行う」「前年」「実施」など，固く改まり度の高い語彙が目立った．つまり，コーパスデータの分野バランスにおいて白書の割合が多いと，固く改まり度の高い語彙が高頻度語に上ってくる可能性も高くなると予想される．しかし，日本語教育的にはこれらが初級レベルに位置すると不都合である．また，白書のような特殊なテキストを日本語学習者が読む機会がどれだけあるかという点から考えても，BCCWJを日本語教育語彙表の基礎データとして利用する場合，白書の分量を減らす工夫が必要となるであろう．そのほか，Yahoo!知恵袋の高頻度語には，「よ」「ね」のような終助詞をはじめ，話し言葉的な語が特徴的に見られた．このようなテキストの割合が多くなると，話し言葉的な語彙を抽出できるが，同時に新語や俗語などが含まれる可能性もそれだけ高くなる．

このように，BCCWJは分野による語彙の特徴が顕著に現れるため，語彙表の使用目的によってはコーパスの設計について吟味する必要が生じるであろう．

### 2.4.2 統計情報の活用

コーパスデータが分野のバランスを考慮し，綿密に設計されたものでなければ，コーパスからの頻度情報は一つの参考データとして利用し，他のさまざまな指標を使って語彙選定を行うことになる．BCCWJの語彙の分布もレジスターの分野によって多様であるため，頻度に統計指標をからめた方法が有効である．

このような統計指標には，2.3.2項b.で示したように，分布を示す指標であるレンジ，範囲，標準偏差，変動係数，カイ2乗値や，Juilland's $D$，Carroll's $D_2$，Gries' $DP$などがある．これらはデータの散らばり具合，広がり具合を表す指標

---

[5] $DP$は0〜1までの範囲で示され，0に近ければ分布が均一であり，1に近づくほど分布に偏りがあることを表す．

である．すなわち，これによってデータが平均値の周りに密に集中しているのか，または平均値から離れた値も多いのかなどといった分布の状態がわかる．また，2.3.2項c.で示した有用度のような指標もある．

このような統計指標の利用によって，レジスターの分野の影響をある程度回避することができる．Tono, et al. (eds.) (2013) や，Leech, et al. (2001) などのように，コーパスに基づく語彙表では頻度と一緒にこのような統計の値が示されていることもある．

### 2.4.3　日本語教育語彙表のための視点

　語彙表の使用目的に応じてコーパスを選定し，コーパス頻度にさまざまな指標をからめて分布の偏りによる影響を回避したとしても，改まり度の高い語彙や固い語彙が上位1,000語程度までの語彙にも少なからず入っていたり，実生活でよく使用されるような身近な語彙がコーパスでは低頻度で，上級レベルに位置してしまうということが起こりうる．そこで，このようなデータには教育的観点からの順位調整が行われる場合もある．例えば，JACET List of 8000 Basic Words (JACET 8000)（大学英語教育学会，2003）はBNC (British National Corpus) の品詞別語彙頻度情報を基礎にしながらも，日本人英語学習者に有用な分野別英語コーパスとBNCの2種類の資料を，対数尤度比（log-likelihood）を利用して合成し，英語教育の現状を考慮した順位調整を行っている．また，SVL (Standard Vocabulary List) 12000（アルク，2000）でも，BNCの頻度リストを基準資料としつつも，中学必修語，既存語彙表，英英辞典定義語彙，母語話者アンケート結果なども考慮して語彙選定が行われている．それでは，日本語教育語彙表のレベル分けや順位調整にはどのような方法が考えられるであろうか．

#### a.　単語親密度

　単語親密度[6]は語の難易度に関する一つの指標となる．これは特に，コーパスの出現頻度が低くとも実生活では頻繁に触れるような語彙の順位を補正するのに役立つ．

　日本語教育においては，単語親密度は語のレベル判定に使われる指標として一

---

[6]　単語親密度：その単語がどの程度「なじみ」があると感じられるかの主観的評定値．NTTデータベースシリーズ「日本語の語彙特性（第1期）」の単語親密度データベースには，新明解国語辞典第4版の見出し語約7万語に関する親密度評定値が収録されている．この親密度は被験者が7段階評価（1：なじみがない〜7：なじみがある）を行った結果の平均値である．

般的なものになりつつある．例えば，2010年に改定された日本語能力試験の出題語彙の選定では親密度を一つの基準としている．また，web上の日本語学習支援ツール『チュウ太のレベルチェッカー』[7]の中でも，語彙レベルを測る指標の一つとして親密度が採用されている．親密度を語彙レベルを測る一つの基準とする動きは，日本語能力試験がそれを採用したことを背景に，日本語教材における語彙選定にも及んでいる．例えば，語彙問題集である伊能ほか（2011）では，日本語能力試験に出題された語彙の親密度を調査し，語のレベル分けに利用している．

このように，単語親密度は語彙レベルと関わりのある指標として一般的になりつつあるが，現状では，親密度の値がどの程度であれば日本語教育的にどのレベルであるというようなコンセンサスはないようである．

**b. 語彙の概念的・統語的な繋がり**

語彙の概念的，統語的繋がりも語彙をレベル別に分ける際に考慮できる点である．概念的に繋がりのある語彙とは，2.1.2項で示したように，例えば，曜日名，月名，数字，国名と国籍名などのような，意味・概念的なまとまりのある語のグループである．教育の現場ではこれらをまとめて教えるのが普通なので，教育語彙表としては同じレベルに入っているのが望ましい．また，月名，曜日名，数字などは，メインの語彙表から除外して別にまとめられることもある．

語彙の統語的な繋がりとは語彙の持つ文法関係を指す．これを分析するツールには，例えばSketch Engine[8]がある．Sketch Engineには日本語のコーパスとしてjpWAC[9]が搭載されているが，他のコーパスを実装することも可能である[10]．

使い方は次の通りである．まず，Sketch Engineでコーパス（ここではjpWAC）を選択して開き，メニューからWord Sketchを選択すると，lemmaを入力するボックスが表示される．そこに調べたい語を入力してShow Word Sketchのボタンを押すと検索結果が表示される．例えば，「乗る」という語を検索すると，図2.1のような結果が表示される．

検索結果を見ると，「乗る」という動詞とさまざまな格関係における共起語，その語の出現頻度，共起関係の強さを示す指標であるlogDiceの値が示されている．

---

7) 語彙のレベルチェック機能を備えたWeb上のツール．http://basil.is.konan-u.ac.jp/chuta/level/
8) www.sketchengine.co.uk
9) ウェブ上のテキストから作成された総語数約4億語のコーパス．
10) Sketch Engineを開きCorporaの画面に進むと，画面下にMy corporaが表示される．その右下に表示されるCreate Corporaをクリックし，手順に従ってコーパスを実装する．

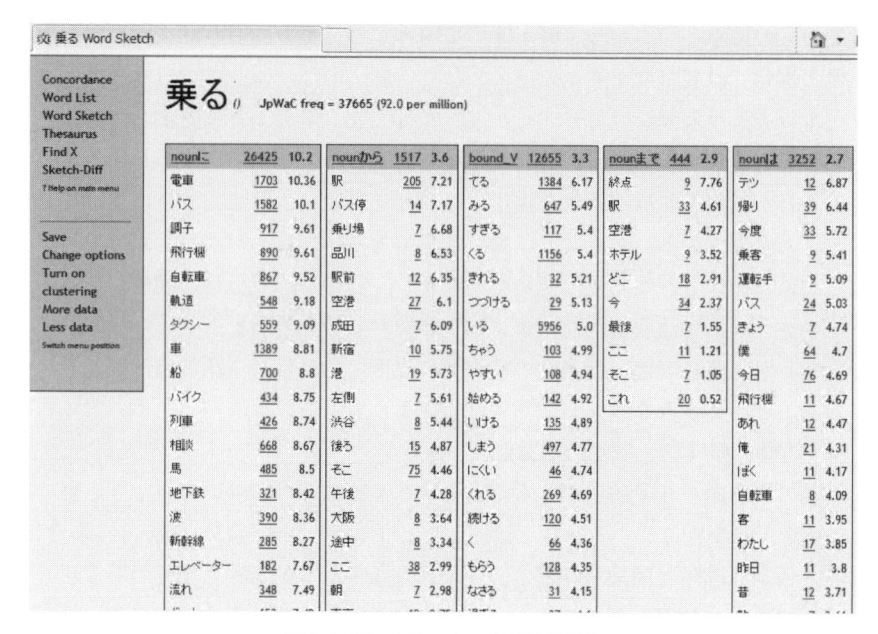

図 2.1　Word Sketch の検索結果画面

　「乗る」は高頻度語であり，日本語教育でも一般的に初級レベルで扱われる語である．日本語の教科書などでは，「(乗り物) に乗る」のような形で示されることが多いが，Word Sketch の検索結果で「noun に」の欄を見ると，どのような乗り物に「乗る」ことが多いのかを客観的に知ることができる．ここでは，「電車」「バス」「飛行機」「自転車」「タクシー」「船」「バイク」などの順に多いという結果となっている．また，「noun から」を見ると，「駅」「バス停」「乗り場」「空港」のほか，具体的な駅名などが挙がっている．これらは日本語教材や日本語教育の現場で，例文などにおいて一緒に使われる語彙である．
　このように Word Sketch 機能を使うとさまざまな格関係からの共起語を自動的に検索することが可能である．このようなツールを使って統語的に繋がりのある語彙を検索し，語彙表中の順位やレベル設定に反映させることも，教育的観点から補正する方法の一つである．

### c.　日本語教科書の語彙

　教育語彙表のレベル分けには，日本語教科書の語彙も配慮されているとよい．一般的に初級レベルで学習者が意図的に学習する語彙は日本語教科書の語彙が中

心であり，日本国外の学習者は日本語教科書以外に日本語に触れる機会がほとんどないということも少なくない．したがって，特に初級レベルにおいては，日本語教科書に頻出する語彙について考慮し，語彙表中の順位を調整するのも妥当な方法である．

教科書の語彙は，日本語教育でも従来から語彙表作成で活用されている．例えば，『日本語能力試験出題基準語彙表』における 3, 4 級レベルの語彙は，日本語の教科書を基礎資料として選定された語彙である．また，JACET 8000 では日本の中高教育における語彙指導・習得の現状を最もよく反映した資料として高校教科書コーパスを取り上げ，この上位語の順位修正を行っている．

### 2.4.4　語彙表の評価

語彙表の評価方法には，まず，テキストカバー率を調査することが挙げられる．テキストカバー率とは，ある語または語の集合がテキスト全体の延べ語数の何パーセントを占めるかを示す指標である．テキストカバー率は次のような計算方法で求められる．

(12)　テキストカバー率 =（テキスト中の当該語数）÷（テキストの総語数）× 100

語彙表で設定したレベルに合ったテキストや学習者が触れる可能性の高いテキストをどの程度カバーできるかを調査することによって，その語彙表の妥当性を検証することができる．この場合，カバー率を調べるテキストには，Graded Readers のような語彙レベル別になっている読み物や，日本語教科書，書籍や新聞など，日本語の学習に関わりの深いものが適している．

『出題基準』のような既存の語彙表と比較することによっても，その語彙表の特徴や優れた点などを評価することができる．それぞれの語彙表の語彙を質的に比較するほか，それぞれのテキストカバー率を比較することによっても，その語彙表の特長を示すことができる．

また，語彙表の各レベルを指導技能との関連でユーザー調査を行うことも評価方法の一つである．例えば，語彙表を，学習者の言語使用データ（= 学習者コーパス）や，教師の使用する語彙（= 授業プロトコル）などからの知見をもとに評価し，改良することも有効な方法である．

その他，語彙表の品詞や語種の割合に偏りがないかという点や，選定された語彙が語彙表の使用目的と一致しているかという点なども，確認すべき事項である．

［投野由紀夫・本田ゆかり］

## 2.5 言語活動に直結した日本語教育語彙表

　ここでは実際に BCCWJ を利用して作成した日本語教育語彙表について紹介する．BCCWJ のような汎用コーパスを日本語教育語彙表という特定の目的に使用する際に注意する点，とくに収録語の選定の仕方については，前節で述べた通りであるが，ここでは具体的に教室活動や教材作成などに使用する場合をイメージし，日本語教育現場で使いやすい語彙表とはどのようなものか，また BCCWJ のような大規模コーパスをどのように語彙表に生かすことができるかについて述べる．

### 2.5.1 話題別日本語教育語彙表の作成

　日本語教育の目的を「日本語学習者が日本語で言語活動を行えるようにすること」と考えた場合，当然，日本語教育で扱われる言語形式（語彙・文法）はその目的を達成できるものでなければならない．つまり，学習者が行おうと思っている言語活動には，どのような語彙・文法が必要なのかを提示する必要がある．例えば「自分の国の料理を紹介する」「夏休みの旅行の計画を立てる」「環境問題について意見を言う」といったような言語活動を考えた場合，それぞれどのような語彙が必要となるだろうか．これらの言語活動を行うために必要となる語彙を，教師あるいは学習者がまとめて取り出したいと考えた場合，今までのような五十音順の語彙表や，頻度順に並べられた語彙表では使いにくい．そこで，本節では，「食」「旅行」「環境問題」のような話題ごとに語がグルーピングされた「話題別語彙表」が有効であると考え，大規模コーパスを利用してこの語彙表を作成することにする．

### 2.5.2 BCCWJ からの話題特徴語の抽出

　2.4.1 項で述べた方針のもと，BCCWJ を利用した話題別の語彙表を作成する．話題別語彙表ではそれぞれの話題で収録すべき語を決める必要があるが，ここでは以下のような手順をとる．(1) コーパスのサンプルを話題別に分ける，(2) それぞれの話題を特徴づける語（以下，「話題特徴語」とする）を抽出する，(3) 抽出された語をもとに語彙表を作成する．このような手順をとって収録語を決定していくこととする．なお，ここでは例として「食」という話題の語彙表作成の工程を紹介する．また，BCCWJ は 2009 年度領域内公開データのうち書籍データを

使用した．

### a. サンプル群の選定 ―― 話題「食」と NDC との対応

BCCWJ には，すべてのサンプルに「書誌 ID」「タイトル」「出版社」「ジャンル」などの書誌情報データが付されている．BCCWJ の「書籍」データでは「ジャンル」に NDC 記号（日本十進分類法；Nippon Decimal Classification）が宛てられている．NDC 記号は，「主題（作品の中心となる思想や，描こうとする主要な題材）」により分類され付された記号で，ここでいう「話題」とほぼ同じものであると考えることができる．例えば，「食」という話題であれば，表2.7に挙げた NDC 記号が対応すると考えられる．この場合，BCCWJ では合計 144 のサンプルを得ることができる．

表2.7 話題「食」のサンプル

| 日本十進分類法（NDC） | | サンプル数 |
|---|---|---|
| 383.8 | 飲食史 | 28 |
| 498.5 | 食品．栄養 | 23 |
| 588 | 食品工業 | 5 |
| 596 | 食品．料理 | 88 |
| 628 | 園芸利用 | 0 |
| 791.8 | 懐石 | 0 |
| 合　計 | | 144 |

### b. 話題特徴語の抽出

次に話題別の特徴語を抽出する．ここでは，特徴語を抽出するための客観的な指標として，対数尤度比（log-likelihood ratio；LLR 値）を用いる．特徴度を出す統計指標はいくつか提案，検討されているが（内山ほか，2004），対数尤度比は，テクストサイズが小さくても妥当な値を示すとされており，大学英語教育学会作成の JACET List of 8000 の特徴語抽出や，コンコーダンスソフト WordSmith などのキーワード抽出にも使用されている．LLR 値は以下の分割表と計算式で求められる．

| | 対象コーパス | 参照コーパス | |
|---|---|---|---|
| 単語 W | a | b | a+b |
| 単語 W 以外 | c | d | c+d |
| | a+c | b+d | a+b+c+d |

$$LLR = 2(a\ln(a) + b\ln(b) + c\ln(c) + d\ln(d) \\ - (a+b)\ln(a+b) - (a+c)\ln(a+c) \\ - (b+d)\ln(b+d) - (c+d)\ln(c+d) \\ + (a+b+c+d)\ln(a+b+c+d))$$

実際の作業としては，まず対象コーパス（ここでは話題「食」のサンプル群）と参照コーパス（「食」のサンプル群以外のすべての書籍データ）をそれぞれ形態素解析した後，両者を突き合わせ，すべての語について頻度を出す．今回の語彙表では収録語を実質語に限定することとしたため，形態素解析の結果から機能語（助詞，助動詞）および記号類を除外した．その結果，延べ語数は「食」で246,303語，「食」以外で22,720,866語であった．これで表中 a，b，c，d の値が出せるので，計算式によりすべての語の LLR 値（特徴度）を出すことができる．今回の結果（LLR 値の上位50位まで）は以下，表2.8の通りである．

なお，LLR 値は頻度をもとにしているため，「食」に関係がないと思われる語であっても，あるサンプルで多く使われていれば，LLR 値が上位に来ることがある．したがってその対応として，たとえ LLR の値が高くても1つのサンプルにしか出てこなかったものはデータの偏りにより生じたものとして特徴語からは除外

表2.8 話題「食」特徴語（対数尤度比上位50位）

| 順位 | 語 | 「食」頻度(a) | 「食」以外頻度(b) | 対数尤度比 | 順位 | 語 | 「食」頻度(a) | 「食」以外頻度(b) | 対数尤度比 |
|---|---|---|---|---|---|---|---|---|---|
| 1 | 塩 | 698 | 933 | 4126.17 | 26 | 切り | 236 | 287 | 1427.00 |
| 2 | 料理 | 868 | 3,081 | 3782.91 | 27 | 野菜 | 334 | 1,263 | 1419.26 |
| 3 | 食べる | 1,005 | 8,310 | 2925.45 | 28 | 美味しい | 366 | 1,746 | 1410.37 |
| 4 | 大匙 | 360 | 103 | 2777.34 | 29 | 皮 | 302 | 959 | 1371.97 |
| 5 | 入れる | 1,105 | 11,647 | 2761.26 | 30 | 焼く | 363 | 1,994 | 1310.93 |
| 6 | 加える | 664 | 3,903 | 2321.31 | 31 | 食材 | 200 | 209 | 1251.97 |
| 7 | 炒める | 305 | 166 | 2159.15 | 32 | 人参 | 222 | 384 | 1225.87 |
| 8 | 混ぜる | 368 | 599 | 2066.56 | 33 | 葱 | 179 | 130 | 1205.99 |
| 9 | 鍋 | 415 | 1,020 | 2060.80 | 34 | 分 | 480 | 5,071 | 1196.65 |
| 10 | 材料 | 497 | 2,113 | 2013.24 | 35 | 胡麻 | 190 | 224 | 1157.24 |
| 11 | 煮る | 336 | 441 | 1994.73 | 36 | ジャガ芋 | 191 | 253 | 1131.24 |
| 12 | グラム | 365 | 761 | 1908.98 | 37 | キロカロリー | 149 | 51 | 1125.59 |
| 13 | 食品 | 402 | 1,140 | 1901.98 | 38 | 小匙 | 147 | 45 | 1125.33 |
| 14 | 食 | 405 | 1,183 | 1896.35 | 39 | フライパン | 169 | 137 | 1115.13 |
| 15 | 醤油 | 295 | 306 | 1849.78 | 40 | 肉 | 320 | 1,945 | 1099.88 |
| 16 | 切る | 704 | 7,798 | 1699.60 | 41 | 粥 | 180 | 221 | 1085.88 |
| 17 | 胡椒 | 247 | 162 | 1694.95 | 42 | 油 | 192 | 330 | 1062.07 |
| 18 | 味 | 408 | 1,665 | 1681.05 | 43 | 水気 | 154 | 117 | 1028.86 |
| 19 | 作る | 974 | 17,459 | 1589.98 | 44 | 食塩 | 134 | 45 | 1014.63 |
| 20 | バター | 263 | 335 | 1572.73 | 45 | 味噌 | 213 | 639 | 987.75 |
| 21 | 玉葱 | 244 | 224 | 1570.34 | 46 | 大蒜 | 162 | 194 | 983.07 |
| 22 | 油 | 325 | 871 | 1567.83 | 47 | 酢 | 154 | 164 | 959.96 |
| 23 | 粉 | 314 | 773 | 1558.32 | 48 | サラダ | 173 | 304 | 951.05 |
| 24 | 茹でる | 231 | 227 | 1465.51 | 49 | 汁 | 210 | 675 | 949.69 |
| 25 | 調味 | 199 | 95 | 1437.27 | 50 | 水 | 534 | 8,741 | 947.48 |

する[11]．また，LLR 値が高い語であっても，そもそもの出現数が少ないものについては，日本語教育には不向きと考えられるため，最低の出現数のラインを決めたうえで，除外する必要もあるだろう．上位何語までをその話題の特徴語と認め語彙表に収録するか，また，最低の出現数を何語にするかは，最終的に構築する語彙表のサイズとの関連で決めなければいけない．

### 2.5.3 語彙表の作成

対数尤度比により話題別語彙表の候補となる収録語が得られた後は，実際に日本語教育現場で使いやすいよう語彙表の体裁を整える必要がある．以下の表 2.9 は，語に意味タグと構文情報を付与し，また教育用にレベル分けしたものである（モデルは表 2.8 の LLR 値 50 位以下のものも含んでいる）．

意味タグとは，例えば「カレー」「サラダ」「うどん」といった語であれば【料

表 2.9 話題別日本語教育語彙表のモデル（抜粋）

名詞類（具体名詞）

| 意味 | 語 | | |
|---|---|---|---|
| | A | B | C |
| 【食べ物】 | 食べ物 | 飯，料理 | |
| 【食事】 | 朝ごはん，昼ごはん，晩ごはん，ランチ | お昼，夕飯，昼食，おかず | 主食，定食 |
| 【料理名】 | カレー，パン，ごはん，サラダ，うどん，そば | サンドイッチ，ステーキ，ハンバーグ，刺身 | ライス，粥，実，麺，漬物，〜漬け |
| 【調味料】 | バター，砂糖，醤油，塩，ソース | 調味[料]，油・脂，ジャム，胡椒，酒，酢，味噌 | 食塩，〜油，ごま，昆布，みりん，だし汁 |
| 【食器】 | お皿，茶碗，カップ，グラス，コップ | 食器，器具，容器，入れ物，皿，椀・碗，丼，鉢，湯飲み | 器 |

名詞類（抽象名詞）

| 意味 | 語 | | |
|---|---|---|---|
| | A | B | C |
| 【食】 | | 食 | |
| 【好み】 | | 好き嫌い | 好み，嗜好 |
| 【味】 | 味 | 香り，刺激 | 風味，味付け，うまみ |
| 【品質・産地等】 | | 質，品質 | 品種，産地 |
| 【分量】 | 量 | 分量 | 適量 |
| 【調理】 | | 調理 | |

---

11) 表 2.8 に挙げた上位 50 位の中に該当する語はなかった．

動詞構文

| 構文名 | | 構文 | 語 | | |
|---|---|---|---|---|---|
| | | | A | B | C |
| 「飲食」に関する構文 | 食事構文 | 《動作主》が+V | | 食事する | |
| | 飲食構文 | 《動作主》が【食べ物】【食事】【料理名】【菓子・デザート】【飲み物】【食材】を+V | 食べる | 召し上がる | 食う,いただく,味わう |
| 「調理」に関する構文 | 調理構文 | 《動作主》が【食べ物】【食事】【料理名（固体）】【料理名（液体）】【菓子・デザート】【飲み物】【食材】を+V | 作る | 調理する | こしらえる |
| | | 《動作主》が【食材】【調味料】を+V | 使う | 使用する | |
| | | | 入れる | 足す,加える | |

形容詞構文

| 構文名 | | 構文 | 語 | | |
|---|---|---|---|---|---|
| | | | A | B | C |
| 「飲食」に関する構文 | 味構文 | A+【食べ物】【食事】【料理名（固体）】【料理名（液体）】【菓子・デザート】【飲み物】【食材】【調味料】 | おいしい,まずい,悪い,良い | うまい | |
| | | | 甘い,辛い,薄い,苦い,すっぱい | 甘口（の）,あっさり（した）,さっぱり（した）,渋い,酸っぱい,塩辛い | 生臭い,〜味（の）,素朴（な） |
| | | | | 和風（の）,洋風（の）,西洋（の）,〜風（の） | |
| | | | | | |

理名】，「皿」「茶碗」「器」であれば【食器】といった辞書的意味カテゴリーに基づくグルーピングであり，動詞は「〜が〜を食べる／味わう／召し上がる」のように動詞構文として同じ補語をとるものをグルーピングする．このように文中の補語となる名詞と述語となる動詞をそれぞれグルーピングし，さらにこれらを対応付けて構文情報を付すことで，「語を覚える」だけの語彙表から，「文を作る」ことができる語彙表として，より教育現場で使いやすい語彙表となる．

また，語を意味タグによりグルーピングすることで，単純な頻度順の語彙表に比べ，遺漏語や追加候補語の発見も可能となり，語彙表の改訂も行いやすくなる．

最後に語のレベル分けについて述べておく．教育用語彙表であるため，語のレベル分けは必須のものと考えられる．表2.9ではコーパスから得られる情報によらず，日本語教師の直観による主観的なレベル分けを行っているが，当然コーパ

スの結果から得られる頻度や，親密度などをレベルと見立てた客観的指標に基づくレベル分けも可能であろう．コーパスにおける単純な出現頻度を教育語彙表のレベルとすることの危険性は従来から指摘されていることではあるが，ここで行ったように，語を話題に分類した後，さらに意味ごとにグルーピングしておけば，コーパスからの出現頻度であっても，ある程度，教育語彙表に反映できる結果となるだろうと予想される．

## 2.6 教育語彙表を用いた日本語教育

ここでは，2.5.3項の表2.9を利用した日本語教育の可能性について述べる．表2.9は，名詞を具体名詞と抽象名詞に分けて意味分類を施したもの，そして，意味分類された名詞群を動詞および形容詞と組み合わせて構文の形にして示したものである．これらを利用した日本語教育の可能性としては，以下の3点が考えられる．
① 日本語教育の全体像が把握しやすくなる．
② 教室における語彙習得への配慮が可能になる．
③ オーダーメイドテキストの作成が可能になる．
以下，2.6.1項では①，2.6.2項では②，2.6.3項では③について，それぞれ解説していく．

### 2.6.1 日本語教育の全体像の把握

ここでは，表2.9の「名詞類（具体名詞）」と「名詞類（抽象名詞）」の表を利用することによって，日本語教育の全体像が把握しやすくなることについて述べる．

2.5節で述べた考え方に基づいて，日本語教育に役立てるための語彙表を作成したものに橋本ほか（2013）がある．2.5.3項では，語を話題で分類した表を作ると語のレベル分けがしやすくなることを述べたが，橋本ほか（2013）では，8110語を100の話題に分類したうえで，「名詞（具体名詞）」については次の表2.10の基準で語のレベル分けを行い，「名詞（抽象名詞）」については表2.11の基準で語のレベル分けを行っている．

表2.10の「名詞類（具体名詞）に関する基準」は「親密度」を基にして構成され，表2.11の「名詞類（抽象名詞）に関する基準」は，まとまった話をするための「必要度」のような概念を基にして構成されている．

表 2.10　名詞類（具体名詞）に関する基準

| レベル | 記述 |
|---|---|
| A | 一般的な日本人が非常に身近であると感じる語. |
| B | 一般的な日本人がやや身近であると感じる語. |
| C | 一般的な日本人が身近であるとは感じない語. |

表 2.11　名詞類（抽象名詞）に関する基準

| レベル | 記述 |
|---|---|
| A | この語が使えないと，最低限の会話が成り立たない．あるいは，ティーチャートークでも使えそうな，やさしい語であると感じられる． |
| B | まとまった話をするためには，この語が使えた方がいい．このレベルの語群が使用できれば，とりあえず困ることはない． |
| C | この語が使用されると，話の抽象度・詳細度がぐっと高まったように感じられる．やや専門的になったようにも感じられる． |

表 2.10，表 2.11 に従って語のレベル分けが行われた橋本ほか（2013）の名詞に関する表を眺めてみると，同じ話題に属する具体名詞と抽象名詞の割合が，話題によってかなり異なっていることがわかる．例えば，「食」「人体」「宗教」「算数・数学」という 4 つの話題について，具体名詞と抽象名詞の数と割合を示すと，表 2.12 のようになる．

表 2.12　具体名詞と抽象名詞の話題別の割合

| 話題 | 「食」 | 「人体」 | 「宗教」 | 「算数・数学」 |
|---|---|---|---|---|
| 具体名詞 | 221（88%） | 120（55%） | 29（21%） | 0（0%） |
| 抽象名詞 | 30（12%） | 98（45%） | 106（79%） | 144（100%） |
| 合計 | 251 | 218 | 135 | 144 |

表 2.12 を見ると，「食」は具体名詞が多い話題であることがわかる．一方，「人体」には，具体名詞と抽象名詞が同程度存在している．また，「宗教」は抽象名詞が多い話題であり，「算数・数学」は具体名詞がないことがわかる．そこで，橋本ほか（2013）の 100 種類の話題を，次のように 4 つに分類する．

Ⅰグループ：具体名詞が多い話題.
Ⅱグループ：具体名詞と抽象名詞が同程度に存在する話題.
Ⅲグループ：抽象名詞が多い話題.
Ⅳグループ：具体名詞がほとんどない話題.

橋本ほか（2013）の語彙表を見ると，抽象名詞は概して語のレベルが高く，その大部分がレベルBもしくはレベルCであることがわかる．したがって，Iグループ→IVグループという順で話題自体のレベルが上がっている，つまり，その話題について話したり読んだりすることの難易度が上がっているものと考えられる．一方，具体名詞は，レベルAからレベルCのいずれにも存在している．そこで，具体名詞が多いIグループの話題と，具体名詞が約半数を占めるIIグループの話題については，具体名詞が主にどのレベルに存在しているかによって，レベルをさらに三段階に細分化してみる．具体的には，以下のような基準を用いる．

a：Aに具体名詞が多い話題．もしくはAとBの両方に具体名詞が多い話題．
b：Bに具体名詞が多い話題．もしくはABC全体に具体名詞が散らばっている話題．
c：Cに具体名詞が多い話題．もしくはBとCの両方に具体名詞が多い話題．

これらの基準によって100話題を大まかに分類したものが，表2.13である．
表2.13では，100の話題をIグループからIVグループに大きく分け，さらに，その中のIグループとIIグループについては，それぞれにa, b, cという下位分類を設けている．つまり，表2.13では，Iグループのaに属する話題からIVグルー

表2.13 難易度による話題の分類

| | 話題 |
|---|---|
| Iグループ | a：「町」「家族」「趣味」「コレクション」<br>b：「食」「衣」「旅行」「交通」「家電・機械」「パーティー」「出産・育児」「写真」「日曜大工」「手芸」「重工業」「軽工業・機械工業」<br>c：「住」「日常生活」「絵画」「工芸」 |
| IIグループ | a：「ふるさと」「友達」「容姿」「マナー・習慣」「習い事」「美容・健康」<br>b：「酒」「スポーツ」「季節・行事」「文化一般」「引越し」「恋愛」「結婚」「学校（小中高）」「学校（大学）」「音楽」「映画・演劇」「芸道」「芸術一般」「遊び・ゲーム」「メディア」「芸能界」「通信」「買い物・家計」「労働」「工業一般」「自動車産業」「エネルギー」「農林業」「医療」「動物」<br>c：「文芸・出版」「家事」「手続き」「死」「祭り」「建設・土木」「水産業」「人体」「植物」「自然・地勢」 |
| IIIグループ | 「言葉」「思い出」「悩み」「人づきあい」「試験」「調査・研究」「宗教」「歴史」「コンピュータ」「就職活動」「ビジネス」「経済・財政・金融」「国際経済・金融」「事件・事故」「少子高齢化」「社会保障・福祉」「法律」「選挙」「戦争」「会議」「気象」「災害」「環境問題」「宇宙」「テクノロジー」 |
| IVグループ | 「夢・目標」「性格」「感情」「喧嘩・トラブル」「成績」「ギャンブル」「株」「税」「差別」「政治」「社会運動」「外交」「算数・数学」「サイエンス」 |

プに属する話題までが上から順番に並んでいるわけであるが，この順番は，概ね話題の難易度を表しているものと思われる．表 2.13 は，いわば，話題という面からとらえた日本語教育の全体像であり，ここに示した話題の難易度を参考にして，日本語のコースを設計したり，テキストを作成したりすればいいのではないかと考えられる．

### 2.6.2 教室における語彙習得への配慮

ここでは，表 2.9 の「動詞構文」「形容詞構文」を利用すると，語彙の習得に配慮した授業が行いやすくなることについて述べる．

ここでも，橋本ほか (2013) を引用するが，橋本ほか (2013) では「動詞構文」「形容詞構文」の表は，次の表 2.14，表 2.15 のように書かれている．表 2.14，表 2.15 は，語を羅列した単なる「語彙表」ではなく，そのまま発話すれば文や句が産出される表となっている．

表 2.14 飲食構文（叙述）

| 名詞群 | 助詞 | 述語 | | |
| --- | --- | --- | --- | --- |
| | | A | B | C |
| 【食べ物】【食事】【料理名】【菓子・デザート】【食材】 | を | 食べる | 召し上がる，いただく，味わう | 食う |

表 2.15 飲食構文（修飾）

| 修飾語 | | | 名詞群 |
| --- | --- | --- | --- |
| A | B | C | |
| おいしい，悪い，良い | 旨い，まずい | | 【食べ物】【食事】【料理名】【菓子・デザート】【飲み物】【食材】【調味料】 |
| 甘い，辛い，苦い，酸っぱい | 甘口（の），あっさり（した），さっぱり（した），渋い，塩辛い，薄い | 生臭い，〜味（の），素朴（な） | |
| | 和風（の），洋風（の），西洋（の），〜風（の） | | |
| | 家庭（の），母（の），主婦（の） | おふくろ（の） | |
| | 伝統（の），民族（の） | | |

表 2.14 は，表 2.9 の「名詞（具体名詞）」の【食べ物】【食事】【料理名】などに含まれる名詞と動詞「食べる」「召し上がる」「いただく」「味わう」「食う」が，助詞「を」を介して結びつき，1 つの文を構成することを示している．日本語学

習者にとって動詞を覚えるということは，単にその動詞の辞書的意味を記憶するのみでなく，その動詞がどの格助詞を介してどのような名詞と結びついて文を構成するのかということを学ぶことでもある．そのために，教室ではドリルを行ったりするが，その際に，表 2.14 を利用してドリルのキューを探せば，キューを【食べ物】【食事】【料理名】などという意味を持った語群として意識できるようになる．これまでは，動詞と格助詞の関係に重きが置かれることが多かったが，このようにしてドリルのキューを探していけば，教師は，学習者の語彙習得に関しても，明確な目標を持ってドリルを行うことができるようになるのではないだろうか．

表 2.15 についても同様である．表 2.15 を利用して，【食べ物】【食事】【料理名】などの語群をキューとしたドリルを行えば，【食べ物】【食事】【料理名】などの語群をどこまで学習者が覚えたかというような，学習者の語彙習得を意識したドリルができるようになるのではないだろうか．

### 2.6.3 オーダーメイドテキスト作成の可能性

ここでは，2.6.1 項と 2.6.2 項で述べた内容を生かすことによって，その教室の学習者に合ったオーダーメイドの日本語テキストが作成できることについて述べる．

次の表 2.16 は，『みんなの日本語』（スリーエーネットワーク）の文法項目を骨組みとして利用したオーダーメイドテキストのシラバス例である．表 2.16 の「課」「文法項目」は『みんなの日本語』から借用したものである．「話題（語彙項目）」には，2.6.1 項の表 2.13 から初級学習者が学ぶのにふさわしいと思われる話題を選んで入れ，適宜「課のタイトル」をつけた．

実際にテキストを作る際には，2.6.2 項で述べた考え方を利用し，表 2.16 に示されている話題に属する語群を用いて，例文・ドリル・練習問題を作ればよい．それによって，文法項目だけでなく，語彙項目についても各課での目標が設定されることになる．また，課のタイトルは，その課の学習によって何ができるようになるのかということを端的に示すものであるが，ある話題の語群を集めて例文・ドリル・練習問題を作れば，課のタイトルもつけやすくなる．表 2.16 に基づいて作られたテキストでは，例えば，第 1 課の学習によって「私の家族」について話すことができるようになり，第 2 課の学習によって「学校」について話すことができるようになるということである．

表 2.16 オーダーメイドテキストのシラバス例

| 課 | 文法項目 | 話題（語彙項目） | 課のタイトル |
|---|---|---|---|
| 1課 | 名詞文 | 「家族」 | 私の家族 |
| 2課 | 指示詞（物） | 「学校（小中高）」「学校（大学）」 | 学校 |
| 3課 | 指示詞（場所） | 「町」 | 私の町 |
| 4課 | 動詞文，格助詞 | 「日常生活」 | 一日の生活 |
| 5課 | 移動動詞 | 「旅行」 | 旅行 |
| 6課 | 勧誘表現 | 「パーティー」 | パーティー |
| 7課 | 授受動詞 | 「マナー・習慣」「季節・行事」 | プレゼント |
| 8課 | 形容詞・形容動詞文 | 「友達」「容姿」 | 友達 |
| 9課 | 「好き」「わかる」「〜から（接続助詞）」 | 「趣味」「コレクション」 | 私の趣味 |
| 10課 | 存在文 | 「学校（小中高）」「学校（大学）」 | 教室の中 |
| 11課 | 数詞，助数詞 | 「買い物・家計」 | 買い物 |
| 12課 | 比較の表現 | 「ふるさと」 | ふるさとと日本 |
| 13課 | 「〜たいです」 | 「音楽」「映画・演劇」「芸道」「芸術一般」「遊び・ゲーム」 | 楽しい日曜日 |

表 2.16 では，汎用性のありそうなシラバス例を示したが，「話題（語彙項目）」と「課のタイトル」を適宜変えていくことによって，ある特定の目的を持って日本語を学ぶ学習者のニーズに応えるテキストを作成することも可能になるであろう．

［山内博之・橋本直幸］

## 参考文献

天野成昭，近藤公久（2000）．『日本語の語彙特性（第1期）』，三省堂．
石川慎一郎（2008）．『英語コーパスと言語教育』，大修館書店．
石川慎一郎，前田忠彦，山崎誠編（2010）．『言語研究のための統計入門』，くろしお出版．
伊能裕晃，本田ゆかり，来栖里美，前坊香菜子，阿保きみ枝，宮田公治（2011）．『新完全マスター語彙 日本語能力試験N1』，スリーエーネットワーク．
内山将夫，中條清美，山本英子，井佐原均（2004）．「英語教育のための分野特徴単語の選定尺度の比較」，『自然言語処理』，11-3，165-197．
金庭久美子，田尻由美子，橋本直幸，山内博之（2008）．『日本語教育スタンダード試案 語彙』，ひつじ書房．
川村よし子，前田ジョイス，宇津呂武仁，砂川有里子，土屋雅稔（2007）．「日本語読解学習支援環境の再構築」，『Castel-J in Hawai 2007 Proceedings』pp. 37-40, The 4th international

# 参 考 文 献

Conference on Computer Assisted System For Teaching and Learning (CASTEL-J), Hawai, US.
国際交流基金,日本国際教育支援協会 (2002).『日本語能力試験出題基準 改訂版』,凡人社.
国際交流基金,日本国際教育支援協会『日本語能力試験出題基準語彙表』(1－4級).
国立国語研究所 (1983, 1984).『高校教科書の語彙調査』.
国立国語研究所 (1986, 1987).『中学校教科書の語彙調査』.
国立国語研究所 (1989).『児童の作文使用語彙』.
小山悟『J.BRIDGE 語彙リスト』,凡人社.
スリーエーネットワーク (1998).『みんなの日本語 初級 I 本冊』スリーエーネットワーク.
高見敏子 (2003).「「高級紙語」と「大衆紙語」の corpus-driven な特定法」『大学院国際広報メディア研究科言語文化部紀要』, **44**, 73-105, 北海道大学大学院国際広報メディア研究科.
投野由紀夫 (2010).『進化する Web コーパス－現状と課題－』英語コーパス学会第35回大会シンポジウム発表資料 (2010年4月24日).
投野由紀夫 (2011).「Web コーパス概観」『英語コーパス研究』**18**, 83-96.
投野由紀夫,本田ゆかり (2010).「基本語彙の頻度と分布統計を用いた BCCWJ のサンプリングの評価と分析－中間報告－」,日本語教育班会議資料 (2010年5月8日).
名古屋大学佐藤研究室『日本語基本語彙表』.
橋本直幸,金庭久美子・田尻由美子・山内博之 (2013).「言語活動・言語素材と話題」山内博之(編)『実践日本語教育スタンダード』pp. 5-525, ひつじ書房.
橋本直幸,山内博之 (2008).「日本語教育のための語彙リストの作成」,『日本語学』, **27**-10, 50-58.
リーディングチュウ太:http://language.tiu.ac.jp
Biber, D. (1993). Representativeness in corpus design. *Literary and Linguistic Computing*, **8**-4, 243-257.
Carroll, J. B., Davies, P. and Richman, B. (1971). *The American Heritage Word Frequency Book*, Houghton Mifflin.
Chujo, K. and Utiyama, M. (2005). Exploring sampling methodology for obtaining reliable text coverage. *Language Education & Technology*, **42**, 1-19.
Dolch, E. W. (1948). *Problems in Reading*. The Garrard Press.
Gries, S. Th. (2008). Dispersions and adjusted frequencies in corpora. *International Journal of Corpus Linguistics*, **13**-4, 403-437.
Horn, A. (1926). *A Basic Writing Vocabulary*. University of Iowa Press.
Kaeding, F. W. (1898). Häufigkeitswörterbuch der deutschen Sprache. Berlin.
Leech, G. N., Rayson, P. and Wilson, A. (2001). *Word Frequencies in Written and Spoken English based on the British National Corpus*. Longman.
Palmer, H. E. (1931). *Second Interim Report on Vocabulary Selection*. Institute for Research in English Teaching.
Sketch Engine:www.sketchengine.co.uk
Thorndike, E. L. (1921). *The Teacher's Word Book*. Teacher's College, Columbia University.
Thorndike, E. L. (1931). *A Teacher's Word Book of the 20,000 Words Found Most Frequently and Widely in General Reading for Children and Young People*. Teacher's College,

Columbia University.

Thorndike, E. L. and Lorge, I. (1944). *The Teacher's Word Book of 30,000 Words*. Teacher's College, Columbia University.

Tono, Y., Maekawa, K. and Yamazaki, M. (eds.) (2013). *A Frequency Dictionary of Japanese*. Routledge.

Zeno, S., Ivens, S. Millard, R. and Duvvuri, R. (1995). *The Educator's Word Frequency Guide*. Touchstone Applied Science Associates.

# 第3章 類義表現分析の可能性

## 3.1 はじめに

　「ある語や表現が使える」というのは，「それを使うべきところで使える」だけでなく，「使うべきではないところで使わない」という2つの側面を持つ．別の言い方をするなら，「ある語や表現が使える」というのは，「そこで使えそうな表現群をリストアップすることができる」，そして，「それらの差異を理解した上で，その場に最も適切な一つが選べる」ということである．したがって，日本語教育のための語法，文法研究においては，そこで使えそうな表現群（いわゆる「類義表現」「関連表現」といったもの）をリストアップし，それらの差異を可視化された言語情報によって記述することが，一つの大きな仕事になる．

　そこで，本章では，コーパスデータに基づいて類義表現を分析し，記述することが，日本語教育にどのように貢献するかを考える．まず3.2節では，日本語教育における類義表現の扱いを概観し，その特徴を指摘する．次に3.3節では，コーパスデータに基づいた類義表現の研究が，そこにどう位置づくかを考えることにより，その意義を明らかにする．3.4節と3.5節は，コーパスデータに基づいた具体的な事例研究である．3.4節では初級レベルで扱われる類義表現を，3.5節では中・上級レベルで扱われる類義表現を，それぞれ取り上げる．3.6節では，本章のまとめを述べるとともに，今後の課題を提示する．

## 3.2 日本語教育における類義表現

　一般に，日本語研究，言語研究における類義表現は，形態，統語，意味といった言語的な特徴の類似性によって規定される．例えば，『日本語類義表現の文法（上）』（宮島・仁田編，1995a），『日本語類義表現の文法（下）』（宮島・仁田編，1995b）は，上巻が「単文編」，下巻が「複文編」というように，文構造の視点から上下巻が分けられ，それぞれでは次のような項目が取り上げられている．

(1) ハとヲとφ―ヲ格の助詞の省略―
　　ニとカラとニヨッテ―受動文における動作主マーカー―

(宮島・仁田編，1995a)

(2) バ，ト，ナラ，タラ―仮定条件を表す形式―
　　サテ，デハ，シカシ，トコロデ―転換の接続詞―

(宮島・仁田編，1995b)

　文法項目の後ろに添えられた注釈からも，形態，統語，意味といった，言語的な特徴を踏まえたものであることがわかる．
　日本語教育，文法教育における類義表現の扱いも，日本語研究，言語研究と同様の視点から選定されている．例えば，多くの日本語教師が参照する文法指導書には，次のような記述が見られる．

(3) 学習者はどこが難しいか．よく出る質問．
　1.「～なければならない」と「～なければいけない」の違いは何？
　2.「～なければならない」は発音しにくく，また，正確に表記できない．
　3.「行かなければ／行かなきゃ」「行かねば」は同じ？

(中略)

「～なければならない」と「～なければいけない」の比較
　「～なければならない」と「～なければいけない」は，基本的にはどちらを使っても同じ意味になります．しかし，「～なければならない」が会話的であるのに対し，「～なければいけない」はやや硬く，改まった印象を与えます．

(市川，2005，pp. 111-113)

(4)「～ないで」「～なくて」は，いずれも「～て」の前に来る動詞が否定形である場合に取る形ですが，「～て」の持つさまざまな用法に対応して，使える場合がそれぞれ限られています．使い分けはおおよそ次のようです．
　1．窓を閉めて寝ました．（付帯状況）
　　→窓を｛○閉めないで／×閉めなくて｝寝ました．

(中略)

　2．太郎は合格して，次郎は合格しなかった．（並列）
　　→太郎は｛合格しないで／合格しなくて｝，次郎は合格した．

(松岡監修，2000，p. 192，例文番号は原本と異なる．以下同)

　これらの解説から次の2つの傾向が指摘できる．一つは，レンマ（lemma）による文法記述が中心であり，出現形ごとの記述は，ほとんど見られないというこ

とである．レンマとは，概略，辞書の見出し語のようなものである（以下，レンマをカタカナ表記，出現形をひらがな表記で表すことにしよう）．

上の (3)「ナケレバナラナイ」というレンマには，「なければなりません」「なければなりませんでした」「なければならない」「なければならなかった」のように，丁寧体・普通体それぞれの活用形があり，さらに，「なければいけませんか」「なければいけなくて……」「なきゃならない」のような疑問形や言い差し，縮約形も存在する．しかし，シラバスや文法指導では，それらの出現形は「ナケレバナラナイ」というレンマに集約されており，各出現形の情報が十分提供されているとは言えない．

もう一つの傾向は，正誤に関わる差異の記述が中心であり，出現形の使用環境および使用傾向に関する記述が少ないということである．上で引用した (4) では，「ないで」と「なくて」のどちらか一方，あるいは，両方が使用可能である例文の提示に焦点が置かれており，実際の使用場面において「太郎は合格しないで，次郎は合格した．」と「太郎は合格しなくて，次郎は合格した．」がどのように使い分けられているかといった点については言及されていない．

## 3.3　コーパスデータに基づいた類義表現の研究の位置づけ

3.2 節では，現在の日本語教育における類義表現の扱いについて，次の 2 つの傾向があることを述べた．

(5)　レンマによる文法記述が中心であり，出現形による記述がほとんど見られない．

(6)　正誤に関わる差異の記述が中心であり，出現形の使用環境および使用傾向に関する記述が少ない．

(5) について言えば，大規模コーパスなどを用いて実際の言語運用を調査した結果，レンマが出現形を包括しているという考え方には問題があることが既に指摘されている（滝沢，2006；スタッブズ，2006 など）．特に意味・機能的に類似した類義表現の場合，レンマのレベルで両者を比較しても，その差異が見えてこないことが多い．また，実際に使用されるのは，レンマのレベルではなく出現形である．したがって，レンマに集約させるのでなく，出現形ごとにそれぞれの使用傾向，使用実態を丁寧に記述する必要がある．

(6) についても，大規模コーパスを用いた調査の結果により，統語的に可能な組み合わせが，すべて等しく使用されているわけではなく，好まれる組み合わせ

とそうでない組み合わせがあることが明らかになっている（スタッブス，2006 など）．これはつまり，語彙項目と文法項目を独立したものとして認め，語彙項目を統語的連鎖の範列的スロットを充塡するものとする言語モデルでは，言語使用の実態を記述することに限界があるということを示していると言える．「ある状況において好まれる組み合わせ」の使用は，「馴染みがある」という意味において，相手の理解を容易にする．これは，ひいては「伝わりやすい言語使用」につながる重要な点である．

このように，コーパスを用いた量的調査は，類義表現の差異の記述のための有効な手法となる．しかし，量的調査単独ではなく，その結果を質的に分析し，機能的に解釈することも併せて重要である（バイバーほか，2003）．客観性や再現性が強みの量的調査ではあるが，言語運用の分析には質的な分析が欠かせない．そのため，言語的判断力を駆使しながら，量的および質的な分析を往還させていく必要があると言える．

## 3.4 初級レベルで扱われる類義表現

### 3.4.1 初級レベルの類義表現を記述する観点

これまでに述べたことを踏まえて，本節では，初級レベルで扱われる類義表現について以下の 3 点に注目し，具体的な事例を提示したい．

(7) レンマではなく出現形に注目する
(8) 量的調査に質的な分析を組み合わせる
(9) 可視化された言語情報を基に使用傾向を記述する

(7) と (8) の重要性は初級レベルに限らず，類義表現の差異の記述の際に常に留意すべき点であるが，(9) は特に初級レベルの学習者にとって重要である．初級レベルの学習者は，当然のことながら目標言語である日本語に対する言語直観（language intuition）を持っていないか，限定されている場合が多い．そのため，差異の記述が抽象的な意味による記述に偏ると，具体的な使用場面が把握できなくなることがある．例えば，位相差がある類義表現の差異を記述するにあたっては，「話し言葉／書き言葉」「丁寧／丁寧ではない」といったラベルづけが用いられることが多い．これらの用語は汎用的で使いやすい一方で，その用語の指し示す内容がわかりにくい場合もある．例えば，「話し言葉」という用語は，文字言語に対する音声言語を表す場合と，改まった表現に対するくだけた表現を表す場合の双方がある．そのため，スピーチなどの改まった音声言語や，友人へのメール

などのくだけた文字言語はどちらも「話し言葉」なのか，といった問題を有している．このように，汎用的な用語や抽象的な用語による説明は，理解しやすいように見えるものであるが，実際には複雑で多様なものを内包しており，その理解は決して易しいものではない．そのため，学習者の言語運用を支援するための文法記述は，汎用的な用語や抽象的な用語だけでなく，可視化された言語情報を基に行われる必要がある．可視化された言語情報とは，ある文法項目が使用される具体的なジャンル（雑談なのかスピーチなのかなど）や，文内における出現位置（主節に現れるのか従属節に現れるのかなど），具体的な語とのコロケーション，文体（普通体なのか丁寧体なのかなど）など，指し示すものが明確な情報のことを指す．類義表現の使用傾向の差位の記述には，このような言語情報を積極的に用いていく必要があるだろう．

　このような認識に基づき，まず伝聞の「ソウダ」を対象に，レンマではなく出現形に注目する重要性について具体的に述べる．次に，「ナケレバナラナイ」「ナクテハナラナイ」といった義務の表現について，出現形に注目することの重要性に加え，質的な分析を行う過程について述べる．その後，用言の否定形「〜マセン」「〜ナイデス」と，条件表現「ば」「と」「たら」「なら」を例に，多様な言語情報を基に類義表現の使用傾向を記述する方法を概観する．

### 3.4.2 伝聞の表現

　伝聞表現は，初級レベルでは「そうです」を扱う教科書が多く，中級以降で，「くだけた話し言葉では「（んだ）って」を使用する」という情報が付加されることが多い．これらは広い意味で類義表現と捉えられるが，初級で両者を一括して扱うことは少ない．

　小西（2011）は，音声言語と文字言語のそれぞれを基盤とする複数のコーパスを基に，「ソウダ」の出現頻度を調査している．音声言語を基盤とするコーパスは，「学会講演」「模擬講演」（ともに『日本語話し言葉コーパス（CSJ）』所収），『男性のことば職場編』『女性のことば職場編』を合わせた「職場会話」，『名大会話コーパス』（これを「雑談会話」と呼んでいる）である．文字言語を基盤とするコーパスはBCCWJ所収の「書籍」（これを「文学作品」と「それ以外」に区分している）「新聞」「雑誌」「政府刊行白書」「Yahoo! 知恵袋」である．その結果，表3.1，3.2に見られるように，ジャンルによって出現頻度が大きく異なることが示されている．

表 3.1 音声言語における「ソウダ」の出現数（100万語ごと）

|  | 模擬講演 | 職場会話 | 学会講演 | 雑談会話 |
|---|---|---|---|---|
| 100万語単位 | 265.4 | 19.9 | 15.2 | 1.5 |

表 3.2 文字言語における「ソウダ」の出現数（100万語ごと）

|  | 知恵袋 | 文学 | 雑誌 | 文学以外 | 新聞 | 白書 |
|---|---|---|---|---|---|---|
| 100万語単位 | 445.7 | 296.1 | 112.8 | 58.5 | 46.2 | 1.1 |

「ソウダ」の使用傾向は，ジャンルによる異なりだけではない．レンマ「ソウダ」の出現形には「そうです」「そうでした」「そうだ」「そうだった」という丁寧・普通体それぞれにおける非過去・過去の4形式がある．これらは最も基本的な活用形とみなされるが，そのような形式の出現頻度にも多寡の傾向があることが示されている．小西（2011）は，各ジャンルの主文末の文体を調査し，ジャンルごとの文体比率を算出した上で，丁寧体が基調となるジャンルでは「ソウダ」も丁寧体の「そうです」「そうなんです」という形で使用されるが，普通体が基調となるジャンルでは「ソウダ」は普通体の「そうだ」ではなく丁寧体で用いられやすいことを述べている．つまり，「ソウダ」は，基調となるジャンルの文体と連動して丁寧体・普通体の使い分けがなされているとは言いがたく，丁寧体に偏って使用される傾向があることがわかる．

また，小西（2011）は，普通体基調の音声言語では「ソウダ」の出現数自体が少ないという調査結果から，普通体基調の音声言語における「（んだ）って」の使用に着目し，実験調査を行っている．日本語母語話者を対象にした実験調査では，親疎関係が「疎」の相手とのやりとりでは「そうです」が用いられ，「親」の相手とのやりとりでは「（んだ）って」が使用されやすいという傾向が見られた．親疎関係が「親」であれば，文体は普通体が用いられる．つまり，文体が普通体で媒体が音声の場合には，「そうだ」の代わりに「（んだ）って」が使用されているということである．

小西（2011）は，媒体と文体の観点から伝聞表現を考えた場合，「ソウダ」という単一のレンマの出現形だけでなく，機能的な共通性を持つ多様なレンマを基とする出現形を考える必要があるとして，表 3.3 を示している．

表 3.3 媒体と文体の観点から見た伝聞の出現形

| | | 媒体 | |
|---|---|---|---|
| | | 音声 | 文字 |
| 文体 | 丁寧体 | そうです | そうです |
| | 普通体 | （んだ）って | そうだ |

### 3.4.3 義務の表現

　初級レベルで扱われる義務の表現に，「ナケレバナラナイ」と「ナクテハナラナイ」がある（国際交流基金，2002）．これらは，「なければ」や「なくては」などの前半部分と，「ナラナイ」や「イケナイ」などの後半部分に分けられ，それぞれが多様なバリエーションを持ち，多様に組み合わせられる（水谷，1989）．前半部分と後半部分を多様に組み合わせた諸形式は，それぞれが類義表現であると言える．諸形式のうち，旧日本語能力試験出題基準（国際交流基金，2002）には「なければなりません」および「なくてはいけません」が3級で取り上げられており，初級シラバスでもこの2形式が採用されることが多い．初級では，総合的な日本語能力の向上を念頭に置きながらも口頭表現に重点を置くことが多いが，実際の日常会話を想定してみると，この2形式が選択されていることに疑問が残る．そのため，義務の表現としてどのような出現形がどのように使用されているかという傾向を，実態調査を通して把握する必要がある．

　これらの組み合わせの使用実態を大規模コーパスを用いて調査したものに，小西（2008）や日比谷（2009）がある．ここでは，これらの調査手順を参考に調査対象コーパスを拡大し，具体的な数値を示しながら，レンマを出現形に展開して多様なジャンルにおける使用傾向を比較する方法と，量的な分析に加えて質的な分析が必要であることについて述べる．

　調査に使用したコーパスは，音声言語を基盤とするものとして，「学会講演」「模擬講演」（ともに CSJ 所収），『男性のことば職場編』『女性のことば職場編』を合わせた「職場会話」，『名大会話コーパス』（以下「雑談会話」と記す）の4種である．文字言語を基盤とするものとして，「新書」（『CASTEL/J』所収の新書6冊）と「白書」（『現代日本語書き言葉均衡コーパス（BCCWJ）』所収）の2種である[1]．初級レベルの教科書には口頭表現に重点を置いたものが多いと考えられるため，音声言語のコーパスを中心に調査を行う．

　義務の表現に関する出現形や使用傾向を明らかにしようとする前に，そもそも

「義務の表現にはどのようなものがあるか」という問いから出発する必要がある[2]．多くのコーパスには多様なタグ付けがなされているが，「義務を表す」といった意味に関するタグが付与されていることはほとんどない．また，あったとしても，それで過不足ないかどうか，調査者による再吟味が必要となる．「意味」や「機能」といった可視化されていない情報からのアプローチにコーパスを用いる場合は，それらを具体的な言語形式に置き換えて調査を行う必要がある．まずここに量的調査における調査者の判断が介在する．

　本節の調査では，義務の表現を「なければ」「なくては」などの前半部分と，「ナラナイ」「イケナイ」などの後半部分の組み合わせからなるものに限定した上で，検索語として前半部分を選定し，後半部分はそれに後続して現れるものを分析することとした．具体的には，日本語教育で頻繁に扱われている「なければ」「なくては」と，それらの縮約形「なきゃ」「なくちゃ」，また一部の教科書で提示され，かつ義務の表現として浸透しつつあると予想される「ないと」の5種を検索語として選定した．そのため，「～せな（あかん）」のような方言は除外されることになる．

　次に，得られた調査結果を分析するわけだが，義務の表現の出現形を明らかにするためには，意味的な部分に踏み込む必要がある．なぜなら，これら5種の検索語を含む文には，義務の表現（例 (10)）だけではなく，接続助詞「ば」「ては」「と」を含む条件文（例 (11)）や，後半部分が省略されて義務の表現か条件文か判断しづらい文（例 (12)）があるからである．また，(11) に意味的に類似した

---

1) BCCWJ以外のコーパスの出典は次の通りである．
　『日本語話し言葉コーパス』（国立国語研究所，2006），『男性のことば・職場編』（現代日本語研究会，2002），『女性のことば・職場編』（現代日本語研究会，1997），『名大会話コーパス』（平成13～15年度科学研究費補助金基盤研究(B)「日本語学習辞書編纂に向けた電子化コーパス利用によるコロケーション研究」研究代表者：大曾美恵子），『CASTEL/J』（平成6～8年度科学研究費補助金基盤研究(A)「日本語教育支援データベース流通促進のための総合的研究」研究代表者：及川昭文）．
　新書は，分野や文体を考慮して以下の6冊をデータとした．中野千枝（1967）『タテ社会の人間関係』講談社現代新書，中川剛（1989）『日本人の法感覚』講談社現代新書，品川嘉也（1987）『全脳型勉強法のすすめ』講談社ブルーバックス，吉岡郁夫（1986）『人体の不思議』講談社現代新書，千葉康則（1991）『記憶の大脳生理学』講談社ブルーバックス，都筑卓司（1991）『時間の不思議』講談社ブルーバックス．

2) 当然のことではあるが，何らかの義務を述べようとする際に，常に定型的な表現が使用されるとは限らない．例えば，「選挙に行く必要なんてない」と言っている友人に反論する場合，「もう大人なんだから行かなきゃだめだよ」のような定型に近い「なきゃだめだ」を使用することもあれば，「どうして？　もっとよく考えてごらんよ」「1票って大事だと思うけど」「それが国民の義務だよ」のような表現を使用することもあり，幅広い．

例であっても，(13) の「駄目」や (14) の「しょうがない」のように，後半部分には多様な言語形式があり，それらを義務の表現として認定するかどうかに分析者の判断が必要となる．

(10) じゃ前の方に席つくっとかなきゃいけないね．（「職場会話」）
(11) この時点で半数以上が出現しなければもうその時点で失敗とします．（「学会講演」）
(12) やっぱ，直さなきゃね．（「雑談会話」）
(13) 的確に言わなきゃ駄目です．（「学会講演」）
(14) 次のイベントに生かしていかなきゃしょうがないんだよっていうような話とかして．（「模擬講演」）

分析の過程で，これらの例を「A：義務の表現」「B：義務の表現とみなせるもの」「C：条件文」の3タイプに分類した．「A：義務の表現」とは，(10) のような日本語教科書でも見られる典型的な表現であり，後半部分が「ナラナイ」「イケナイ」とその音韻変化形（「ナンナイ」「ナンネエ」など）であるものに限定した．「C：条件文」とは，(11) のような，後半に個別・具体的な内容を持つ節が続く文である．両者の中間として「B：義務の表現とみなせるもの」がある．これは，(12) のように後半部分が省略されているもの（以下「φ」と記す）と，(13) (14) のように「だめ」「しょうがない」など後半部分が典型的な表現でないものが当てはまる．このように分類した上で，「A：義務の表現」「B：義務の表現とみなせるもの」を分析対象として取り出した．このように，多義表現は，分析対象となる出現数を確定するまでに複数の段階で分析者による判断が介在する．

調査対象の各コーパスにおける，前半部分と後半部分の出現数をクロス集計したものを表3.4～3.7に示す．「B：義務の表現とみなせるもの」の後半部分のうち，「だめ」がその他の語より際立って出現していたため，各表ではこれを一つの項目として立てた．

表3.4～3.7に項目として示された前半部分と後半部分は，文法的にはどれを組み合わせても問題がない．しかし，実際には，数多く出現する組み合わせもあれば，まったく出現しない組み合わせもあることがわかる．その実態を分析することにより，実際の言語運用に現れる出現形の傾向を導くことができる．例えば，音声言語の表3.4からはジャンルごとの「なければ」と「なきゃ」の分布の違いが読み取れる．「職場会話」「雑談会話」では，「A：義務の表現」「B：義務の表現と見なせるもの」において，「なければ」よりも「なきゃ」のほうが出現数が多

表3.4 「なければ」「なきゃ」に続く後半部分（音声言語）

| コーパス | | 学会講演 | | 模擬講演 | | 職場会話 | | 雑談会話 | |
|---|---|---|---|---|---|---|---|---|---|
| 後半 | 前半 | なければ | なきゃ | なければ | なきゃ | なければ | なきゃ | なければ | なきゃ |
| A | ナラナイ | 34.1%(259) | 1.6%(12) | 12.7%(205) | 4.8%(77) | — | 1.4%(1) | 0.3%(1) | 1.1%(4) |
| A | イケナイ | 20.4%(155) | 27.8%(211) | 17.5%(282) | 39.2%(632) | 5.4%(4) | 45.9%(34) | 0.8%(3) | 50.0%(186) |
| A | 音韻変化形 | — | 1.7%(13) | — | 3.8%(62) | — | 8.1%(6) | — | 3.2%(12) |
| B | ダメ | — | 0.4%(3) | 0.5%(8) | 1.2%(20) | — | 1.4%(1) | — | 3.8%(14) |
| B | その他の語 | 0.4%(3) | 0.1%(1) | 0.6%(10) | 0.6%(9) | — | — | — | 1.3%(5) |
| B | φ | 0.5%(4) | 0.8%(6) | 1.4%(23) | 4.3%(69) | 2.7%(2) | 9.5%(7) | 2.4%(9) | 22.8%(85) |
| C | 条件文 | 11.8%(90) | 0.4%(3) | 11.1%(179) | 2.4%(38) | 20.3%(15) | 5.4%(4) | 4.6%(17) | 9.7%(36) |
| | 小計 | 67.2%(511) | 32.8%(249) | 43.8%(707) | 56.2%(907) | 28.4%(21) | 71.6%(53) | 8.1%(30) | 91.9%(342) |
| | 合計 | 100.0%(760) | | 100.0%(1,614) | | 100.0%(74) | | 100.0%(372) | |

表3.5 「なくては」「なくちゃ」に続く後半部分（音声言語）

| コーパス | | 学会講演 | | 模擬講演 | | 職場会話 | | 雑談会話 | |
|---|---|---|---|---|---|---|---|---|---|
| 後半 | 前半 | なくては | なくちゃ | なくては | なくちゃ | なくては | なくちゃ | なくては | なくちゃ |
| A | ナラナイ | 22.5%(20) | 2.2%(2) | 7.7%(24) | 5.1%(16) | — | 5.0%(1) | — | 2.6%(1) |
| A | イケナイ | 34.8%(31) | 36.0%(32) | 21.1%(66) | 44.9%(140) | — | 65.0%(13) | — | 79.5%(31) |
| A | 音韻変化形 | — | 1.1%(1) | — | 3.5%(11) | — | 5.0%(1) | — | 7.7%(3) |
| B | ダメ | — | — | — | 1.9%(6) | — | — | — | 5.1%(2) |
| B | その他の語 | — | — | 0.6%(2) | 1.3%(4) | — | — | — | 2.6%(1) |
| B | φ | — | 1.1%(1) | 2.9%(9) | 5.4%(17) | — | 15.0%(3) | — | 2.6%(1) |
| C | 条件文 | 2.2%(2) | — | 2.2%(7) | 3.2%(10) | — | 10.0%(2) | — | — |
| | 小計 | 59.6%(53) | 40.4%(36) | 34.6%(108) | 65.4%(204) | 0.0%(0) | 100.0%(20) | 0.0%(0) | 100.0%(39) |
| | 合計 | 100.0%(89) | | 100.0%(312) | | 100.0%(20) | | 100.0%(39) | |

3.4 初級レベルで扱われる類義表現

表 3.6 「なければ」「なきゃ」「なくては」「なくちゃ」に続く後半部分（文字言語）

| コーパス | | 新書 | | | | 白書 | | | |
|---|---|---|---|---|---|---|---|---|---|
| 後半 \ 前半 | | なければ | なきゃ | なくては | なくちゃ | なければ | なきゃ | なくては | なくちゃ |
| A | ナラナイ | 66.9%<br>(79) | — <br>— | 65.8%<br>(25) | — <br>— | 87.0%<br>(556) | — <br>— | 88.2%<br>(15) | — <br>— |
| A | イケナイ | 4.2%<br>(5) | — <br>— | 26.3%<br>(10) | 2.6%<br>(1) | 0.6%<br>(4) | — <br>— | — <br>— | — <br>— |
| A | 音韻<br>変化形 | — <br>— | 0.8%<br>(1) | — <br>— | — <br>— | — <br>— | — <br>— | — <br>— | — <br>— |
| B | ダメ | 0.8%<br>(1) | — <br>— | 2.6%<br>(1) | — <br>— | — <br>— | — <br>— | — <br>— | — <br>— |
| B | その他の語 | — <br>— | — <br>— | — <br>— | — <br>— | 0.5%<br>(3) | — <br>— | — <br>— | — <br>— |
| B | φ | — <br>— | — <br>— | — <br>— | — <br>— | — <br>— | — <br>— | 5.9%<br>(1) | — <br>— |
| C | 条件文 | 27.1%<br>(32) | — <br>— | 2.6%<br>(1) | — <br>— | 11.9%<br>(76) | — <br>— | 5.9%<br>(1) | — <br>— |
| | 小計 | 99.2%<br>(117) | 0.8%<br>(1) | 97.4%<br>(37) | 2.6%<br>(1) | 100.0%<br>(639) | 0.0%<br>0 | 100.0%<br>(17) | 0.0%<br>0 |
| | 合計 | 100.0%<br>(118) | | 100.0%<br>(38) | | 100.0%<br>(639) | | 100.0%<br>(17) | |

表 3.7 「ないと」に続く後半部分（音声・文字言語）

| | | 学会講演 | 模擬講演 | 職場会話 | 雑談会話 | 新書 | 白書 |
|---|---|---|---|---|---|---|---|
| A | ナラナイ | — <br>— | 0.2%<br>(2) | — <br>— | — <br>— | — <br>— | — <br>— |
| A | イケナイ | 32.0%<br>(156) | 18.4%<br>(151) | 14.9%<br>(15) | 13.7%<br>(49) | 7.5%<br>(3) | 5.9%<br>(1) |
| A | 音韻変化形 | 0.4%<br>(2) | 0.2%<br>(2) | — <br>— | 0.3%<br>(1) | — <br>— | — <br>— |
| B | ダメ | 1.0%<br>(5) | 3.0%<br>(25) | 3.0%<br>(3) | 7.3%<br>(26) | 2.5%<br>(1) | — <br>— |
| B | その他の語 | 5.5%<br>(27) | 5.2%<br>(43) | 13.9%<br>(14) | 5.3%<br>(19) | 2.5%<br>(1) | — <br>— |
| B | φ | 10.9%<br>(53) | 4.1%<br>(34) | 23.8%<br>(24) | 27.9%<br>(100) | — <br>— | — <br>— |
| C | 条件文 | 50.1%<br>(244) | 68.7%<br>(565) | 44.6%<br>(45) | 45.5%<br>(163) | 87.5%<br>(35) | 94.1%<br>(16) |
| | 合計 | 100.0%<br>(487) | 100.0%<br>(822) | 100.0%<br>(101) | 100.0%<br>(358) | 100.0%<br>(40) | 100.0%<br>(17) |

い．一方，「摸擬講演」と「学会講演」では，後半部分が「ナラナイ」の場合は「なければ」が多いが，後半部分が「イケナイ」のばあいは「なきゃ」が多いという結果になっている．また，「なければ」「なきゃ」（表3.4）と「なくては」「なくちゃ」（表3.5）という4つの前半部分を比較すると，音声言語では「学会講演」を除いた全てのジャンルで「なきゃ」がもっとも出現数が多いことがわかる．一方，文字言語の表3.6を見ると，「なければ」「なきゃ」「なくては」「なくちゃ」の4つの前半部分の中では「なければ」の出現数が突出して多く，縮約形の「なきゃ」「なくちゃ」はほとんど現れない．また，「なければ」も「なくては」も「イケナイ」よりは「ナラナイ」と結びつくことがはるかに多いことが読み取れる．また，表3.7からは，「ないと」は，全てのジャンルにおいて「C：条件表現」として用いられる例が多いことがわかる．「C：条件表現」に関しては，「雑談会話」を除く全てのジャンルにおいて，前半部分は「なければ」が最も多い．

表3.4〜3.7を総合的に分析すると，各コーパスにおける「A：義務の表現」「B：義務の表現とみなせるもの」の出現形の上位3形式が取り出せる．それらを頻度順に示すと，表3.8，3.9のようになる．「割合」とは，「（上位3形式の総数）

表3.8 頻度の高い義務の表現（音声言語）

|   | 学会講演 | 模擬講演 | 職場会話 | 雑談会話 |
|---|---|---|---|---|
| 1 | なければ+ナラナイ<br>(259 例) | なきゃ+イケナイ<br>(632 例) | なきゃ+イケナイ<br>(34 例) | なきゃ+イケナイ<br>(186 例) |
| 2 | なきゃ+イケナイ<br>(211 例) | なければ+イケナイ<br>(282 例) | ないと+φ<br>(24 例) | ないと+φ<br>(100 例) |
| 3 | なければ+イケナイ<br>(155 例) | なければ+ナラナイ<br>(205 例) | ないと+イケナイ<br>(15 例) | なきゃ+φ<br>(85 例) |
| 割合 | 62.7%<br>(625 例/997 例) | 57.4%<br>(1119 例/1949 例) | 56.6%<br>(73 例/129 例) | 67.1%<br>(371 例/553 例) |

表3.9 頻度の高い義務の表現（文字言語）

|   | 新書 | 白書 |
|---|---|---|
| 1 | なければ+ナラナイ<br>(79 例) | なければ+ナラナイ<br>(556 例) |
| 2 | なくては+ナラナイ<br>(25 例) | なくては+ナラナイ<br>(15 例) |
| 3 | なくては+イケナイ<br>(10 例) | なければ+イケナイ<br>(4 例) |
| 割合 | 89.1%<br>(114 例/128 例) | 99.1%<br>(575 例/580 例) |

/(A+Bの総数)」である．

　旧日本語能力試験出題基準には「なければ＋ナラナイ」，「なくては＋イケナイ」という組み合わせが示されているが，「なくては＋イケナイ」は，「新書」以外の上位3形式には現れていないことがわかる．後半部分「イケナイ」は，「なくては」ではなく，「なければ」「なきゃ」と結びつくことのほうが多い．

　また表3.9から，文字言語の各コーパスでは，上位3形式で全体の約90％をカバーしていることがわかる．多様な出現形のうち，「なければ／なくては」と「ナラナイ／イケナイ」の組み合わせで90％を占め，その中でも「なければ＋ナラナイ」が最も多く用いられている．つまり，文字言語においては，義務の表現が固定化されていると言える．一方，表3.8を見ると，音声言語の各コーパスでは，上位3形式の合計は全体の60％前後にとどまっている．ここから，音声言語では，義務の表現に関して文字言語ほどの強い偏りが見られず，多様な出現形が存在していることが予想される．しかし，多様な中にも，コーパスごとに出現形の使用傾向がある．各コーパスが保有していると思われるジャンルの特徴と関連づけて分析してみたい．

　まず，音声言語の「職場会話」や「雑談会話」では，縮約形の使用や，後半部分の省略，「ナラナイ」の不使用，という傾向がある．「職場会話」や「雑談会話」は，即時的で話し相手との相互作用性が高いというジャンルの特徴がある．しかし，同じ音声言語でありながら，「学会講演」「模擬講演」では，文字言語で多用される「なければ＋ナラナイ」「なければ＋イケナイ」が上位に現れている．「学会講演」「模擬講演」は，「職場会話」「雑談会話」とは違って，複数の聴衆の前でなされる計画的な発話で，聴衆との相互作用性が少ないという特徴がある．これらは，文字という媒体を用いるジャンルが有する特徴，つまり，書き直しなどによって計画的に作成でき，読者との相互作用性が低いという特徴と類似しているといえる．「なければ＋ナラナイ」は，文字言語で多用されるうちにそのジャンルが有する特徴を焼きつけられ，その結果，類似した特徴を持つ「学会講演」や「模擬講演」においても選好されるのではないかと予測することができる．その一方で，「学会講演」「模擬講演」は当然ながら音声言語としての特徴も有している．そのため，音声という媒体を用いるジャンルにおいて特徴的に見られる，縮約形「なきゃ」の使用が上位に見られる．講演テーマが個人的な見解を述べるものが多く，より聴衆との相互作用性が高い「模擬講演」（国立国語研究所，2006）で，その傾向が強い．

このように，実際の言語運用を調査することによって，文法的に使用可能な多くの出現形のうち，使用される出現形に偏りがあり，レンマが出現形を包括しているとは言い難いということがわかる．出現形の使用傾向は，音声・文字といった媒体や，相手との相互作用性といったジャンルの特徴などと合わせて機能的，質的に分析することによって，可視化された言語情報とともに把握することが可能である．

### 3.4.4 「〜マセン」と「〜ナイデス」

用言の否定形には「〜マセン」と「〜ナイデス」の両者があり，類義表現であると考えられる．初級レベルでは，イ形容詞の否定形として「〜ナイデス」，その他の品詞の否定形として「〜マセン」を提示しているが，統語的には「食べないです」「学生じゃないです」のように「動詞+ナイデス」や「名詞+ナイデス」も可能である．

これらの使用傾向を量的に分析したものに田野村 (1994)，野田 (2004)，小林 (2005)，川口 (2014) などがある．田野村 (1994) は，新聞記事4年分のコーパス (『朝日新聞記事データベース (CD-HIASK) 1989年版〜1992年版』) を資料として調査を行っている．「(A) コピュラ表現と存在表現」および「(B) 動詞を否定する表現」の2つのカテゴリーに分けて集計し，(A) (B) どちらのカテゴリーにおいても「〜マセン」が「〜ナイデス」を上回るという結果が示されている．また，野田 (2004) は，シナリオや自然談話を資料として調査を行った結果，シナリオで「〜マセン」，自然談話で「〜ナイデス」の割合が高いと報告している．野田 (2004) は，前接する品詞や後続する表現形式についても詳細に分析しており，品詞別に見ると，イ形容詞や名詞，非存在の表現で「ないです」の割合が高く，動詞で「ないです」の割合が高いことや，動詞でも「わかる」「できる」の場合は「ないです」が比較的多いことなどを指摘している．また，小林 (2005) は，日常会話を，「音声を媒体とした，双方向的なやりとりで，事前に準備されていないもの」と規定した上で，そのような特徴を持つコーパスである『名大会話コーパス』『男性のことば・職場編』『女性のことば・職場編』を資料として調査を行っている．その結果，どのコーパスにおいても，また，どの品詞においても，「〜ナイデス」が「〜マセン」を上回ることが示されている．また，川口 (2014) は言語変化という観点から両形式について包括的に分析している．

これらの調査は，調査対象とした「〜マセン」「〜ナイデス」に活用形を含める

表 3.10 「〜ません」と「〜ないです」の出現数および比率（全品詞）

| 形式＼ジャンル | 新聞記事<br>(田野村, 1994) | シナリオ<br>(野田, 2004) | 自然談話<br>(野田, 2004) | 日常会話<br>(小林, 2005) |
| --- | --- | --- | --- | --- |
| 〜マセン | 26,125 (93.1%) | 1,663 (84.3%) | 184 (41.1%) | 189 (32.2%) |
| 〜ナイデス | 1,940 (6.9%) | 310 (15.7%) | 264 (58.9%) | 397 (67.7%) |
| 総計 | 28,065 (100.0%) | 1,973 (100.0%) | 448 (100.0%) | 586 (100.0%) |

か否かで異なりがあるが，それらを全て合算したうえで，田野村（1994），野田（2004），小林（2005）の結果を表 3.10 にまとめる．表 3.10 からは，調査資料としたジャンルによって，「〜マセン」と「〜ナイデス」の使用傾向が大きく異なることがわかる．基本的に音声言語で「〜ナイデス」が多いが，作られた話し言葉であるシナリオでは「〜マセン」が多く，文字言語である新聞でも「〜マセン」が多い．

また，使用傾向に関する可視化された言語情報は，出現頻度やジャンル以外にも多様なものがある．田野村（1994）は，「〜ナイデス」が「〜マセン」の使用を上回る環境として，「終助詞が後接する場合」という共起表現に関する情報を示している．野田（2004）は，若年層によるアンケートの結果から，「〜ナイデス＋終助詞」が「〜マセン＋終助詞」よりも「自然」だと感じる割合が高く，さらに，終助詞の付加により「〜マセン」の許容度が下がることを指摘している．また，小林（2005）は，「〜マセン」の使用が「〜ナイデス」を上回る環境として，「引用節内に現れる場合」という出現位置に関する調査結果を示している．

多様化する学習者のニーズに応えるためには，学習者のレジスターを考慮したシラバス作成が必要となるが，これらの調査結果はジャンルと類義表現の使用傾向との密接な関係に関して，多くの示唆を含んでいる．また，使用傾向に関する可視化された情報として，出現頻度やジャンル以外にも，多様な言語情報があることがわかる．

### 3.4.5 条件表現

条件表現は，多くの初級教科書で「ば」「と」「たら」「なら」の4形式が導入される．これらは類義表現として，使い分けに多くの説明が必要な項目として認識されている．17冊の文法解説書や教師用指導書における初級の類義表現の文法解説部分について分析した建石（2015）によると，説明のために使われる文字量は，「ば」「と」「たら」「なら」が最も多かった．これは，「ば」「と」「たら」「なら」

表 3.11 「ば」「と」「たら」「なら」の前接動詞上位 10 語と出現数（中俣，2014）

| | ば | | と | | たら | | なら | |
|---|---|---|---|---|---|---|---|---|
| 1 | 言う | 19,171 | 見る | 20,304 | する | 10,699 | 言う | 1,655 |
| 2 | する | 12,638 | する | 17,304 | なる | 5,042 | する | 1,584 |
| 3 | ある | 10,178 | なる | 16,688 | 言う | 3,993 | ある | 1,110 |
| 4 | なる | 6,151 | 言う | 15,184 | ある | 3,978 | なる | 390 |
| 5 | 見る | 4,287 | 考える | 5,172 | 思う | 3,066 | できる | 351 |
| 6 | できる | 3,357 | 行く | 5,013 | 見る | 2,625 | 思う | 347 |
| 7 | 行く | 2,988 | 聞く | 3,519 | 来る | 2,067 | 行く | 329 |
| 8 | 考える | 2,619 | 思う | 3,030 | いる | 1,706 | 考える | 310 |
| 9 | 思う | 2,350 | 比べる | 2,792 | 行く | 1,686 | 見る | 263 |
| 10 | いる | 2,236 | 来る | 2,775 | 聞く | 1,373 | いる | 257 |

の使い分けを説明することが簡単ではないことを示している．

「ば」「と」「たら」「なら」に関する研究は，膨大な量にのぼる．しかし，それぞれの使い分けを抽象的な言葉で述べるだけでは，初級の学習者にとって十分とは言えない．可視化された言語情報を用いて，具体的な出現形を示すことにより，使用傾向を把握する一助になると考えられる．

そのような例が中俣（2014）に示されている．中俣（2014）は，初級の文法項目に関して，BCCWJ を用いて量的調査を行ったものであるが，前接する動詞・名詞のリストや，出現ジャンルの偏りについての調査結果などを示し，それらの結果から導かれる典型的な用例を挙げている．表 3.11 は「ば」「と」「たら」「なら」の前接動詞の上位 10 語と出現数を示したものである．中俣（2014）は類義表現分析を念頭に置いたものではないが，類義表現を取り出して表 3.11 のようにデータを並べることにより，それぞれを比較することができる．

このようなリストに続き，各形式がもつ多様な用法について，解説が行われている．たとえば，「たら」は仮定条件，確定条件，過去の出来事の連続・発見を示す用法などがあるが，「ある」のような存在動詞や「食べる」のような意志動詞は仮定条件，「帰る」のような移動動詞や「なる」のような変化動詞は確定条件，「思う」のような思考・発話動詞や「見る」などの感覚動詞は確定条件や連続・発見，のように，動詞ごとに使われやすい用法が決まっている，と述べられている（中俣，2014）．また，「ば」では，「できれば」「よければ」「よろしければ」をフレーズ的に導入すべきであることや，「なければ」「よければ」「よろしければ」で「形容詞＋ば」の 75% をカバーしている，といったコロケーション情報が示され

ている（中俣，2014）．このような，実際に使用された言語運用の実態に基づいたコロケーション情報は，教室の外に出た学習者が実際に運用されている日本語に触れる際に有用な情報である．また，統語的に可能な組み合わせがすべて等しく使用されているわけではない，といった観点から見ても，コロケーション情報は，類義表現の使用傾向を理解するための重要な言語情報であり，学習者がこのようなコロケーションとともに例文を覚えることには重要な意味があると言える．

　注意しておきたいことは，このような量的調査は上位10形式をただ羅列するだけでは十分ではない，ということである．たとえば，「ば」「と」「たら」「なら」の前接動詞の上位10語はそもそも基本語であるため，BCCWJ全体において出現数が高いだけでなく，4形式全てで共通する語が6語（「見る」「する」「なる」「言う」「行く」「思う」），3形式で共通するものが3語（「考える」「ある」「いる」），2形式で共通するものが3語（「聞く」「来る」「できる」）と，類似性が大変高い．各語の出現数の違いなどもあり，そこからも多様な情報を読みとることはできるが，それらを用法と結びつけて質的に分析することにより，さらに利用価値の高い資料となる．初級の文法項目は多様な用法を担う形式が多いため，用法分類にまで踏み込んで質的分析を行うことは簡単ではない．調査者の判断が多分に含まれるため，同じコーパスを用いれば誰が調査しても同じ結果になるという調査の再現性が低下する可能性はある．しかし，量的分析と質的分析を適切に組み合わせてこそ，日本語教育にとって有益な情報となると考えられる．

## 3.5　中・上級レベルで扱われる類義表現

　初級レベルでは語彙も文法も限られているため，実質的な意味を持つ語彙的な類義表現は「いる」と「ある」，「寒い」と「冷たい」，「楽しい」と「おもしろい」など，ごく少数のセットに限られる．初級レベルの類義表現と言えば，これまでの節で扱った「なければならない」と「なくてはいけない」，「ません」と「ないです」など，文型に関わるものがほとんどを占める．

　しかし，中級以上になると，硬い書き言葉やくだけた話し言葉，学術的な書き言葉や文学作品など，言語生活の多様な場面，多様な人間関係に応じた日本語の使い分けを学習する必要が生じてくる．そのため，文型に関する類義表現だけでなく，実質的な意味を持つ語彙的な類義表現が一気に増大する．また，すでに初級段階で学んだ語彙であっても，その語の多様な用法を新たに学ぶことを迫られるため，既習の単語の使い方が問題になることも少なくない．

例えば，「知る」と「わかる」は旧日本語能力試験出題基準4級レベルの語彙であるが，これらを導入する初級の段階では，「あの人を知っていますか」や「日本語がわかります」など，ごく限られた用法だけが取り上げられ，「知る」と「わかる」の使い分けが問題になることはない．しかし，中級以上になると，「名前は知らない／わからない」「このことなら彼女が一番よく知っています／わかっています」など，どちらも使える用法に接するようになる．その一方で，「あなたの気持ちはよくわかります」「彼らが結婚してたなんて全然知らなかった」など，どちらか一つしか使えない多様な用法も学ばなければならなくなり，混乱と誤用が生じることになる．

さらに，中級以上の段階になると，生教材を扱うようになるため新しい語彙が急激に増える．そのため，初級ではあまり問題にならなかった実質的な意味を持つ類義表現の使い分けがさらに大きな問題となって現れる．「招待する」と「招く」，「上達する」と「うまくなる」など，漢語と和語の使い分け，「特徴」と「特色」，「主体的」と「自主的」など，漢語同士の使い分け，「すこし」と「わずか」，「しなやか」と「やわらか」など，和語同士の使い分けのほかに，外来語の数も増え，多様な語種がもたらす使い分けの問題が学習者を悩ませることになる．

一方の，文型や文法に関わる機能語的な類義表現についても急激にその数が増える．特に，「について」と「に関して」，「からには」と「以上は」，「それにもかかわらず」と「それなのに」など，複数の機能語的な語からなる複合辞の使い分けが大きな問題となる．また，「どんなに～ても」と「～ても～ても」，「～たとたんに」と「～か～ないかのうちに」など，文法的な語と実質的な語の組み合わせによるコリゲーションの類義表現も問題として立ちはだかる．

レベルの進んだ学習者は，場面や話題に即応した適切なコミュニケーション能力を身につけることが求められる．彼らにとって必要なのは，単に類義表現の意味の違いを知るだけではなく，それらが場面や話題に即してどのように使い分けられているかを知ることである．さらには，それらの表現が明示的に表す意味だけでなく，そこで表されていることがらを話し手が好ましいことと受け止めているか，好ましくないことと受け止めているかなど，その表現に潜む暗示的な意味までも読み取る能力が求められる．彼らの効率的な学習を支援するには，まずもって日本語教育を目的とした類義表現の記述が適切に行われ，その成果がシラバスデザインや教材作成に反映させられるよう工夫をしなければならない．

そこでこの節では，日本語教育を目的とした中・上級レベルの類義表現の記述

にコーパスが大きな威力を発揮することを確認し，その事例として実質的な意味を持つ語彙的な類義表現と文型や文法に関わる機能語的な類義表現から，それぞれ1組を取り上げて分析を試みる．

### 3.5.1 コーパスを活用した類義表現の記述

従来の類義表現の多くは，手作業で集めた限られた数の用例と分析者の言語直観を頼りとして，それぞれの表現に共通する意味と異なる意味を探り出し，さらには，その作業によって見いだされた複数の意味の関わり方を克明に記述することに力が注がれた．その記述は詳細なもので，学術的に価値がある研究であったとしても，説明原理が抽象的で難解なため，日本語教育の現場ですぐに役立てられるものでないことが多かった．

日本語教育が求めるのは，意味の細かい違いを抽象的な説明原理を用いて詳細に記述することではなく，むしろ，それぞれの類義表現がどのような環境で用いられるのかを，いくつかの限られた指標に照らしてわかりやすく簡潔に記述することである．すなわち，使われる場面や話題や人間関係にどのような異なりがあるのかを明らかにし，話し言葉か書き言葉か，公的場面か私的場面か，改まった間柄かそうでないか，などの指標に照らしてそれらの使い分けを記述すること，また，それぞれの類義表現がどのような語とともに使われるのかを調べ，頻繁に用いられるコロケーションやコリゲーションのパターンを明らかにすることである．

互いに類似する意味を持つ表現がどのような環境で使用されているか，このことは，これらの類義表現を正しく使い分けることのできる母語話者であればすでに身につけた自明の知識である．しかし，この知識は成長の過程で知らず知らずに身につけたものがほとんどで，類義表現の使い分けも直観に頼って無意識に行っていることが多いため，熟練の研究者であってもその使用環境の違いを解明するのは容易でない．それを明らかにするためには，公文書，ブログ，会話，新聞など，異なるレジスターでの使用頻度を調査し，レジスターによる使用傾向を明らかにしたり，どのようなコロケーションやコリゲーションのパターンが数多く出現するかを調べたりするなど，各種の調査を基にした量的かつ質的な分析を行う必要がある．使用環境を解明するこの種の調査は，容量の小さなコーパスでは不十分で，場合によっては1億語のコーパスを用いても十分な結果が求められないことさえある．

近年，BCCWJ をはじめ，大規模なコーパスが整いつつあり，以前には考えられなかった大量のデータをきわめて短時間で処理することが可能となっている．また，web をコーパスに見立てて一定の条件の下に集めた Web as Corpus（WAC）の構築により，10 億語を超える大容量のコーパスの活用も可能となっている（石川，2008a；石川，2008b など）．以下においては，語彙的な類義表現の事例として「海外」と「国外」，機能語的な複合辞と化した類義表現の事例として「からみる」と「からいう」を取り上げ，コーパスを活用した類義表現の記述を試みることにする．

### 3.5.2 語彙的な類義表現の事例──「海外」と「国外」

「海外での生産」と「国外での生産」では，「海外」を使っても「国外」を使ってもほとんど意味は変わらない．一方，「海外旅行に行く」とは言うが「国外旅行に行く」とは言わず，「国外追放された」とは言うが「海外追放された」とは言わないといったように，互いに言い換えられない場合がある．「海外」と「国外」という 2 つの語にはどのような使い分けがあるのだろうか．そこに何らかのルールや傾向の違いがあるのだろうか．これらの問題は，内省や手作業での用例収集に基づく考察によってもある程度の答えが見つかるだろうが，コーパスを使えばさらに多くのことが見いだせる．そこで，この節では，NINJAL-LWP for BCCWJ[3]（以下，NLB）を利用して「海外」と「国外」が実際の文章でどのように使われているかを調べ，この両者の使い分けについて考察することにする．

NLB というのは BCCWJ のデータ[4]を検索するために，国立国語研究所と Lago 言語研究所が共同開発したオンライン検索システムである．このシステムは，名詞や動詞などの内容語の共起関係を網羅的に表示することができ，さらに共起頻度だけでなく共起関係の強さに関する統計的な数値も調べられる．

そこでまず，NLB を用いて「海外」と「国外」の出現頻度を調べてみる．結果は，「海外」が 3,843 回，「国外」が 372 回で，「海外」が「国外」の 10 倍以上という高い頻度で用いられていることがわかる．旧日本語能力試験出題基準において，「海外」は 2 級レベルの語彙リストに入っているが，「国外」はどのレベルの

---

3) NLB (ver.1.00) を使用．詳しくは 1.6.2 項および以下の操作説明書を参照されたい．
URL：http://ninjal.ac.jp

4) NLB (ver.1.00) で用いられているのは，BCCWJ 2009 年度領域内公開版のうち，書籍（出版書籍・図書館書籍），国会会議録，Yahoo! 知恵袋，Yahoo! ブログの 4 つのレジスターである．

語彙リストにも取り上げられていない．旧日本語能力試験出題基準が発表された1994年当時の状況ではコーパスの十分な活用は不可能であったが，今回の調査による出現頻度の違いによって，「海外」のほうが「国外」より広く一般的に用いられる基本的な語であることが確認された．旧日本語能力試験出題基準のレベル判定は，出現頻度という点で妥当性が認められたことになる．

次に，「海外」と「国外」のそれぞれが名詞を従えて使われた場合の出現頻度を，MIスコアの数値とともに観察する．MIスコアとは，2つの単語の共起関係（それぞれの結びつき）の強さを示す統計的な指標であるが，低頻度の共起関係が過度に強調されるため，低頻度のものについては信頼できる結果が得られない．そこで，今回は，「海外」の場合は出現頻度10以上の比較的高頻度のもの，「国外」の場合は全体的に出現頻度が低いため，出現頻度3以上のものに限って考察する．

まず，「海外」の場合から検討する．表3.12は「海外+名詞」のコロケーションのうち，出現頻度が10以上，MIスコアが10以上のものについて頻度順に示し（出現頻度が同じ場合はMIスコアの順），その隣に出現頻度とMIスコアを示したものである．さらに，それらの数値の右側には，「海外」との対比のために「国外」に同じ名詞が続いた場合の出現頻度とMIスコアも示してある．

この表から，最も出現頻度の高い「海外旅行」の場合に，それに対応する「国外旅行」という表現が1回だけ出現したことがわかる．しかし，その他のコロケーションに関しては「国外」は一度も出現していない．また，表3.12に現れた名詞はすべて漢語で，「子女」以外は「旅行」「渡航」など，「する」をつけてサ変動

表3.12 「海外+名詞」のコロケーション（「国外+名詞」との対比）

| 順位 | 海外+名詞 | | | 国外+名詞 | |
|---|---|---|---|---|---|
| | コロケーション | 出現頻度 | MI | 出現頻度 | MI |
| 1 | 海外旅行 | 374 | 11.79 | 1 | 7.19 |
| 2 | 海外渡航 | 37 | 12.78 | 0 | — |
| 3 | 海外進出 | 37 | 10.76 | 0 | — |
| 4 | 海外派兵 | 34 | 13.86 | 0 | — |
| 5 | 海外出張 | 30 | 10.85 | 0 | — |
| 6 | 海外在住 | 22 | 10.68 | 0 | — |
| 7 | 海外留学 | 20 | 10.15 | 0 | — |
| 8 | 海外遠征 | 14 | 10.43 | 0 | — |
| 9 | 海外子女 | 10 | 11.64 | 0 | — |
| 10 | 海外赴任 | 10 | 10.58 | 0 | — |

「海外+名詞」は出現頻度10以上，MIスコア10以上．

詞となる動名詞[5]である．表3.12に示された動名詞の場合，ほとんどは移動を表すものであり，動詞として用いる場合,「旅行」は「海外に旅行する」「海外を旅行する」のように「に」も「を」も伴いうるが，それ以外は「外国に渡航する」のように「に」は伴えるが「を」は伴えないものである.

次に「国外＋名詞」のコロケーションについて検討する．「国外」の場合は総じて出現頻度が低いために，出現頻度が3以上，MIスコアが10以上のものを取り上げる．表3.13はその結果を出現頻度順に示し（出現頻度が同じ場合はMIスコアの順)，その隣に「海外」が同じ名詞と共起した場合の出現頻度とMIスコアを示してある．

表3.13 「国外＋名詞」のコロケーション（「海外＋名詞」との対比）

| 順位 | 国外＋名詞 | | | 海外＋名詞 | |
|---|---|---|---|---|---|
| | コロケーション | 出現頻度 | MI | 出現頻度 | MI |
| 1 | 国外追放 | 22 | 15.03 | 0 | — |
| 2 | 国外所得 | 22 | 11.74 | 0 | — |
| 3 | 国外退去 | 16 | 15.91 | 0 | — |
| 4 | 国外流出 | 5 | 13.19 | 7 | 9.73 |
| 5 | 国外逃亡 | 3 | 12.69 | 3 | 8.74 |
| 6 | 国外脱出 | 3 | 12.07 | 0 | — |

「国外＋名詞」は出現頻度3以上，MIスコア10以上．

「国外流出」と「国外逃亡」の2つは「海外」に言い換えた共起も出現しているが，その他の場合，「海外」との共起はゼロである．表3.13に挙げた名詞はすべてが漢語名詞であることや，移動の意味を表す動名詞との共起が多いことは「海外」と共通している．しかし，移動の動名詞の場合，「海外」では「海外旅行＝海外を旅行すること」のように後続の名詞が動詞として使われた場合に「を」をとるものもあったが，「国外」の場合は「を」をとるものがなく，「に」をとるものに限られる．そこで，以下においては，「に」をとる移動の動名詞について「海外」と「国外」のそれぞれの用例を観察することにしたい．

まずは「海外」の例を挙げる．以下は「国外」との共起がゼロであった表現の例である．これらは（ ）内に示すように，「国外」に言い換えると不自然に感じられる[6]．

---

[5] 「する」を伴って動詞化する表現で，「散歩，研究，徹夜」などの漢語のほか，「立ち読み，夜遊び，買い物」などの和語や「テスト，カット」などの外来語も含まれる．詳しくは影山（1993）を参照のこと．

(15) 気になることの一つは,海外渡航者(？国外渡航者)の急増とともに,海外でマラリアにかかり,日本国内で発症する患者が増えてきたことだ.
(PB24_00023 藤田紘一郎)
(16) 近年,外資系企業の日本進出や日本企業の海外進出(？国外進出)など経済のグローバル化にともない,英語の習得や,異なる言語を持つ人々との交流が求められる機会が増大しました. (PB43_00321 小西行郎)
(17) 自衛隊の「海外派兵(？国外派兵)」にあたっての日本の内外での危惧は,日本がまたかつての侵略,支配の道を歩むのではないか,にあった.
(LBk3_00125 小田実)
(18) 火曜から海外出張(？国外出張)ですが準備が出来ていません.
(OY15_08173 Yahoo!ブログ)

次に「国外」の例を挙げる.以下は「海外」との共起がゼロであった表現の例である.これらは( )内に示すように,「海外」に言い換えると不自然に感じられる.

(19) 二十六歳のとき,東洋の研究のためにオランダ東インド会社に入り,文政六年に来日したころのシーボルト(上).帰国に際し,シーボルト事件をおこして国外追放(？海外追放)になった. (LBr4_00027 酒井シヅ)
(20) ただし,アルコールの持ち込みは禁止で,税関で見つかれば没収.再犯となれば,国外退去(？海外退去)を命じられる.
(LBq3_00012 久家義之)
(21) たとえ上手く国外脱出(？海外脱出)に成功しても,殺人罪の時効十五年は在外期間だけ延長される. (LBf9_00127 由良三郎)

「海外渡航者」「海外進出」「海外派兵」「海外出張」など,「海外」とは共起するが「国外」とは共起しにくい例は,国の外に出るという移動の局面と,国の外の領域(すなわち外国)での活動の局面という2つの局面を併せ持つ出来事を表している.一方,「国外追放」「国外退去」「国外脱出」など,「国外」とは共起するが「海外」とは共起しにくい例は,国の外に出るという移動の局面は表しているが,外の領域での活動という局面は表していない.もっぱら国境を越えて自国の

---

6) これ以降の用例はすべてBCCWJから検索したもので,( )内に用例の出典をサンプルIDで示す.例えば,PBから始まるIDは出版書籍からの用例で,ほかは以下の通りである.
　　LB:図書館書籍　　OB:ベストセラー書籍　　OW:白書　　OM:国会会議録　　PM:雑誌
　　OC:Yohoo!知恵袋　　OY:Yohoo!ブログ

領域外に出るという越境移動の局面のみを表す表現である．国境を越えて異境の地に入るという移動は，国の庇護が及ばない地域への移動を意味する．そのために，「国外」は「追放」「退去」「脱出」「逃亡」「流出」などのようにマイナス評価を含意する移動と馴染みやすい．しかし，「国外移籍」「国外移住」などのようにマイナス評価を含まない名詞と「国外」が共起する例もないわけではなく，マイナス評価を含意するかどうかは必要条件ではない．なお，マイナス評価を含まない「国外移籍」や「国外移住」の場合は「海外」との共起も観察されている．国の外に出るという移動の局面のみが表される場合は「国外」，国の外での活動という局面も含めての移動が表される場合は「海外」が用いられるものと思われる．

　さて，表 3.13 に見られるように，「流出」と「逃亡」の 2 つは「国外」だけでなく「海外」とも共起している．そこで，以下では「流出」と「逃亡」について，「国外」「海外」との共起例を検討する．(22) と (23) が「国外」の例，(24) と (25) が「海外」の例である．

(22)　旧ソ連の崩壊に伴って，原爆の材料になるウランやプルトニウムといった核物質，原子力技術，装置，科学者や技術者の<u>国外流出</u>（？海外流出）も新たな問題として浮かびあがってきました．　　　　(LBg5_00024 石田裕貴夫)

(23)　<u>国外逃亡</u>（？海外逃亡）ということになれば時効中断ということで新たな事件再起の捜査が必要ですね．これらの証拠物件が処分されてしまっているという問題については，今後の捜査の支障の有無についてどうお考えですか．　　　　　　　　　　　　　　　　　　　　　(OM55_00003 国会会議録)

(24)　同氏によると，その原因は雇用の<u>海外流出</u>（国外流出）であって，製造業だけでなくサービス業でも，業務を海外に委託してしまう動きがふえ，この勢いは止まりそうにないという．　　　　　　　　(PB43_00500 吉川元忠)

(25)　グエン・ヴァンチューの親戚が<u>海外逃亡</u>用（国外逃亡用）に用意したダイアモンドがあるって話だった．　　　　　　　　　　(PB49_00628 矢作俊彦)

　筆者らの直観では，(22) や (23) の「国外」を「海外」に言い換えると，やや不自然な感じがする．一方，(24) や (25) の「海外」を「国外」に言い換えても問題はない．以下では，上から順にこれらの例を検討する．

　まず，(22) の場合，ロシア国内から外国に資源や技術や人材が出て行くという意味を表しており，そこで表された出来事に移動の局面は含まれているが，国の外での活動という局面はほとんど問題にならない内容である．同様に (23) の場合も，時効中断に関して重要なのは国外に出たかどうかという点だけで，国外で

どのような活動をしたかは問題ではない．このようにどちらの例も国境を越えて国の外に出るという局面だけが問題とされているところに，「海外」に言い換えにくいと感じる原因があるのではないかと思う．

一方「海外流出」が使われている (24) の例では，雇用が国外に出るという移動の局面の他に，業務委託という外国での活動の局面も感じさせる内容となっている．(25) もまた，国外に出るという移動の局面だけでなく，国外での生活を支える物資が話題になっている．このように，移動の局面だけでなく国外での活動という局面も感じさせることが，これらの例で「海外」を使いやすくしている要因なのではないかと思われる．

ところで，「旅行」のように「を」を伴いうる動名詞が「海外」と共起しうることを先に述べたが，その理由は，移動動詞の「を」格が「移動の経路」や「動き回る場所」を表すことから，単なる越境の局面だけでなく，国外での活動の局面も表すことによるためである．一方，「国外」は国外での活動の局面を表すものと共起しにくいため「国外旅行」や「国外視察」などとは言いにくい．このことは「で」を伴う動名詞にも見られることで，例えば「生活」や「公演」という動名詞は「海外生活」「海外公演」と言えるが，「国外生活」「国外公演」とは言いにくい．しかし，このような制約は「海外」や「国外」が動名詞と結びついて一語相当の複合名詞となったときには強く働くが，「国外」が格助詞を介して動詞と共に用いられるときには緩くなり，「を」や「で」と結びつく次のような例がわずかではあるが認められる．

(26) 国外を旅する際には身分証明書となるパスポートが必要になるのはどちらも同じだが，船旅ではパスポートは船に預ける． (PB29_00442 夜月桔梗)
(27) 著名なる某外交官が，「日本の天皇が国外を動き回られないことは，日本の外交に千鈞の重みを加えるものである」と言っていたのを読んだ記憶がある． (PB43_00247 渡部昇一)
(28) 旅行者と国外で生活するのとでは大きな違いがある． (LBh3_00065 森茂)

このように，「海外」や「国外」が語構成要素となったときに働く制約が，独立した一語として用いられるときには緩くなるという現象は，動名詞が「から」格を伴う場合などにも観察される．「海外」「国外」ともに，これらが移動を表す動名詞と結びついて一語相当の複合名詞を形作る場合，国の内から外へ向かう動きを表すことはできるが，国の外から内へ向かう動きを表すことはできない．例えば，「海外移住」や「国外移住」と言った場合，国の内から外への移住という意味

に限られ，国の外から内への移住を表すことはできない．しかし，動詞として用いられた場合は，「海外から移住する」「国外から移住する」のように，国の外から内への移住を表すことも可能となる．

　以上，移動の意味を含む動名詞について検討した．その結果，「海外」の場合，越境という移動の局面のほかに，国の外での活動の局面も含む出来事を表す動名詞と共起しやすいのに対して，「国外」は越境という移動の局面だけで，国の外での活動の局面を含む出来事を表す動名詞とは共起しにくいこと，「海外」「国内」のどちらも移動を表す動名詞と共起して一語相当の複合名詞を形作るが，その場合，国の内から外への移動は表せるが，国の外から内への移動を表せないことを述べた．また，これらの制約は動名詞が独立した動詞として用いられる際には緩むことについても触れた．

　以下においては，移動の意味を含まない名詞について検討する．表3.12，表3.13に示したリストの中で，移動の意味を含まない名詞は，表3.12の「海外在住」と「海外子女」，表3.13の「国外所得」の3つである．これらのうちの「在住」は動名詞であるが，「子女」と「所得」は動名詞ではない．

　これら3つの語について，NLBの調査では，「海外」と「国外」を言い換えた表現，すなわち，「国外在住」「国外子女」「海外所得」という共起はゼロである．これらのうち，「国外在住」と「国外子女」が現れにくいのは，それぞれが「外国に居住して生活する」「外国で育つ」という意味を表し，国の外での活動の局面に焦点があたる表現であるためだと思われる．このように，「国外」の場合は，国の外への移動という局面を表すのみであるため，国の外での活動を表す表現とは結びつきにくい．この点では，すでに述べた移動を表す名詞と共起した場合と同じ理由が認められる．

　一方において，もっぱら「国外」が用いられ，「海外」が出現しない「国外所得」のようなケースについてはどのような理由が見出せるのだろうか．この場合は，おそらく，「国内」と対比的に用いられているかどうかということが要因となって「国外」との共起のしやすさが変わってくるのではないかと考えられる．つまり，「国外所得」は「国内での所得」に対する「国外での所得」という対比的な意味で用いられることが多いため，「海外」が出現せず，「国外」に限られたのではないかということである．このことの妥当性をさらに検討するために，「国外」が「生産」「市場」「メーカー」「支店」「部門」という名詞のそれぞれと共起した例を観察することにしたい．これら5つの名詞は，「国外」との共起が認められる

移動の意味を含まない名詞のうち,「海外」との共起頻度が10以上という比較的高い頻度で起こっているものを抽出したものである.それぞれの出現頻度とMIスコアを表3.14に示す.

表 3.14 「海外」とも「国外」とも共起する名詞

| 順位 | 名詞 | 海外 + 名詞 | | 国外 + 名詞 | |
|---|---|---|---|---|---|
| | | 出現頻度 | MI | 出現頻度 | MI |
| 1 | 生産 | 49 | 7.9 | 1 | 6.23 |
| 2 | 市場 | 34 | 7.44 | 1 | 6.3 |
| 3 | メーカー | 24 | 8.1 | 1 | 7.46 |
| 4 | 支店 | 12 | 8.94 | 1 | 9.31 |
| 5 | 部門 | 10 | 7.12 | 1 | 7.75 |

「海外 + 名詞」は出現頻度が10以上.

表3.14に見られるように,これらの名詞は「海外」とは比較的よく共起するが,「国外」とは1回ずつしか共起していない.このように,一般的に「海外」と結びつくことの多い語であるのに,なぜ「国外」と結びついた例が出現したのだろうか.以下においてはこれらが「国外」と結びついた例を取り上げて考察する.

(29) 国産タイヤほど几帳面に考えられたタイヤは国外メーカータイヤには無いと思いますし種類も多すぎっ.　　　　　　　(OC06_00689 Yahoo!知恵袋)

(30) なお,内国法人の国外支店が保有する外国株式の時価評価が仮に当該外国で行われない場合,当該内国法人に対して日本で時価主義が適用されるならば,外国税額控除の計算において問題が生じうるのではないかと思われる.　　　　　　　　　　　　　　　　　　(PB13_00681 中里実)

(31) 八六年は,アメリカ国内で特別損失があったので,全地域の営業利益の七〇%,国外部門の営業利益の六九%をヨーロッパで稼いでいるのである.
　　　　　　　　　　　　　　　　　　(LBc3_00060 上野明)

(32) J&Jの多国籍化の動機は,「国外市場の成長機会を十分にとらえ,各地域のニーズにこたえるために,市場の近くに国外生産拠点を設ける」ということにある.　　　　　　　　　　　　　(LBc3_00060 上野明)

以上の二重下線部で示した部分は,「国外」と共起する名詞が出現するより前の文脈で出現したもので,「国外」に対する「国内」という意味を含意している.すなわち (29) の「国産タイヤ」は「国内で生産されたタイヤ」,(30) の「内国法人」は「国内での法人」,(31) の「アメリカ国内」はまさに「アメリカの国内」という意味である.それに続く「国外メーカータイヤ」「国外支店」「国外部門」

は，前文脈で表された「国内」という意味と対比される形で提示されているため，通常は「海外」を用いる表現であるにも関わらず，これらの文脈では「国外」が用いられたものと考えられる．(32)にはそのような前文脈が観察されないが，直前にある「多国籍化」という表現によって「国籍」が焦点化され，「国」ということが強く意識されたために，通常は「海外市場」や「海外生産拠点」となるところが「国外市場」や「国外生産拠点」となったのではないかと考えられる．

以上，「海外」と「国外」という類義表現について，NLBを用いて調査を行い，主として名詞との結びつきに着目してそれぞれの使い分けを考察した．以上を表にまとめて示す．名詞以外の品詞については十分な検討を行えなかったが，表3.15には，参考のために，どちらとも比較的高い頻度で結びつく「に」をとる動

表 3.15 まとめ: 「海外」と「国内」の使い分け

| | | | 海外 | 国外 |
|---|---|---|---|---|
| 特徴 | 名詞の語構成要素の場合 | | 漢語の名詞と共起して一語相当の漢語名詞を形作ることが多い． ||
| | | | 移動の意を含む名詞と共起して一語相当の漢語名詞を作る場合，国の内から外への移動は表せるが，国の外から内への移動を表せない． ||
| | | | 移動の局面と活動の局面という二つの局面を表す動名詞と共起しやすい． | 移動の局面を表す動名詞と共起するが，活動の局面を表す動名詞とは共起しにくい．そのため，「旅行」のように「を」を取る動名詞とは共起しにくい． |
| | | | 移動の意味を含まない名詞と共起する場合，通常は「海外」と共起するが，「国内」との対比を意識した場合は「国外」とも共起する．また，外国での活動を含意する語を形作るときは「海外」と結びつきやすく，「国外」とは結びつきにくい．そのため，「国外」は「生活」「公演」のように「で」を取る動名詞とは共起しにくい． ||
| | 動詞と共起する場合 | | 名詞の語構成要素となった場合に見られた制約がゆるみ，国の外から内への移動を表したり，「国外」が「を」や「で」を取る動詞と共起することもできる． ||
| 共起しやすい名詞 | 移動の意味を含む | 「を」をとる動名詞 | 旅行 | — |
| | | 「に」をとる動名詞 | 渡航，進出，派兵，出張，留学，遠征，赴任 | 追放，退去，流出，逃亡，脱出 |
| | 移動の意味を含まない | | 在住，子女 | 所得 |
| 共起しやすい動詞 | 移動の意味を含む | 「に」をとる動詞 | 行く，出る，進出する，出かける，移転する，移す | 出る，亡命する，脱出する，追放する，逃亡する，逃げる |
| | 移動の意味を含まない | | 住む，いる，向ける，ある | いる |

注：共起しやすい名詞および動詞：「海外」は出現頻度10以上，「国外」は出現頻度3以上のものを掲載

詞について，「海外」については出現頻度10以上，「国外」については出現頻度3以上の共起が認められたものを挙げておくことにする．

### 3.5.3 機能語的な類義表現の事例 ——「カライウ系」と「カラミル系」

この項では機能語的な類義表現の事例として「からいうと／からいえば」と「からみると／からみれば」の使い分けについて考察することにする．

機能語的と言う理由は，これらの表現に用いられている「言う」や「見る」という動詞が，もともとの意味を失って，特定の形式と用法でしか用いられなくなっているためである．例えば，「遠くから見ると，光って見えた」における「見る」は，「視覚で感知する」という意味であり，「遠くから見た．すると～」と言い換えることができる．しかし，「昨年度の実績から見ると，当初の目標はおおむね達成された」の「見る」は，「視覚で感知する」という意味ではなく「判断する」という意味であり，「昨年度の実績から見た．すると～」と言い換えることはできない．「判断する」という意味で用いられる場合は，「からみると」「からみれば」「からみて」など，使うことのできる形式も限られている．

機能語と化したこれらの表現は（33）に示すように「からいう」と「からみる」のどちらも使える場合が少なくないが，(34) や (35) のようにいずれか一方しか使えない場合もあり，誤用を招きやすい（下線部が用例として得られた表現）．

(33) 警官という立場<u>から言うと</u>（からみると），これは不名誉極まることであった．　　　　　　　　　　　　　　　　　　　　　　　　　　（LBg9_00224 北杜夫）

(34) 理屈<u>から言うと</u>（×からみると）四百専用設計のマフラーでは六百の排気を逃しきらないでしょうね．　　　　　　　　　　　　　（OC06_00412 Yahoo!知恵袋）

(35) NHK放送文化調査研究所世論調査部「十代とテレビ」調査<u>から見ると</u>（×から言うと），（中略）「1回に三十分以上電話で話すこと」がある者は四十二．九％となっている．　　　　　　　　　　　　　　　　（OW4X_00002 白書）

「からいうと／からいえば」と「からみると／からみれば」は，使い方の類似する「からすると／からすれば」などと合わせて旧日本語能力試験出題基準の「機能語の類」2級レベルのリストに挙げられており，グループジャマシイ（1998），泉原（2007），友松ほか（2007）などの日本語学習辞典の類で意味・用法や使い分けが記述されている．それらのうち，それぞれの表現の使い分けに関して最も明解で簡潔に記述が行われている岡本・氏原（2008）の記述を以下に紹介し，その内容について検討を加えることにする．

岡本・氏原（2008）では，次の3つに分けて記述を行っている．
1. AからいうとB／AからいってB
2. AからみるとB／AからみればB／AからみてB／AからみてもB
3. AからするとB／AからすればB／AからしたらB

これらのうち，1.と2.の記述が一覧できるようにまとめ直したものを表3.16に示す．

表3.16 岡本・氏原（2008）の記述一覧

| | | | 「カライウ系」 | | 「カラミル系」 |
|---|---|---|---|---|---|
| | | | 「AからいうとB／AからいってB」 | | 「AからみるとB／AからみればB／AからみてB／AからみてもB」 |
| 意味1 | 意味 | | Aという視点，面で考えたらBだ．Bで話し手の意見・主張を述べる | ①色彩感覚からいうと，彼の右に出るデザイナーはいない．②環境破壊という点からいうと，ゴルフ場など作るべきでない． | Aという客観的な判断材料からBが導かれる | ①学生時代の成績からみると，彼はとても優秀な人だ．②この記録からみると，間違いなくオリンピックに出場できるだろう． |
| | 注意 | | 「AからいってB」は，会話のくだけた言い方 | ③使いやすさからいって，この商品が一番だ．④「あの映画とこの映画と，どっちがおもしろい？」「内容からいうとあの映画の方がおもしろいけど，私の好みからいうとこっちだね．」 | 判断の根拠が目で見て確認できる物でなければ成立しにくい ×この匂いからみると，今晩はカレーだな． | ③企業の成長力からみれば，まだこの株価は安すぎる．④輝きからみても大きさからみてもこのダイヤが一番高そうだ． |
| | 対比 | | 「AからするとB」「AからみるとB」は，Aを判断材料としてBを推測，または導くが，「AからいうとB」はXのAという面から意見を述べるとBという意味 ①彼は平社員だが，給料［○からいうと／×からすると／×からみると］社長と同額だ．②この空模様［×からいうと／○からすると／○からみると］嵐になりそうだ． | | | |
| 意味2 | 意味 | | Aという立場からの意見・主張をBで述べる | ①医者からいうと，彼のような患者がいちばん扱いにくい．②輸入業者からいうと，円安は大いに歓迎すべきことだ． | （全体像は見ずに）Aという立場や視点からの判断をBで述べる | ①歌がうまいといっても，プロからみると話にならない．②内気な彼はいじめっ子からみると，かっこうの餌食だった． |
| | 注意 | | 「AからいってB」では置き換えられない | ③採用する側からいうと協調性のある人がいい．④私のような年代のものからいうと，今の若者にはもっとしっかりしてもらわなければ困る． | | ③世界からみれば，日本の国土は決して狭くないのだ．④株主からみて期待を裏切らない企業とは，配当が安定している企業だ． |

この表に示したように，岡本・氏原（2008）では「カライウ系」も「カラミル系」も意味1と意味2の2つに分けて記述している．以下にその内容を再掲する[7]．

「カライウ系」① Aという視点，面で考えたらBだ．Bで話し手の意見・主張を述べる．
② Aという立場からの意見・主張をBで述べる．
「カラミル系」① Aという客観的な判断材料からBが導かれる．
② （全体像は見ずに）Aという立場や視点からの判断をBで述べる．

「カライウ系」と「カラミル系」の意味のそれぞれに関連性があるのかどうか述べられてはいないが，少なくとも，②の意味に関しては，「判断の主体や立場を表す」という共通の意味を読みとることができる．さらに，岡本・氏原（2008；66）では，上記の他に，「カライウ系」の「意味1：対比」の項で，次の違いを指摘している．

「AからするとB」「AからみるとB」はともに，Aを判断材料としてBを推測，または導くが，「AからいうとB」はXのAという面から意見を述べるとBという意味．

以上の記述や表3.16に掲載された用例を総合して判断すると，岡本・氏原（2008）の記述から，「カライウ系」と「カラミル系」に関して次のような相違点と共通点が導ける．

「カライウ系」① 判断の対象．「どの側面から」すなわち，何を問題として取り上げ判断するか．
② 判断の主体（の立場）．だれが，あるいはどのような立場で判断を行うか．
「カラミル系」① 判断の根拠．「何を判断材料として」すなわち何を根拠に判断を行うか．
② 判断の主体（の立場）．だれが，あるいはどのような立場で判断を行うか．

このことから，「カライウ系」と「カラミル系」の意味に関して，岡本・氏原（2008）では，①においては異なっているが，②においては共通すると捉えられていることがわかる．

以上，岡本・氏原（2008）の記述を検討したが，この記述が果たして妥当なも

---

7) 表3.16は，それぞれの代表形（レンマ）として「カライウ系」「カラミル系」という用語を使っているが，これ以降もこの用語を使うことにする．また，出現形には「から言うと」「から見ると」のように漢字が使われる場合もあるが，便宜上，ひらがなで示すことにする．

のであるかどうかを，コーパスに基づく量的な調査によって検討してみることにしたい．

調査に用いたのは BCCWJ の「新聞」，「雑誌」，「書籍」，「白書」，「国会会議録」，「Yahoo! 知恵袋」，「ブログ」の7種のレジスターである．対象とするのは「カライウ系」として「からいうと」「からいえば」の2種，「カラミル系」として「からみると」「からみれば」の2種の合計4種で，「いう」と「みる」が漢字表記されたものも含まれる．

表3.17は，上記のレジスターに出現したそれぞれの形式が全体で機能語的な複合辞となっているものだけを人手によって選別し，100万語ごとに換算した出現頻度と用例全体に占める割合を示したものである．

表 3.17 「カライウ系」と「カラミル系」レジスターごとの出現頻度（100 万語ごと）

| サブ | 「カライウ系」 | | | | 「カラミル系」 | | | |
| コーパス | からいうと | | からいえば | | からみると | | からみれば | |
| | 出現頻度 | % | 出現頻度 | % | 出現頻度 | % | 出現頻度 | % |
| 新聞 | 0.0 | 0.0 | 0.7 | 2.5 | 0.7 | 1.4 | 5.1 | 10.0 |
| 雑誌 | 1.4 | 7.4 | 2.7 | 9.2 | 4.5 | 8.3 | 6.5 | 12.8 |
| 書籍 | 2.0 | 11.0 | 6.2 | 21.2 | 8.9 | 16.5 | 10.9 | 21.3 |
| 白書 | 0.0 | 0.0 | 0.6 | 2.1 | 19.5 | 36.1 | 6.4 | 12.4 |
| 国会会議録 | 10.4 | 56.6 | 16.1 | 54.5 | 11.6 | 21.4 | 13.5 | 26.5 |
| 知恵袋 | 3.1 | 17.0 | 2.5 | 8.6 | 5.8 | 10.8 | 5.8 | 11.4 |
| ブログ | 1.5 | 8.0 | 0.6 | 2.0 | 2.9 | 5.5 | 2.8 | 5.6 |
| 計 | 18.4 | 100 | 29.4 | 100 | 53.9 | 100 | 51.0 | 100 |

どのレジスターも「カライウ系」より「カラミル系」のほうが多数を占めている．また，新聞と白書には，「カライウ系」がほとんど出現していないことも注目に値する．

以下においては，これらの形式の直前にどのような名詞が共起しやすいかを調べることにする．表3.18～表3.21は，直前に共起した回数が多い順に上位20位までの名詞を並べたものである．

まず，表3.18と表3.19の「カライウ系」について検討する．

どちらの表でも高頻度で用いられている「立場」の例は以下のようなものである．

(36) 落札者の立場から言うと商品が到着したという確認ができてからが好ましいですね． (OC14_01474 Yahoo! 知恵袋)

この例は，判断の主体である「落札者」の立場に立って以下の判断を導くとい

表 3.18 からいうと

| 順位 | 名詞 | 頻度 |
|---|---|---|
| 1 | 経験 | 27 |
| 2 | 立場 | 24 |
| 3 | 〜の面／〜という面／〜面 | 13 |
| 4 | 〜の側／〜側 | 11 |
| 5 | 〜の点／〜という点 | 9 |
| 6 | 意味 | 8 |
| 7 | 観点 | 7 |
| 8 | 状況 | 6 |
| 9 | 〜ということ | 5 |
| 9 | 結果 | 5 |
| 11 | 感覚 | 4 |
| 12 | 見地 | 3 |
| 12 | 〜の数／〜数 | 3 |
| 12 | 性格 | 3 |
| 12 | 〜の方 | 3 |
| 16 | 印象 | 2 |
| 16 | 構造 | 2 |
| 16 | 趣旨 | 2 |
| 16 | 制度 | 2 |
| 16 | 他方 | 2 |
| 16 | 内容 | 2 |
| 16 | 理屈 | 2 |
| 16 | 〜論 | 2 |

表 3.19 からいえば

| 順位 | 名詞 | 頻度 |
|---|---|---|
| 1 | 立場 | 48 |
| 2 | 観点 | 29 |
| 3 | 〜の点／〜という点 | 28 |
| 4 | 〜の側／〜側 | 26 |
| 5 | 〜の面／〜という面／〜面 | 20 |
| 6 | 〜ということ | 16 |
| 7 | 意味 | 14 |
| 7 | 常識 | 14 |
| 9 | 経験 | 13 |
| 10 | 理屈 | 12 |
| 11 | 〜の数／〜数 | 9 |
| 12 | 逆 | 6 |
| 12 | 論理 | 6 |
| 14 | 視点 | 5 |
| 14 | 〜の上 | 5 |
| 16 | 〜の角度 | 4 |
| 16 | 関係 | 4 |
| 16 | 原則 | 4 |
| 16 | 趣旨 | 4 |
| 16 | 精神 | 4 |
| 16 | 肉容 | 4 |
| 16 | 〜の方 | 4 |
| 16 | 〜論 | 4 |

う意味であり，「からいうと」は「判断の主体の立場」を表している．このほかに，「〜の側／〜側」「〜の点／〜という点」「〜の面／〜という面／〜面」も同様の用法である．また，似たような用法として，次のように「判断の主体」が表される例もある．

(37) <u>私</u>から言えば，あなたはただの偽善者です．　(OC09_15161 Yahoo! 知恵袋)

次に，表 3.18 の第 1 位，表 3.19 の第 9 位である「経験」について検討する．その例は次のようなものである．

(38) 私の<u>経験</u>からいえばどちらが効くかといえば，成人病とか疲労性の肩こり，腰痛などは，東洋医学のほうが断然効き目があるのです．

(OB5X_00173 春山茂雄)

この例は,「私の経験」を頼りにして東洋医学の効き目に関する判断を導くという意味を表しており,この例の「からいえば」は「判断の根拠」を表していると言える.「趣旨」「内容」「理屈」「常識」「論理」「原則」なども「判断の根拠」を表すものである.

最後に,「面」について検討する.「面」は自立語として「工業の面」「制度的な面」などのように使われるが,接尾辞として「利益面」のように使われることもある.

(39) 制度的な面から言えば法学部というのは存在しないのですが,(以下省略)
(PB40_00078 村上陽一郎)

この場合,「ほかの面はともかく,制度的な面を対象として考えれば法学部は存在しない」という意味を表しており,「からいえば」は「判断の対象」を示している.「観点」「点」「角度」なども同様の用法である.

以上のことから,「カライウ系」は「判断の主体(の立場)」「判断の根拠」「判断の対象」の3つの意味を表すことができることがわかる.岡本・氏原(2008)では「判断の主体(の立場)」と「判断の対象」の2つの意味しか挙げられていなかったが,そこに「判断の根拠」も加える必要がある.

次に,表3.20と表3.21の「カラミル系」について検討する.「カライウ系」と同様に,「カラミル系」にも,以下に示すように,「判断の主体(の立場)」「判断の根拠」「判断の対象」という3つの意味が認められるが,それに加えて「判断の時」という意味も観察される.この点で,「判断の主体(の立場)」と「判断の根拠」しか挙げていない岡本・氏原(2008)の記述は十分ではないと言わざるを得ない.

まず,「判断の主体」を表す場合について見てみると,「カラミル系」にはその種の名詞が多数用いられていることがわかる.「他人」「人間」など判断の主体である人を表す名詞のほか,「外」「端・傍」「周囲」など,もともとは場所を表す名詞であったものが数多く現れる.「カライウ系」で用いられていた「〜の側/〜側」や「立場」も高頻度で出現する.

(40) 周囲から見ると,かなり子どもを無視した自分勝手な行動だと思われるんですね.
(OC09_04756 Yahoo!知恵袋)

「判断の主体」を表す用法では,「目・眼」が数多く用いられていることも注目に値する.「見る」という動詞がもともと持っていた「視覚によって感知する」という意味が機能語となっても完全には失われていないことがわかる.

表 3.20 からみると

| 順位 | 名詞 | 頻度 |
|---|---|---|
| 1 | 観点 | 46 |
| 2 | ～の側／～側 | 44 |
| 2 | ～の面／～という面／～面 | 44 |
| 4 | ～の目・眼 | 41 |
| 5 | 視点 | 28 |
| 6 | 全体 | 21 |
| 7 | ～ということ | 20 |
| 7 | ～の点／～という点 | 20 |
| 9 | 立場 | 18 |
| 10 | 端・傍 | 16 |
| 11 | 結果 | 14 |
| 12 | ～ところ | 13 |
| 13 | 状況 | 12 |
| 13 | ～の人 | 12 |
| 15 | 側面 | 10 |
| 15 | 調査 | 10 |
| 15 | ～の方 | 10 |
| 18 | 今 | 9 |
| 19 | 後 | 6 |
| 19 | 外 | 6 |
| 19 | 角度 | 6 |
| 19 | 他人 | 6 |

表 3.21 からみれば

| 順位 | 名詞 | 頻度 |
|---|---|---|
| 1 | ～の側／～側 | 69 |
| 2 | ～の目・眼 | 49 |
| 3 | 観点 | 39 |
| 4 | 全体 | 35 |
| 5 | ～の面／～という面／～面 | 31 |
| 6 | 立場 | 29 |
| 7 | ～の人 | 28 |
| 8 | 端・傍 | 26 |
| 9 | 他人 | 20 |
| 10 | ～の点／～という点 | 18 |
| 11 | 視点 | 17 |
| 12 | ～ということ | 12 |
| 13 | ～の方 | 11 |
| 13 | 今 | 11 |
| 15 | 外 | 10 |
| 16 | 今日 | 9 |
| 16 | 側面 | 9 |
| 18 | 角度 | 8 |
| 18 | 歴史 | 8 |
| 20 | 周り | 7 |
| 20 | 人間 | 7 |
| 20 | 世界 | 7 |

(41) お年を重ねていても，仏さまの目からみれば，いまの状況も，一定の評価はできる面もあると思います． (OB5X_00192 永六輔)

次に，「判断の根拠」を表す用法について検討する．この用法に用いられる名詞としては，「全体」「結果」「状況」などが挙げられる．

(42) 七十メートル級の前方後円墳というのは，古墳全体から見ればとびぬけて大きいものではありません． (LBj2_00042 杉本宏)

(43) 調査結果から見ると発行部数が百万あるはずなのに，実際に売れている部数は遥かに少ないなどという例もある． (PB17_00144 ダニー・ニューマン)

(44) 状況から見ると，何らかのウイルス感染症の可能性が考えられますが， (OC09_03426 Yahoo!知恵袋)

表 3.20 に見られる「調査」も「判断の根拠」を表すが，大半は白書に現れたも

ので他のレジスターにはほとんど見られない．
　（45）　昭和57年11月に実施したアンケート調査から見ると，第1‐2‐7図のとおりであり，
　　　　　　　　　　　　　　　　　　　　　　（OW2X_00640 白書）

このほか，「調査研究」「○○寄与度」なども白書にのみ出現する名詞である．この種の表現は「からみると」に固定され，その他の形式は用いられない．政府公式文書である白書に特有の表現であると言える．

次に，「判断の対象」を表している例を検討する．「カライウ系」で多数用いられていた「面」「観点」「点」のほかに，視覚に関連する「視点」が数多く用いられている．

　（46）　「越境する文化」という視点からみると，プラスの面とマイナスの面があり，
　　　　　　　　　　　　　　　　　　　　　　（PB33_00310 エドガール・モラン）
　（47）　貿易拡大の観点から見れば総崩れ，すなわちドミノ現象（マイナスのバンドワゴン効果）のことである．
　　　　　　　　　　　　　　　　　　　　　　（PB43_00938 白書）

以上，「カライウ系」と「カラミル系」に共通する3つの意味を観察したが，最後に，「カラミル系」だけに現れる用法として，「今」や「後」などの時を表す名詞を受けて「判断の時」を表す例を検討する．

　（48）　今から見れば（×から言えば），過度の技術導入によって自社の研究開発意欲が阻害され，
　　　　　　　　　　　　　　　　　　　　　　（OW1X_00749 白書）
　（49）　今から見ると（×から言うと）不思議な感じがするが，
　　　　　　　　　　　　　　　　　　　　　　（PB39_00456 磯貝元）
　（50）　偶然の要素を幸運に転化し，後から見れば（×から言えば）必然とさえ思えるような発展に結びつけることが，科学において大発見を摑む秘訣なのである．
　　　　　　　　　　　　　　　　　　　　　　（LBt4_00001 茂木健一郎）

これらの例は「カライウ系」に言い換えてみるとかなり不自然である．このことから「カライウ系」には「判断の時」を表す用法がないことがわかる．この現象は，後に述べるように，「見る」と「言う」が本動詞として使われるときの意味に起因する．

以上，比較的よく共起する名詞を取り上げて「カライウ系」「カラミル系」の表す意味について検討した[8]．以上をまとめると次のようになる．

---

8)　同じ名詞であっても次のように異なる意味を表す場合があるので注意が必要である．
　　（例）　私の観点から言えば，第四条そのものが民主主義の観点からして間違っていると思っているわけですから，（OM25_00003 国会会議録）
　　「観点」はほとんどの場合，「考察の対象」を表すが，上記の下線部は「考察の主体」を表している．

① 「カライウ系」「カラミル系」のどちらも「判断の主体（の立場）」「判断の根拠」「判断の対象」の3つの用法が認められる．
② 「カラミル系」には，以上の3つに加え，「判断の時」を表す用法がある．

　これらの意味は日本語教育で取り上げなければならない重要な情報である．しかし，日本語教育では，単に意味を記述しただけでは十分でない．それらが同じ意味を表す場合であっても相互に使えない場合があるのかどうか，また，ジャンルによって出現形式に偏りがあるのかどうかなど，使用環境の違いを詳しく調べ，その特徴を記述することが必要となる．そこで，以下においては，「カライウ系」「カラミル系」に共通する3つの意味，「判断の主体（の立場）」「判断の根拠」「判断の対象」を取り上げ，「カライウ系」と「カラミル系」のそれぞれに，共起できないケースや共起しにくいケースがあるのかどうか，検討する．

　まず，「判断の主体（の立場）」を表す場合，「立場」や「〜の側／〜側」は「カライウ系」と「カラミル系」のどちらにも数多く共起するが，「カライウ系」と「カラミル系」では以下のような異なりがある．

　A．人を表す名詞は，次の例に見られるように，「カラミル系」とは共起しやすいが，「カライウ系」とはほとんど共起しない．

(51)　先輩<u>からみると</u>（×からいうと），とてもたよりなく見えるかもしれません． (PB35_00259 中山真由美)

(52)　だが，他人<u>からみれば</u>（×からいえば），「なんでそんなことで悩むのだろう」と思うようなことも少なくありません． (PB51_00002 宋文洲)

　「見る」は「視覚で感知する」というもとの意味から，人を表す名詞と共起した場合に「見て判断する」という意味に解釈されるが，「言う」が人を表す名詞と共起した場合は，「発言する」というもとの意味により「判断」という意味に解釈されにくくなる．「カライウ系」の場合，人を表す名詞との共起は「私」という一人称の場合に限られているが，この制約は上に述べた理由で生じたものと思われる．

　B．「周り」「外」「端・傍」など，本来場所を表す名詞は，次の例に見られるように，「カラミル系」とは頻繁に共起するが，「カライウ系」とは共起しない．

(53)　従って，外<u>から見ると</u>（×から言うと），どちらが"本業"だかわからない側面が出てきた． (LBh1_00005 日下公人)

(54)　本人がどう思っていようとも，端<u>から見れば</u>（×から言えば）立派な金づるに見えますが……． (OC09_05441 Yahoo!知恵袋)

この場合は、「見る」がもともと持っている「視覚で感知する」という意味が周囲や外部など、観察者が存在する場所を表す名詞と共起しやすく、それらが慣用化した表現として定着しているために「カライウ系」が用いられにくくなっているものと思われる。
　次に、「判断の根拠」を表す場合、「カライウ系」は「経験」「常識」「理屈」「趣旨」など抽象度の高い名詞と共起する頻度が高い。例えば、次の「理屈から言えば」を「理屈から見れば」に言い換えるとかなり不自然になる。

(55)　しかも、理屈から言えば（×から見れば）、どちらに賭けるべきかは明らかです。
　　　　　　　　　　　　　　　　　　　　　　　　　（PB21_00084 戸口民也）

「カラミル系」は「視覚で感知する」という意味が残っているため、抽象度の高い名詞よりは、「数値」「データ」「結果」など具体的に目で確認できるものを想定させる名詞との親和性が高い。

(56)　この統計データから見ると（×から言うと）、治癒率と回復率がアップしており、高濃度アガリクスを使った「ガンの患者さんのほとんどが満足している」ことが想像されます。
　　　　　　（PB24_00386 高濃度アガリクス取材班（編著）、河木成一（監修））

　最後に、「判断の対象」を表すものとして「面」「観点」「点」などの名詞と共起した場合について検討する。これらの名詞は「カライウ系」「カラミル系」のどちらとも数多く共起する。これらのうち「視点」や「視角」など、視覚に関わる名詞の場合は、「カライウ系」でも多少見られるが、「カラミル系」との親和性が高い。

(57)　森林保護はマクロな視点から見れば（？から言えば）緊急課題であることがわかっていても、個別の山や森をどうするかというミクロの視点から見ると（？から言うと）、問題の克服は極めて難しいことを知らされる。
　　　　　　　　　　　　　　　　　　　　　　　　　（PM21_01043 柳田邦男）

(58)　これを楽しさの高低・深浅という視角から見れば（？から言えば）低く浅く、単純・粗雑にならざるをえないということを意味している。
　　　　　　　　　　　　　　　　　　　　　　　　　（LBj7_00056 中村敏雄）

　以上見てきたように、「カラミル系」はもともとの動詞の「視覚で感知する」という意味を色濃く残している場合が多い。
　ところで、「カラミル系」が持つ「判断する」という意味は、その構成要素の「見る」という動詞が本動詞として用いられる場合にも認められるものである。例

えば,「相手の反応を見る」「状況を見る」「現状を見る」などは「視覚で感知する」という意味から離れて「判断する」という意味を表している.すでに述べたように,「カラミル系」は「判断の時」を表す「今からみると」のような用法を持っているが,これは,本動詞の「判断」を表す用法の影響で,機能語と化した「カラミル系」の形式もテンスとの関わりを残しているためだろうと思われる.さらに,「カラミル系」は,「私からみると」「第三者からみれば」など,判断の主体である人を表す名詞と共起するのに対し,「カライウ系」はこのような用法がきわめて限られていることを指摘したが,このことも,「見る」という動詞に「判断する」という本動詞の用法があるのに対して,「言う」という動詞にはそのような用法がないことに起因するものと思われる.すなわち人を表す名詞と共起した場合,「見る」であれば,「判断の主体」という意味が無理なく成立するが,「言う」の場合は「発言の主体」という本動詞の意味が生じてしまうため,機能語としての「判断」という意味を表せなくなるのである.「カライウ系」に人を表す名詞との共起がほとんど見られないのは上記の理由によるものと思われる.一方において,「カラミル系」が「目」や「視点」のように視覚に関わる名詞と共起しやすく,見る主体が存在する場所を表す「周囲」や「外」などとの名詞とも共起しやすいのは,この形式を構成する「見る」が「視覚で感知する」というもとの動詞の持つ意味を残しているためである.

　以上,機能語的な類義表現の事例として「カライウ系」と「カラミル系」の複合辞を取り上げ,検討した.ここで示したように,日本語教育に役立つ類義語記述は,意味の相違と共通点を簡潔に示し,かつ,それらの意味に関わる使用環境の異なりを,できるかぎり簡潔にわかりやすく記述することである.

　以上をまとめて表3.22に示す.

## 3.6　ま　と　め

　以上,本章では,コーパスデータに基づいて類義表現を分析,記述することによって日本語教育にどのように貢献できるかを,いくつかの事例研究に基づき考察した.初級,中・上級いずれで扱われる類義表現も,レンマではなく出現形に注目して可視化された言語情報を用いた記述をすることによって,文法記述がより具体的な使用場面を伴ったものとなる.このような事例研究を積み重ねていくことにより,多様化する学習者のニーズに応える基礎ができると考える.

　また,コーパスを用いた量的調査は,客観性と再現性を備えたものであるが,

第3章 類義表現分析の可能性

表3.22 「カライウ系」と「カラミル系」の対照表

| | カライウ系 | | カラミル系 | |
|---|---|---|---|---|
| | からいうと | からいえば | からみると | からみれば |
| 意味 | ①判断の根拠、②判断の主体（の立場）、③判断の対象 | ①判断の根拠、②判断の主体（の立場）、③判断の対象 | ①判断の根拠、②判断の主体（の立場）、③判断の対象、④判断の時 | ①判断の根拠、②判断の主体（の立場）、③判断の対象、④判断の時 |
| 高頻度レジスター | 国会議録、知恵袋 | 国会議録 | 白書、国会議録 | 書籍 |
| 低頻度レジスター | 新聞、白書 | ブログ、白書、新聞 | 新聞 | — |
| 直前の名詞上位5つ | 経験、立場、面、側、点 | 立場、観点、点、側、面 | 観点、側、面、目・眼、視点 | 側、目・眼、観点、全体、面 |
| 特徴 | ・「経験」「常識」「理屈」「趣旨」など抽象度の高い名詞と共起する頻度が高い | | ・「数値」「データ」「結果」など目で確認できるものを想定させる名詞と親和性が高い<br>・「私」「第三者」など人を表す名詞と共起しやすい<br>・「周り」「外」「端・傍」など本来場所を表す名詞と共起し、⇒「見る」という動詞に「視覚で感知する」という意味が残っている | |
| 用例 | ①新しい道路の建設計画が進められているが、住民の立場からいうと、騒音問題や安全性の点で賛成しかねる。<br>②実用面からいうと、このロボットは従来のものよりずいぶん性能がよい。<br>③この大学は、国際的に活躍できる人材の育成を目標にしている。その趣旨からいうと、学生の海外留学や海外研修の機会をもっと増やすべきだと思う。 | ①「英語教育は何歳ぐらいから始めたらいいと思いますか」「そうですね。私の経験からいえば、4、5歳以降が望ましいのではないでしょうか」<br>②計算上、1000人分の人件費を削れば、会社は倒産せずにすむのだが、理屈からいえばそうなのだが、簡単なことではない。<br>③結婚相手を決めるのに、今は本人の意思を最も尊重する傾向があるが、当時の常識からいえば、とんでもないことだった。 | ①食事に関する調査結果からみると、「一人で朝食を食べる」と答えた小学生の数は年々増えている。<br>②人権は人々が人間らしい卒せな生活をする上で必要な権利であるが、日常生活の中には、人権という視点からみると、さまざまな問題があることに気づく。<br>③当時は高い給料だと思っていたが、今からみると、信じられないくらい安いものであった。 | ①子どもたちは、大人の目からみれば、毎日同じことばかりしているようでも、実は何事にも真剣で、一生懸命なのである。<br>②この絵は大変芸術的価値があるらしいが、素人の私からみれば、ただの落書きにしか見えない。<br>③私の家族は、外からみれば、理想的な家族に見えるかもしれないが、実は大きな問題を抱えているのだ。 |

そこには常に分析者の判断が介在する．それを踏まえた上で，量的な結果を読み解き，機能的に解釈する鍛錬が必要だと言える．

[小林ミナ・小西円・砂川有里子・清水由貴子・奥川育子]

## 参考文献

石川慎一郎（2008a）．「言語コーパスとしてのWWW－広がる可能性－」『日本語学』，**27**（2），10-21．
石川慎一郎（2008b）．『英語コーパスと言語教育－データとしてのテクスト－』，大修館書店．
泉原省二（2007）．『日本語類義語使い分け辞典』，研究社．
市川保子（2005）．『初級日本語文法と教え方のポイント』，スリーエーネットワーク．
岡本牧子，氏原庸子（2008）．『くらべてわかる日本語表現文型辞典』，Ｊリサーチ出版．
影山太郎（1993）．『文法と語形成』，ひつじ書房．
川口良（2014）．『丁寧体否定形のバリエーションに関する研究』，くろしお出版．
北原保雄（編）（2010）．『明鏡国語辞典第二版』，大修館書店．
グループジャマシイ（編）（1998）．『日本語文型辞典』，くろしお出版．
現代日本語研究会（編）（1997）．『女性のことば・職場編』，ひつじ書房．
現代日本語研究会（編）（2002）．『男性のことば・職場編』，ひつじ書房．
国際交流基金（2002）．『日本語能力試験出題基準 改訂版』，凡人社．
国立国語研究所（2006）．『日本語話し言葉コーパスの構築法』，国立国語研究所報告**124**．国立国語研究所．
小西円（2008）．「実態調査からみた「義務の表現」のバリエーションとその出現傾向」，『日本語教育』，**138**，73-82．
小西円（2011）．「使用傾向を記述する－伝聞の［ソウダ］を例に－」．森篤嗣，庵功雄（編）『日本語教育文法の多様なアプローチ』，pp. 159-181，ひつじ書房．
小林ミナ（2005）．「日常会話にあらわれた「～ません」と「～ないです」」『日本語教育』，**125**，9-17．
スタッブズ，マイケル（著）南出康世，石川慎一郎（監訳）（2006）．『コーパス語彙意味論－語から句へ－』，研究社（Stubbs, Michael（2002）．*Words and Phrases: Corpus Studies of Lexical Semantics*. Blackwell Publishing）．
滝沢直宏（2006）．『コーパスで一目瞭然』，小学館．
建石始（2015）．「類義表現から見た文法シラバス」．庵功雄，山内博之編『現場に役立つ日本語教育研究1　データに基づく文法シラバス』，pp. 215-232，くろしお出版．
田野村忠温（1994）．「丁寧体の述語否定形の選択に関する計量的調査－「～ません」と「～ないです」－」，『大阪外国語大学論集』，**11**，48-63．
友松悦子，和栗雅子，宮本淳（2007）．『どんなときどう使う 日本語表現文型辞典』，アルク．
中俣尚己（2014）．『日本語教育のための文法コロケーションハンドブック』，くろしお出版．
野田春美（2004）．「否定ていねい形「ません」と「ないです」の使用に関わる要因－用例調査と若年層アンケート調査に基づいて－」『計量国語学』，24-5，228-244．
バイバー・ダグラス，スーザン・コンラッド，ランディ・レッペン（著）齊藤俊雄，朝尾幸次

郎，山崎俊次，新井洋一，梅咲敦子，塚本聡（共訳）（2003）．『コーパス言語学―言語構造と用法の研究―』，南雲堂（Biber, Douglas, Susan Conrad and Randi Reppen (1998) *Corpus Linguistics: Investigating language structure and use.* Cambridge: Cambridge University Press).

日比谷潤子（2009）．「義務・必要を表す表現のスタイル差」，小林ミナ，日比谷潤子（編）『日本語教育の過去・現在・未来 第5巻 文法』，pp. 62-80，凡人社．

藤田保幸（2003）．「伝聞研究のこれまでとこれから」『月刊言語』，**32**-7，22-28．

松岡弘（監修）庵功雄，高梨信乃，中西久実子，山田敏弘（著）（2000）．『初級を教える人のための日本語文法ハンドブック』，スリーエーネットワーク．

水谷信子（1989）．『日本語教育の内容と方法』，アルク．

宮島達夫，仁田義雄（編）（1995a）．『日本語類義表現の文法 上』，くろしお出版．

宮島達夫，仁田義雄（編）（1995b）．『日本語類義表現の文法 下』，くろしお出版．

# 第4章　日本語教科書の分析

## 4.1　はじめに

　日本語教科書のコーパス化は，次の2つの点で有用である．

　第一に，日本語教科書のコーパスは，「日本語教科書で使用されている日本語そのもの」の分析のための基礎データとなる．日本語教科書は，作成者が日本語を学習するうえで有用と評価した日本語の文・文章の集合体であり，日本語教育に対する作成者の考え・見識がさまざまな形で盛り込まれている．日本語教科書の中でどのような表現がどのように使用されているかを分析することは，日本語教育において学習すべき文法項目・語彙項目を選定するための基礎データを得ることにつながる．また，日本語教科書の日本語の分析結果を『現代日本語書き言葉均衡コーパス』（BCCWJ）のような他のコーパスや日本語学習者が産出した日本語のコーパス（学習者コーパス）の分析結果，あるいは，日本語教育のシラバス作成に関する基準（学習要領・大綱・出題基準など）と比較することにより，日本語教科書で使用されている日本語の質を言語学・言語教育の観点から評価することができる．

　第二に，日本語教科書のコーパスは，「各日本語教科書がどのようにできているか」を分析するための基礎データにもなる．「ある学習項目が教科書のどこでどのように導入され，教科書全体の中でどのように使われているか」，「その項目の学習のためにどのような解説・例文・練習問題が提供されているか」，「どのようなジャンルやトピックの文章がどのようなバランスで教科書に含まれているか」といった点を把握することは，教科書内部の整合性，教科書作成時のねらいやシラバス・学習要領との整合性をチェックするために有用である．複数の教科書がコーパス化されていれば，教科書間での比較を行い，それぞれの教科書の教材としての特徴や問題点を把握することができ，そこで得られた情報は，教科書の改善やよりよいシラバスの構築について考えるための有益な情報となる．

外国語としての日本語の教科書を教材コーパス[1]として用いる研究は，現在のところあまり多くない．4.4節で紹介する『中国日本語教科書コーパス』（北京日本学研究センター（曹，2010））は，中国で出版されている4種類の日本語教科書をコーパス化したもので，教材コーパスとしての本格的な利用を視野に入れて設計されたものである．日本語教科書をコーパスとして用いるその他の研究は，特定の研究目的のために日本語教科書を自ら電子化し利用していることが多い[2]．

日本語教科書のデータをコーパスとして利用することは，今後ますます重要性が増すと予想される．しかし，その一方で，日本語教科書をコーパスとして用いる際に考慮すべき点については，必ずしも十分な議論がなされているとは言えない．特に「日本語教科書で使用されている日本語そのもの」について分析する場合は，「日本語教科書」という媒体が持つ諸特性を考慮する必要がある．4.2節では，「日本語教科書」という媒体が持ついくつかの特徴を確認しながら，日本語教科書をコーパス化する際に考慮すべき点について述べる．また，4.3節では，4.2節の内容もふまえ，初中級・中級の総合教科書を例として，サンプルとして電子化した教科書データの試行的な分析例を示す．

4.4節では，先に述べた『中国日本語教科書コーパス』を用いた教科書分析の例を紹介する．海外の日本語教育においては教科書の役割が相対的に重要であり，教科書の作成や評価のための客観的基準を設けることにより，教科書による質のばらつきをなくすことも重要な課題であるが，現状ではもっぱら作成者の経験と信念にもとづいて日本語教科書が作成されている．『中国日本語教科書コーパス』では収録された教科書の内容の比較ができるので，教師の経験のみに頼らずに，客観的な分析に基づいて教科書の改善について考えることが可能になる．第4節

---

[1] 教科書コーパスは教材コーパス（pedagogic corpus）の一部をなすと考えられる．Hunstonによれば，教材コーパスは「学習者が教室で触れるあらゆる言語」のデータからなり，既習または学習予定の項目を学習者が調べる材料としても，また教師が学習者の過去の学習経験を参照するのにも役立つ（Hunston, 2002）．英語教科書コーパスの構築事例の一つとして，外国語としての英語の教科書5冊のデータを収録した『TeMaコーパス』が挙げられる．TeMaコーパスは，テキスト，ガイドライン，語彙練習問題，テープスクリプトの4種類の異なるデータから構成され，総語数は約22万語である（Meunier and Gouverneur, 2007；Gouverneur, 2008）．このほかにも，マレーシアの英語教科書のコーパス（4種類，23万語弱，Khojasteh and Reinders, 2013），ドイツの英語教科書のコーパス（GEFL TC, 2種類6巻，約10万語，Römer, 2004）などの例がある．これらの英語教科書コーパスはいずれも公開はされていない．日本で使われている学校英語教科書の特徴の分析については石川（2008），中村・堀田編（2008），Tono（2011）を参照されたい．

[2] 例えば，寒川（2012）は5種類の教科書をコーパスとしてリーダビリティーの調査を行っている．陳（2011），何（2012）は，複合動詞の研究のために教科書をコーパスとして用いている．

## 4.2 日本語教科書の特徴

　日本語教科書という媒体には2つの特徴がある．

　第一の特徴は，目的や性格が異なるさまざまな種類の文・文章がそれぞれ少しずつ含まれていることである．日本語教科書をコーパス化する際には，教科書のどの部分をどのような分析の対象とするかを考慮することが重要になる．

　外国語としての日本語の教科書の分析を行う場合，分析対象は教科書中の「学習者が直接目にする」部分に限定するのが適切である．教科書によっては，教科書を教材として使用する教師向けの解説や注意が含まれていることがあるが，そのような部分は除く必要がある．

　学習者が直接目にする部分でも，次の2つは性格が異なるので，分析の内容に応じて，いずれか一方だけを取捨選択できるようにすべきである．

① 学習者の学習対象として提示されている，海外の日本語教科書でも日本語で書かれる必要がある部分．（本文や例文など）
② 学習者の学習対象として提示されているわけではない，海外の日本語教科書であれば学習者の母語で書かれることも多い部分．（文法説明や練習問題の指示文など）

　また，①に属する部分でも，次の2つは目的が異なるので，やはり分析の内容に応じて取捨選択できるようにする必要がある．

③ 文脈や場面を伴う形でまとまったテキストとして学習者に提示されているもの．（いわゆる「本文」）
④ 文脈や場面なしで単なる例文として提示されているもの，あるいは，文型や単語が提示されているだけのもの．（例文や単語リストなど）

　日本語教科書の場合，学習者に対する指示や説明，練習問題，文法・語彙の解説，単語リストなど，②と④に属する部分の割合が高い．初級教科書の場合は「本文」が短いものも多いので，②と④に属する部分の割合はさらに高くなる．

　加えて，日本語教科書においては，「会話（話しことば）」と「読み物（書きことば）」の両方が含まれていることが多く，日本語教科書のコーパスでも，これらが区別できるようにしておくのがよい（4.3.1項）．総合教科書の類では，「読み

物」の中にも手紙や新聞などさまざまなスタイルの文章が含まれるので，できればそれらも区別できるのが望ましい．

　日本語教科書という媒体の第二の特徴は，教材としての「型」が必ずしも十分に確立されておらず，内容・構造・体裁の面で工夫を施す余地が大きいことである．小中高校の学校教科書の場合，教材としての型が確立されており，コーパス化に際して文章構造に関する情報を付与する場合も，学校教科書というテキストの型に準拠すればよいところがある．これに対し，日本語教科書の場合は，文字が主体のものもあれば，イラストや写真を多く用いて文字が少なめのものもある．イラストや写真が多い初級教科書の場合は，どの部分が本文であるかがわかりにくいこともある．また，日本語教科書においては，作成者が教材としての使いやすさや学習者にとっての親しみやすさを考慮してさまざまな工夫を行うため，体裁や構造が教科書によってさまざまであり，文章構造に関する情報を統一的な方法で付与することが必ずしも容易でないという面もある（4.3.1項）．

## 4.3 「日本語教科書の日本語」の分析

### 4.3.1 分析対象と情報付与（アノテーション）

　本節では，表4.1に示した初中級および中級の総合教科書2種類，計4冊の電子化データを用いた分析の例を示す．

　これらの教科書は，出版年が古いという問題はあるが，「テキスト本文」「解説」「練習問題」「補足情報」といった教科書を構成する要素がバランスよく含まれており，要素の配置もある程度パターン化されているため，文章構造に関する情報が付与しやすいという特徴がある．また，内容が異なる比較的短いテキストが配

**表 4.1** 分析対象とする日本語教科書

| 略称 | 教科書名 | 著者 | 出版 | 出版年 | レベル | 分類 |
|---|---|---|---|---|---|---|
| 表現文型1 | 日本語表現文型中級Ⅰ | 筑波大学日本語教育研究会 | 株式会社イセブ出版部 | 1983 | 中級 | 総合 |
| 表現文型2 | 日本語表現文型中級Ⅱ | 筑波大学日本語教育研究会 | 株式会社イセブ出版部 | 1983 | 中級 | 総合 |
| 文化中級1 | 文化中級日本語Ⅰ第2版 | 文化外国語専門学校 | 文化外国語専門学校 | 1994 | 初中級 | 総合 |
| 文化中級2 | 文化中級日本語Ⅱ | 文化外国語専門学校 | 文化外国語専門学校 | 1994 | 初中級 | 総合 |

置されているという日本語教科書に一般的な形態のものであることから，日本語教科書で使用されている日本語の特徴を見るにはよい材料となると考えられる．

各教科書データは XML 形式でマークアップし，表4.2のような文章構造に関する情報を付与した．

分析にあたっては，電子化した教科書の XML データから表4.3の要素に含まれるテキストを抽出し，これらの範囲に出現する語彙・文法項目について量的に分析を行った．

**表4.2** 日本語教科書の情報付与

| 1 | 教科書の階層構造を記述する要素 | | |
|---|---|---|---|
| 1.1 | book | | 教科書1冊を1つのまとまりとして表す |
| 1.2 | article | preparation | 課に入る前の部分のひとまとまりの文書要素を表す |
| | | lesson | 1課を1つのまとまりとして表す |
| 1.3 | cluster | introduction | 本文に入る前の各課の導入部分を表す |
| | | writtentext | 書き言葉によるテキスト本文の部分を表す |
| | | spokentext | 話し言葉によるテキスト本文の部分を表す |
| | | expression | 表現・文型などの部分を表す |
| | | exercise | 練習問題などの部分を表す |
| | | list | 語彙等一覧形式で表された部分を表す |
| | | column | 囲み記事の部分を表す |
| 1.4 | title | | タイトル部分を表す |
| 1.5 | sentence | | 文に相当するまとまりを表す |
| 2 | 特定の言語構造を記述する要素 | | |
| 2.1 | instruction | | テキスト本文（writtentext, spokentext）の前後にある指示文などを表す |
| 2.2 | supplement | | 文法や語彙などの解説などを表す |
| 2.3 | item | | 表現文型の見出しを表す |
| 2.4 | example | | 表現例文（空所補充などの練習問題を含む） |
| 2.5 | figureblock | | figure タグで示される図表・写真・絵等と，それに付随し caption タグで示される文章をまとめて表す |
| 2.6 | figure | | 図表・写真・絵等を表す |
| 2.7 | caption | | 図表・写真・絵等に付されたタイトルや説明の文書を表す |
| 2.8 | notebody | | 脚注，後注等，本文と区別して記述される注記を表す |

表 4.3 分析対象とする日本語教科書の部分

| 要素名 | 意味 |
|---|---|
| wt（writtentext） | テキスト本文（書き言葉） |
| st（spokentext） | テキスト本文（話し言葉） |
| ins（instruction） | テキスト本文に前後して現れる指示文 |
| item | 表現文型の見出し |
| exam（example） | 表現例文（練習問題を含む） |

　これらは，語学の教科書に特有の文書構造を構成する要素であり，教科書中で学習上中心的な位置を占めるテキスト群と言えるものである[3]．
　なお，これらの要素は文や段落のレベルよりも大きなまとまりに対して付与している．例えば従属文の形で会話が含まれていても，主文のレベルで書きことばである場合は，会話の部分を別にマークアップすることはせずに，次のように，文全体を書きことばとして wt 要素でマークアップしている．

　<wt>（中略）「実はお願いがあるんですが…．」と，堀川は言いにくそうに話し始めた．いかにも金がほしそうな表情をしていた．</wt>

（『表現文型 2』第 17 課「予想・予感・徴候」p. 90）

　単語の解説のように一覧形式で示される部分は list 要素によってマークアップされる．日本語教科書にはこのような部分が多数含まれるが，この部分に出現する語彙はテキスト本文と語彙が重複することがあり，これらを区別せずに語彙の出現頻度を測った場合は，同一の語彙が短い区間に集中して出現することがありうる．そこで，以下の分析では，語彙リストの部分も含んだ教科書全体の語彙と，学習者が直接学習の対象とするテキスト本文（wt, st），例文とその見出し（item, exam），学習者への指示文（ins）の語彙を比較する．
　分析にあたっては，調査対象の教科書を UniDic[4] を用いて短単位に解析し，教科書の内部構造を表すタグに基づいて解析データを整理・分類し，語彙頻度や文

---

3) ただし，指示文を表す要素 ins は『文化中級 1』のみに現れ，『文化中級 2』には st 要素がなかった．詳細は後述を参照されたい．このことは，『文化中級 2』に会話や話しことば的な使用域のテキストが存在しないということではなく，exam など st 以外の要素としてマークアップされていることによる．このことは本章の分析にはそれほど影響しないが，st などの言語的な階層構造がどの程度徹底した形で付与できるかという点については，さらなる検討が必要である．

4) 最新のバージョン 2 ではなく，バージョン 1.3.12 を使用した．データの解析にあたっては解析支援ツール『茶まめ』（バージョン 1.71）を用いた．

長などを分析した.

### 4.3.2 延べ語数と異なり語数

2種類4冊の教科書の総短単位数は延べで235,129, 異なりで14,955である. 教科書ごとの短単位数[5], および語彙の多様性（語彙密度）を示す指標（TTR, Herdan の $C$ 値：後述）は以下の通りである.

表4.4 日本語教科書の短単位数と語彙の多様性（概略）

|  | 表現文型1 | 表現文型2 | 文化中級1 | 文化中級2 | 4教科書全体 |
| --- | --- | --- | --- | --- | --- |
| 異なり | 3,434 | 3,681 | 2,895 | 4,945 | 14,955 |
| 延べ | 56,247 | 62,046 | 50,254 | 66,582 | 235,129 |
| TTR | 0.0611 | 0.0593 | 0.0576 | 0.0743 | 0.0636 |
| $C$ | 0.7444 | 0.7440 | 0.7363 | 0.7659 | 0.7772 |

TTR（タイプ・トークン比）は異なり語数を延べ語数で割ったものである. 4冊の教科書の TTR は 6.36% である. TTR はデータのサイズが大きくなると小さくなる傾向があり, 大きさが異なるデータの間で TTR を比較する場合は一定の標準化が必要となる. 表4.4 ではそのような値として, Herdan の $C$ 値[6]を併記している. $C$ 値は各教科書と4冊全体とでほぼ一定である.

次に, 教科書の学習者向けに提示されたテキスト部分と日本語教科書全体の短単位数と語彙の多様性を比較する（表4.5）.

4冊の教科書全体で, 学習者むけのテキスト部分である wt, st, ins, item, exam が占める短単位数は延べ 106,476 であるが, これは教科書全体の短単位数 235,129 の半分以下である. 短単位の異なり数では教科書全体の 14,955 に対しテキスト部分は 5,816 と, 全体の4割に満たない. このことは, 日本語教科書に学習対象であるテキスト本文や練習問題以外の情報や説明がかなり多く含まれてい

---

[5] 以下の表において, 同じ語彙が異なる教科書に出現するため, 全体の異なり語数は個々のデータの異なり語数の和にはならない.

[6] TTR を標準化する方法として $C$ 値のほかにもさまざまな計算方法が提案されている（影浦, 2000；石川, 2008；石川, 2012；Cantos Gómez, 2013）. $C$ 値は異なり語数と延べ語数の自然対数の割り算で, サイズ差の圧縮効率が高く, 石川 (2012) は「コーパスに顕著なサイズの差がある場合には, $C$ 値の使用も検討すべき」と述べている. なお, 教科書全体の $C$ 値 (0.7772) が個々の教科書の $C$ 値よりも高いのは, $C$ 値はデータが大きくなったときの語彙量の増加に関する一定の仮定をもとにモデル化されたものであり, データ量に単純に比例して語彙量が増えることを前提としていないためである（影浦, 2000）.

表 4.5　日本語教科書の短単位数と語彙の多様性（詳細）

| 教科書 | | wt | st | ins | item | exam | 5要素全体 |
|---|---|---|---|---|---|---|---|
| 表現文型1 | 異なり | 1,674 | 709 | | 412 | 1,190 | 2,417 |
| | 延べ | 9,196 | 4,838 | | 1,997 | 8,806 | 24,837 |
| | TTR | 0.182 | 0.1465 | | 0.2063 | 0.1351 | 0.0973 |
| | C | 0.8133 | 0.7737 | | 0.7923 | 0.7797 | 0.7698 |
| 表現文型2 | 異なり | 1,620 | 654 | | 568 | 1,310 | 2,507 |
| | 延べ | 8,969 | 4,358 | | 2,443 | 10,495 | 25,765 |
| | TTR | 0.1806 | 0.1501 | | 0.2325 | 0.1248 | 0.0973 |
| | C | 0.8120 | 0.7737 | | 0.8130 | 0.7753 | 0.7706 |
| 文化中級1 | 異なり | 1,038 | 695 | 43 | 498 | 1,698 | 2,247 |
| | 延べ | 6,034 | 4,464 | 82 | 2,287 | 16,591 | 29,458 |
| | TTR | 0.1720 | 0.1557 | 0.5244 | 0.2178 | 0.1023 | 0.0763 |
| | C | 0.7978 | 0.7787 | 0.8535 | 0.8029 | 0.7654 | 0.7499 |
| 文化中級2 | 異なり | 2,154 | | | 491 | 1,850 | 3,222 |
| | 延べ | 12,633 | | | 1,779 | 12,004 | 26,416 |
| | TTR | 0.1705 | | | 0.2760 | 0.1541 | 0.1220 |
| | C | 0.8127 | | | 0.8280 | 0.8009 | 0.7934 |
| 全体 | 異なり | 4,109 | 1,399 | 43 | 1,334 | 3,442 | 5,816 |
| | 延べ | 36,832 | 13,160 | 82 | 8,506 | 47,896 | 106,476 |
| | TTR | 0.1116 | 0.1063 | 0.5244 | 0.1568 | 0.0719 | 0.0546 |
| | C | 0.7914 | 0.7637 | 0.8535 | 0.7953 | 0.7557 | 0.7488 |

表 4.6　BCCWJのコアデータの短単位数と語彙の多様性

| レジスター | 異なり語数 | 延べ語数 | TTR | C |
|---|---|---|---|---|
| OC（Yahoo!知恵袋） | 8,272 | 110,280 | 0.0750 | 0.7769 |
| OW（白書） | 7,074 | 228,172 | 0.0310 | 0.7185 |
| OY（Yahoo!ブログ） | 10,543 | 117,242 | 0.0899 | 0.7936 |
| PB（書籍） | 13,253 | 234,400 | 0.0565 | 0.7677 |
| PM（雑誌） | 16,469 | 239,440 | 0.0688 | 0.7839 |
| PN（新聞） | 19,564 | 360,526 | 0.0543 | 0.7723 |
| 総計 | 75,175 | 1,290,060 | 0.0583 | 0.7980 |

ることを示している．コーパスデータとしての日本語教科書のこのような不均質さは，日本語教科書をコーパスとして用いる際に充分注意すべき点である．

表 4.6 は，比較対象として，日本語の書き言葉の均衡コーパスである BCCWJ のコアデータをレジスターごとに分析した結果である．

表 4.6 を見ると，日本語教科書全体の語彙の多様性（$C$ 値：0.7772）は BCCWJ コアデータのレジスター総計（$C$ 値：0.7980）よりも若干低い程度であることがある．同様に，学習者向けのテキスト部分の $C$ 値（wt, st, ins, item, exam の 5 要素全体：0.7488）も，BCCWJ の $C$ 値より低めであるが，大きく異なっているとは言えない．

### 4.3.3 文の平均長

次に，日本語教科書に含まれる文の平均長（1 文あたりの短単位数）を分析する．今回用いた日本語教科書のデータでは，箇条書きの数字などの単独で現れた記号なども 1 語の文としてカウントされるため，ここでは短単位 1 つで文となっている場合を除いて文の平均長を計算した（表 4.7）．

**表 4.7** 日本語教科書の文の長さ

| 教科書名 | 全体 | wt | st | ins | item | exam | 5 要素平均 |
|---|---|---|---|---|---|---|---|
| 表現文型 1 | 15.60 | 20.12 | 8.17 | | 10.34 | 14.36 | 13.41 |
| 表現文型 2 | 15.68 | 22.09 | 9.87 | | 13.72 | 15.34 | 15.53 |
| 文化中級 1 | 11.90 | 18.51 | 13.66 | 13.67 | 11.79 | 16.42 | 15.81 |
| 文化中級 2 | 14.07 | 20.70 | | | 16.16 | 18.26 | 19.17 |
| 平均 | 14.20 | 20.47 | 10.06 | 13.67 | 12.59 | 16.15 | 15.77 |

表 4.7 からわかるように，本章で考察している 5 つの要素の文長（平均 15.77 短単位）は日本語教科書全体の平均（14.20）より長いが，長さにはばらつきがある．要素の中で長いのは書き言葉のテキスト本文（wt，平均 20.46 短単位）で，全ての教科書において全体平均の 1.3〜1.6 倍の長さがある．これと対照的に文長が短いのは話し言葉のテキスト（st）であり文長の平均は 10.06 短単位である．

これを BCCWJ のコアデータの文長と比較してみよう（表 4.8）．

BCCWJ のコアデータで文長の平均が最も大きいのは OW（白書，平均 38.24 短単位）であるが，OW の長さは他のレジスターと比しても特殊である．今回データとした日本語教科書の書きことばのテキスト本文（wt）の文長の平均は，BCCWJ の平均（21.71）に近く，書籍（PB）や新聞（PN）より短いが，雑誌（PM），知恵袋（OC），ブログ（PY）よりも長い．

表 4.8 教科書と BCCWJ の文長の比較

| | 教科書全体* | wt* | BCCWJ全体 | OC | OW | OY | PB | PM | PN |
|---|---|---|---|---|---|---|---|---|---|
| 文数 | 17,013 | 1,802 | 59,432 | 6,376 | 5,967 | 6,376 | 6,376 | 6,376 | 6,376 |
| 平均 | 14.20 | 20.47 | 21.71 | 17.30 | 38.24 | 15.45 | 23.24 | 18.66 | 21.80 |
| 中央値 | 12 | 18 | 17 | 15 | 31 | 12 | 20 | 16 | 18 |
| 標準偏差 | 9.83 | 13.30 | 17.92 | 11.44 | 30.11 | 12.36 | 15.40 | 14.11 | 16.81 |

* 「教科書全体」「wt」の文長はともに1短単位の文を除いて算出している.

### 4.3.4 品詞の出現頻度

次に,品詞ごとの出現傾向を見る.以下は助詞・助動詞などの文法的品詞を除いた主要な品詞の出現頻度である(表 4.9).

教科書により収録されている語彙数が異なるので,より正確な比較を行うため,調整頻度を 60,000 語とし,各品詞が 60,000 語あたり何語出現するかで補正すると以下のようになる(表 4.10).

各教科書を比較すると,全体的な品詞の分布傾向は類似している.図 4.1 は学

表 4.9 日本語教科書の主要品詞の出現頻度

| 出典 | 短単位数 | 形状詞 | 形容詞 | 代名詞 | 動詞 | 副詞 | 名詞 | 連体詞 | 7品詞小計 |
|---|---|---|---|---|---|---|---|---|---|
| 表現文型 1 | 56,247 | 382 | 725 | 732 | 5,707 | 734 | 14,459 | 368 | 23,107 |
| 表現文型 2 | 62,046 | 816 | 1,190 | 654 | 6,422 | 1,253 | 14,838 | 567 | 25,740 |
| 文化中級 1 | 50,254 | 517 | 878 | 626 | 5,701 | 1,044 | 12,484 | 372 | 21,622 |
| 文化中級 2 | 66,582 | 650 | 882 | 763 | 7,927 | 999 | 17,850 | 556 | 29,627 |
| 総計 | 235,129 | 2,365 | 3,675 | 2,775 | 25,757 | 4,030 | 59,631 | 1,863 | 100,096 |

表 4.10 日本語教科書の主要品詞の出現頻度(調整頻度)

| 出典 | 調整頻度 | 形状詞 | 形容詞 | 代名詞 | 動詞 | 副詞 | 名詞 | 連体詞 | 総計 |
|---|---|---|---|---|---|---|---|---|---|
| 表現文型 1 | | 407 | 773 | 781 | 6,088 | 783 | 15,424 | 393 | 24,649 |
| 表現文型 2 | 60,000 | 789 | 1,151 | 632 | 6,210 | 1,212 | 14,349 | 548 | 24,891 |
| 文化中級 1 | | 617 | 1,048 | 747 | 6,807 | 1,246 | 14,905 | 444 | 25,815 |
| 文化中級 2 | | 586 | 795 | 688 | 7,143 | 900 | 16,085 | 501 | 26,698 |
| 総計 | 240,000 | 2,414 | 3,751 | 2,832 | 26,291 | 4,113 | 60,866 | 1,902 | 102,170 |

## 4.3 「日本語教科書の日本語」の分析

**図 4.1** 主要品詞の構成比（exam, ins, list, st, wt のみ）

習者向けのテキスト部分（exam, ins, list, st, wt 要素）のみを取り出して品詞の構成比をグラフで示したものであるが，教科書全体の分布と大きく変わるところはみられない．

では，教科書の品詞の分布を BCCWJ のコアデータと比較してみるとどうなるだろうか．BCCWJ のコアデータを用いた品詞の出現頻度の表と，4 冊の教科書と BCCWJ の品詞構成比を比較したグラフを以下に示す（表 4.11, 図 4.2）．

図 4.2 からわかるように，BCCWJ の品詞構成比はレジスターにより大きく異なる．主要品詞のうち最も頻度の高い動詞と名詞に注目すると，日本語教科書の分布は PB（書籍）に最も近い．ただし，名詞の出現比率は日本語教科書のほう

**表 4.11** BCCWJ の主要品詞の出現頻度

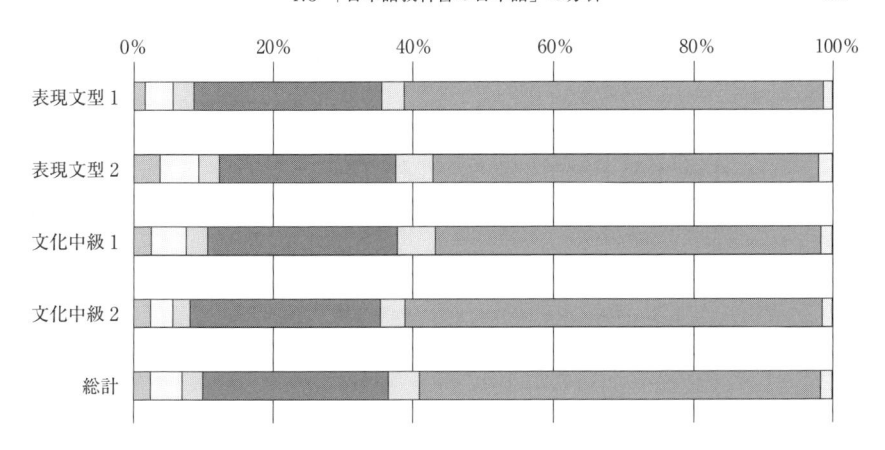

| サブコーパス | 短単位数 | 形状詞 | 形容詞 | 代名詞 | 動詞 | 副詞 | 名詞 | 連体詞 | 7品詞小計 |
|---|---|---|---|---|---|---|---|---|---|
| OC | 110,280 | 1,158 | 2,182 | 1,425 | 13,404 | 1,976 | 26,352 | 660 | 47,157 |
| OW | 228,172 | 2,510 | 1,050 | 433 | 21,912 | 811 | 96,297 | 1,074 | 124,087 |
| OY | 117,242 | 1,164 | 1,851 | 1,375 | 11,335 | 2,180 | 31,965 | 748 | 50,618 |
| PB | 234,400 | 2,675 | 3,591 | 3,655 | 30,513 | 4,208 | 59,822 | 2,376 | 106,840 |
| PM | 239,440 | 2,613 | 3,117 | 2,540 | 25,832 | 3,568 | 76,812 | 1,596 | 116,078 |
| PN | 360,526 | 2,883 | 3,023 | 1,332 | 33,696 | 2,154 | 142,679 | 1,388 | 187,155 |
| 総計 | 1,290,060 | 13,003 | 14,814 | 10,760 | 136,692 | 14,897 | 433,927 | 7,842 | 631,935 |

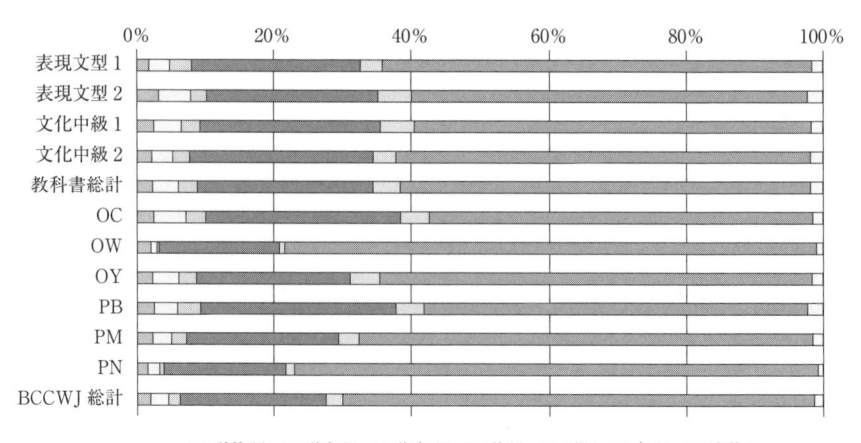

図 4.2　主要品詞の構成比の比較（教科書全体 vs. BCCWJ）

がPBよりも高い（教科書総計 59.57%，PB 47.77%）．この特徴はBCCWJのレジスターの中では「Yahoo! ブログ」（OY，63.15%）に似たところがある．

### 4.3.5　日本語教科書に出現する文法項目の分布の偏り

次に，2種類4冊の日本語教科書に含まれる語彙や文法項目の使用についてより具体的に分析してみる．ここでは，例として，使役の助動詞「（さ）せる」がどのように教科書の中で使用されているかを見てみる．UniDicでは使役語彙素として「させる」ないし「せる」を検索することで得られる．ここで分析対象としている教科書での出現頻度は以下のようになる（表 4.12, 表 4.13）．

出現頻度だけ見れば，「（さ）せる」の出現頻度は，すべての教科書で一定のように見える．しかし，教科書の中での出現状況は大きく異なっており，『表現文型1・2』および『文化中級2』では，教科書のさまざまな課に出現するが，『文化中

表 4.12　日本語教科書の「（さ）せる」の出現頻度

| 教科書名 | 出現頻度 | 調整頻度（60,000形態素あたり） |
|---|---|---|
| 表現文型1 | 32 | 34.09 |
| 表現文型2 | 39 | 37.77 |
| 文化中級1 | 34 | 30.23 |
| 文化中級2 | 33 | 35.17 |

4.3 「日本語教科書の日本語」の分析

表 4.13　日本語教科書における「(さ) せる」の出現状況

| 課 | 表現文型1 | (累積) | 表現文型2 | (累積) | 文化中級1* | (累積) | 文化中級2 | (累積) |
|---|---|---|---|---|---|---|---|---|
| 1 | - | 0 | 7 | 7 | - | 0 | 5 | 5 |
| 2 | 2 | 2 | 3 | 10 | 2 | 2 | - | 5 |
| 3 | 1 | 3 | 1 | 11 | - | 2 | - | 5 |
| 4 | 3 | 6 | 4 | 15 | 18 | 20 | 1 | 6 |
| 5 | 1 | 7 | 1 | 16 | - | 20 | 6 | 12 |
| 6 | - | 7 | 5 | 21 | 1 | 21 | 5 | 17 |
| 7 | 8 | 15 | 1 | 22 | - | 21 | 4 | 21 |
| 8 | 7 | 22 | 2 | 24 | 3 | 24 | 7 | 28 |
| 9 | 1 | 23 | 11 | 35 | | | 6 | 34 |
| 10 | 9 | 32 | 4 | 39 | | | | |

\* 第2課「今, よろしいですか」には, 教師むけに書かれた教室活動(ゲーム)の解説があり (p. 34), 使役助動詞が計9回出現しているが, 表中の頻度からはこの部分は除いた.『文化中級1』には他にこのような教師向け解説はない.

級1』では第4課「敏子さんの転職」に突出して多く出現し, 他の課にはほとんど出てこない.

　『文化中級1』第4課「敏子さんの転職」では,「許可を表す使役形」の例として提示されている会話文に使役の助動詞が集中して現れているほか,「～ことがある」という表現の例文にも, 以下のように使役の助動詞が複数回現れている.

　「思いがけないアイデアを出して人を驚かせることがある.」「武さんは真面目な人だが, 時々おもしろいことを言ってみんなを笑わせることがある.」

(『文化中級1』第4課「敏子さんの転職」p. 96)

　特定の語彙が一定の範囲に集中して現れることは, 通常の日本語の文章においても想定されることである. しかし, 日本語教科書においては文法項目の導入が意図的になされ, 1つの文章の長さも比較的短いことから,『文化中級1』における使役助動詞の分布に見られるような, 特定の文法項目が教科書中の特定の部分に集中して出現することは, 通常の日本語の文章よりも起こりやすいと見られる. 同様の分布はこの他の文法項目でも観察される可能性がある.

　日本語教科書の分析・評価において, いったん導入された文法項目がその後どのように参照され, くり返し出現するかを量的・質的に把握することは, 教科書

作成において重要な意味を持つと考えられる．ある日本語教科書の語彙や文法項目の出現頻度を教科書全体で数えて他の教科書やコーパスと比較する場合にも，このような観点は重要であろう．

### 4.3.6 日本語教科書に特徴的な語彙の抽出

最後に，日本語教科書で使われる語彙項目の特徴を見る．教科書の語彙の特徴を分析するには，例えば旧「日本語能力検定試験」の語彙レベルその他難易度の指標を用いてレベル毎の語彙の分布を分析したり，自然な日本語の語彙数の目安をもとにカバー率を調べたりすることができるが，ここでは語彙の出現頻度を手がかりとして，BCCWJとの比較を通じ，中級ないし初中級の教科書に特徴的な語彙について観察する．

語彙頻度は，UniDicなどで形態素解析を行なったデータを集計して比較的簡単に調査することができるが，ここで問題となるのは，頻度が高い語彙がすなわち日本語教科書の特徴的な語彙であるとは限らない点である．つまり，当該の語彙が他のコーパスでも同じように頻度が高ければ，その語彙は「日本語教科書に特徴的な語彙」とは言えない．そこで，本節では近藤（2008）にならい対数尤度比（Log-likelihood ratio, Dunning, 1993, 以下LLR)[7]を特徴度の指標として用い，BCCWJとの比較を通じて日本語教科書に特徴的な語彙のランキングを作成する．

比較に用いるデータは，「BCCWJによる語彙情報データベース」（千葉2011)[8]を用いて生成した．このツールは，任意のテキストデータをUniDicを用いて解析し，得られた短単位情報をもとに語彙素およびその$n$-gramの連鎖の出現頻度をBCCWJのデータと比較するものである．紙幅の関係で，ここではコロケーションや$n$-gram[9]は扱わず，語彙素の単純頻度のみを分析する．

表4.14ではLLRの指標に基づき，名詞，動詞，形状詞・形容詞の4つの品詞に特徴的な語彙のランキングをそれぞれ上位20位まで示している．

教科書中には学習対象の語彙と学習活動に必要な語彙が存在し，それぞれに異なる特徴語が観察されることが想定できる．例えば，学習者向けのテキスト部分

---

7) 以下のLLRの値は内山ほか（2004）に従って補正を行っている．
8) 本節で教科書データの比較分析のために用いているBCCWJのデータは正式版（2011年公開）のデータではなく，2009年度領域内公開版データである．
9) $n$-gramデータを用いることで，UniDicでは区別されない，「する」が後続する名詞の分析が可能である．石川（2012）が指摘する日本語テキストにおける動詞の構成比の低さは「する」が後続する漢語名詞が全て名詞に含まれることが影響していると考えられる．

## 4.3 「日本語教科書の日本語」の分析

表 4.14 日本語教科書における特徴的な語彙

| ランキング | 名詞 | | | 動詞 | | | 形状詞・形容詞 | | |
|---|---|---|---|---|---|---|---|---|---|
| | 語彙素 | 頻度 | LLR | 語彙素 | 頻度 | LLR | 語彙素 | 頻度 | LLR |
| 1 | 一 | 3,080 | 1,339.38 | 為さる | 277 | 797.07 | そう | 273 | 402.33 |
| 2 | 本文 | 191 | 1,266.74 | 書く | 328 | 446.50 | 上手 | 76 | 260.24 |
| 3 | 二 | 1,972 | 927.54 | 於く | 11 | 354.48 | 忙しい | 63 | 161.64 |
| 4 | 文型 | 82 | 767.70 | 下さる | 368 | 352.46 | 暑い | 43 | 111.26 |
| 5 | 三 | 1,488 | 750.07 | 話す | 187 | 289.44 | 早い | 115 | 108.32 |
| 6 | 日本 | 756 | 680.25 | 食べる | 181 | 233.81 | 色々 | 86 | 98.83 |
| 7 | 練習 | 134 | 538.73 | 有る | 1,374 | 230.01 | 良い | 546 | 95.84 |
| 8 | 語 | 264 | 534.77 | 表わす | 97 | 191.08 | 寒い | 42 | 76.42 |
| 9 | 勉強 | 180 | 514.76 | 使う | 275 | 190.08 | 難しい | 75 | 69.77 |
| 10 | 文 | 163 | 501.44 | 降る | 64 | 178.02 | 有名 | 51 | 67.73 |
| 11 | 留学 | 120 | 488.68 | 言う | 1,353 | 157.68 | 好き | 92 | 58.00 |
| 12 | 敬語 | 78 | 484.79 | 御座る | 58 | 150.67 | 面白い | 55 | 48.75 |
| 13 | 例 | 214 | 426.79 | 増える | 97 | 142.44 | 多い | 184 | 48.02 |
| 14 | 人 | 705 | 417.38 | 済む | 101 | 136.30 | 可能 | 19 | 45.69 |
| 15 | 四 | 958 | 403.47 | 為る | 4,071 | 131.56 | 重要 | 11 | 44.80 |
| 16 | 学生 | 150 | 378.42 | 読む | 134 | 121.88 | そそっかしい | 6 | 44.20 |
| 17 | ウォーク | 47 | 342.01 | 行う | 49 | 117.42 | 美味しい | 41 | 36.70 |
| 18 | 大学 | 244 | 332.51 | 買う | 125 | 109.09 | 悪い | 98 | 33.79 |
| 19 | 旅行 | 126 | 276.20 | 住む | 86 | 103.81 | 丁寧 | 22 | 32.50 |
| 20 | 先生 | 220 | 244.12 | 選ぶ | 86 | 103.76 | 様 | 618 | 31.94 |

(exam, ins, list, st, wt 要素) にこれらの語彙素がどの程度出現するかをみることである程度判断することができる．ここでは，テキスト中の語彙の出現状況を確認する方法として有効な指標である散布度 (measure of dispersion) を紹介する．

散布度の算出方法はいくつかある (Gries, 2008; Gries, 2010; Cantos Gómez, 2013) が，ここでは Gries (2008) で提案され，Lijffijt and Gries (2012) で修正された「正規化された散布度」(normalized deviation of proportion, $DP_{norm}$) を用いる．この指標は 0 から 1 までの値をとり，0 に近いほど分布の偏りが少ないことを表す．

日本語教科書と BCCWJ を比較した LLR の高い語彙素のうち，名詞「勉強」，

動詞「為さる」[10]および形容詞「悪い」の3つを例にとり，4冊の教科書の散布度を観察する．散布度はデータを複数の部分に分け，それぞれの部分に何回考察対象の語句が現れているかをもとに分布の「ばらつき」を算出する．ここでは，日本語教科書の構造に着目し[11]，exam, item, st, wtとその他の要素[12]の5つの部分にデータを分割し当該の語彙素の散布度を計算した（表4.15）．

表4.15　日本語教科書における特徴的な語彙素の散布度

| 語彙素<br>(ランキング) | 品詞 | 頻度 | LLR | $DP_{norm}$<br>(表現文型1) | $DP_{norm}$<br>(表現文型2) | $DP_{norm}$<br>(文化中級1) | $DP_{norm}$<br>(文化中級2) | $DP_{norm}$<br>(4教科書) |
|---|---|---|---|---|---|---|---|---|
| 勉強 (9) | 名詞 | 180 | 515.76 | 0.105 | 0.144 | 0.143 | 0.192 | 0.129 |
| 為さる (1) | 動詞 | 277 | 797.07 | 0.290 | 0.357 | 0.612 | 0.168 | 0.335 |
| 悪い (18) | 形容詞 | 98 | 33.79 | 0.358 | 0.103 | 0.365 | 0.106 | 0.127 |

　この表からわかるように，教科書全体の傾向として「勉強」「悪い」の語彙素の出現傾向にばらつきは少ないものの，「勉強」は$DP$が0.2以下であり，どの教科書でも比較的均等に分布しているが，「悪い」は各教科書の第1巻と第2巻で出現傾向が異なっており，第1巻のばらつきが大きい．

　一方，「為さる」の分布は，『表現文型1』『表現文型2』および『文化中級1』においてかなり偏った散布傾向を示している．特に『文化中級1』の$DP$値は0.612と非常に高い．表4.16に語彙素「為さる」の頻度の分布の詳細を示す．

　『表現文型』と『文化中級』では，語彙素「為さる」の出現比率が大きく異なる．『表現文型』は語彙素「為さる」の出現頻度が大きい（『表現文型1』111例，『表現文型2』137例）が，その一方で出現箇所はテキスト本文要素以外の部分（「その他」）に偏っている．『文化中級1』でも，すべての出現例（10例）がテキスト本文要素以外の部分（「その他」）に含まれており，学習対象としてのテキストに「為さる」を含む文は存在しない．これは，練習問題の指示部で「次の文を例のように言いかえなさい」「書き（変え）なさい」「次の問いに答えなさい」といった指示文が多用されているためと見られる．

---

10) 「為さる」はUniDicの語彙素表記であり，語彙素の読みは「なさる」である．
11) ここで行っている分割方法では，例えば，テキスト本文中の特定の課に考察対象の表現が集中して現れるといった事例は観察できないので注意が必要である．その場合は，例えば，テキストを10,000形態素ごとに区切って数えるといった別の分割方法をとる必要がある．
12) ins要素にはこれらの語彙素は出現しなかった．

**表 4.16** 日本語教科書における特徴的な語彙素「為さる」の出現頻度と散布度 $DP_{norm}$

| 教科書 | exam | item | st | wt | その他 | 合計 |
|---|---|---|---|---|---|---|
| 表現文型 1<br>$DP_{norm}=0.290$ | 10<br>(9.0%) | 2<br>(1.8%) | 5<br>(4.5%) | 1<br>(0.9%) | 93<br>(83.8%) | 111<br>(100%) |
| 表現文型 2<br>$DP_{norm}=0.357$ | 8<br>(5.8%) | 0<br>(0%) | 1<br>(0.7%) | 2<br>(1.5%) | 126<br>(92.0%) | 137<br>(100%) |
| 文化中級 1<br>$DP_{norm}=0.612$ | 0<br>(0%) | 0<br>(0%) | 0<br>(0%) | 0<br>(0%) | 10<br>(100%) | 10<br>(100%) |
| 文化中級 2<br>$DP_{norm}=0.168$ | 6<br>(31.6%) | 0<br>(0%) | 0<br>(0%) | 1<br>(5.3%) | 12<br>(63.2%) | 19<br>(100%) |
| 4 教科書全体<br>$DP_{norm}=0.335$ | 24<br>(8.7%) | 2<br>(0.7%) | 6<br>(2.2%) | 4<br>(1.4%) | 241<br>(87.0%) | 277<br>(100%) |

これに対し，『文化中級 2』では「その他」に 12 例，exam 要素に 6 例，wt 要素に 1 例が観察される．このような分布が『文化中級 1』と『文化中級 2』における $DP$ 値の違いとなって現れているのである．

教科書における語彙素の特徴度とばらつきが何に起因しているかは，ここで用いた指標の値を見ただけではわからない．「為さる」の出現頻度が 2 種類の教科書で異なることの背景は，教科書のより詳細な検証があって初めて確認することができる．しかし，散布度のような指標は，偏りの発見を支援する「手がかり」として重要である（Cantos Gómez, 2013）．日本語教科書のように，異なる種類の文章を集積した複雑な構造の媒体における言語表現の使用について観察する際には，このことは重要な意味を持つと思われる．

## 4.4 中国の日本語教科書コーパスの分析

### 4.4.1 北京日本学研究センター『中国日本語教科書コーパス』

本節では，海外の日本語教科書コーパスの例として，北京日本学研究センターで開発された『中国日本語教科書コーパス』について紹介し，それを活用した分析例を示す．

『中国日本語教科書コーパス』は，1990 年代から 2000 年代にかけて中国の大学の日本語専攻課程で広く使用されていた 4 種の教科書（いずれも中国教育部推薦教材）を収録したものである．第 1 冊・第 2 冊は初級，第 3 冊・第 4 冊は中級に相当する内容を扱っている．

① 『新編日語』1～4（SW，上海外語教育出版社，1993～1995 年）
② 『新編基礎日語』1～4（BD，上海訳文出版社，1994～1995 年）
③ 『基礎日語教程』1～4（BW，外語教学与研究出版社，1998～2001 年）
④ 『新大学日本語』1～4（DW，大連理工大学出版社，2001～2003 年）

　これらの日本語教科書は，第 1 冊から第 4 冊までの複数の巻から構成されている．それぞれの巻は複数の課から構成され，さらにそれぞれの課は「本文」「新出語」「文法説明」「練習問題」「閲読文」などの部分に分かれる．このような構成の性質上，日本語教科書のコーパスの構築に際しては，4.3 節で文章構造に関する情報を付したのと同様に，教科書全体を電子化するのではなく，「目次」「本文」「新出語」「文法説明」「練習問題」「閲読文」などに分けて電子化するという方法を採用している．

　中国の日本語教科書では，中・日・英の 3 言語が混在するのが普通である．『中国日本語教科書コーパス』のデータは Unicode に準拠しており，多言語混在処理が可能である．また，日本語版・中国語版・英語版の Windows（XP 以上）でコーパス検索ツールが実行可能である．

　検索に際しては，キーワードやワイルドカードなどの特殊文字（準正規表現）による多様な検索ができるようになっており，検索対象とする教科書についても巻や部分まで細かく指定できるようになっている（図 4.3）．また，抽出した情報は，教科書での所在表示，KWIC 表示，文脈付表示を選択して保存できる．指定された形式にデータを整理すれば，教科書の新規登録や追加登録も可能である．

　また，本コーパスは，中国国内の日本語教育のシラバス策定に関して公開されている以下の基準を付属コーパスとして実装しており，教科書の内容と比較して検索することができる．

『高等院校日語専業基礎段階教学大綱』（大連理工大学出版社，2001 年）
『高等院校日語専業高級段階教学大綱』（高等教育出版社，2000 年）
『大学日語第二外語課程教学要求』（高等教育出版社，2005 年）

　なお，『中国日本語教科書コーパス』は，著作権法により，現在は非公開であるが，研究者の個人利用については，研究利用覚書による利用申請が可能である（詳細は北京日本学研究センターに照会のこと）．

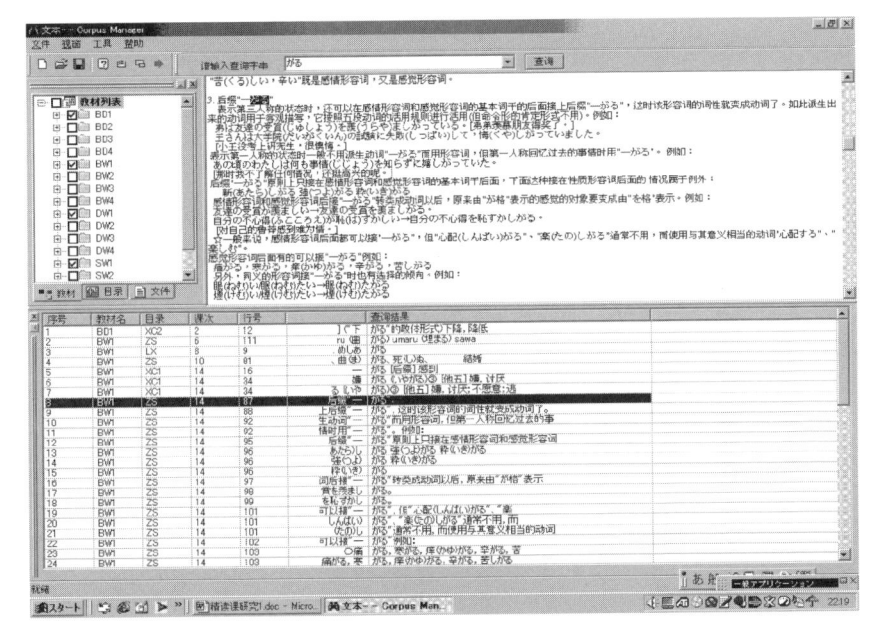

図 4.3 中国日本語教科書コーパスの検索画面

### 4.4.2 学習項目の量的調査と分析

本節では，中国の日本語教科書で用いられている学習語彙と文法シラバスの状況を量的に把握して比較するために教科書コーパスを利用した分析例を報告する（以下では教科書の名称は記号で表す）．

まず，語彙についてみてみよう．前述の 4 種の教科書において新出語として提示された学習語彙のうち，学習上重要と考えられる動詞・副詞・形容詞を調べたところ，表 4.17 のような結果になった（曹，2005）．特に BD と BW の教科書間に語数の相違が目立つことが指摘できる．

また，日本語においては複合動詞が重要な位置を占めるが，複合動詞の数と種

表 4.17 各教科書の学習語彙の語数

|  | SW | BD | BW | DW |
|---|---|---|---|---|
| 形容詞 | 139 | 188 | 103 | 146 |
| 動　詞 | 1,421 | 2,214 | 1,176 | 1,345 |
| 副　詞 | 328 | 415 | 277 | 343 |

類を調べると，全体的に動詞の中で複合動詞が占める割合が低い．統語的複合動詞と語彙的複合動詞のバランスも，教科書間で語数に大きな差がある（曹，2009）．

表 4.18　各教科書の複合動詞の学習語数とその比較

|  | BD | DW | SW | BW | 延べ（異なり） |
|---|---|---|---|---|---|
| 語彙的 | 279 | 281 | 115 | 117 | 792（577） |
| 統語的 | 31 | 14 | 13 | 10 | 68（58） |
| 延べ語数 | 310 | 295 | 128 | 127 | 860（635） |
| 全動詞比率 % | 14 | 22 | 9 | 11 | 14 |

文法シラバスについて，『中国日本語教科書コーパス』から抽出した 1,400 件の文法学習項目からなるデータベースを作り，それを「日本語能力試験（JLPT）出題基準」と照合すると，表 4.19 のように教科書間の差が大きいだけでなく，全体的に「出題基準」よりも項目数が少ないことがわかる（曹，2008）．

表 4.19　各教科書の文法学習項目と JLPT との比較

|  | JLPT | SW | BD | BW | DW |
|---|---|---|---|---|---|
| 1 級 | 50 | 23 | 14 | 15 | 11 |
| 2 級 | 218 | 106 | 73 | 73 | 50 |
| 3 級 | 195 | 76 | 89 | 61 | 97 |
| 4 級 | 268 | 123 | 129 | 73 | 89 |
| 級外 | – | 245 | 292 | 201 | 163 |
| 総数 | 731 | 573 | 597 | 423 | 410 |

曹（2011）では，丁寧体の述語否定形式について，中国の日本語教科書コーパスによる曹（2010）の調査と，日常会話コーパスによる小林（2005）の調査に加えて，BCCWJ の多ジャンル間の差異と日本の日本語教材（初・中級日本語教材 33 種）や検定教科書の状況を総合的に照合した結果（表 4.20）を報告した．

小林（2005）などでは，書きことばでは「ません」系が，話し言葉では「ないです」系が優勢であることが指摘されている．しかし，表 4.20 のデータからわかるように，海外の日本語教科書だけでなく，日本の日本語教材（97：3）と検定教科書（98：2）も，述語否定形式に「ません」系が優勢という傾向が見られる．

**表 4.20** 丁寧体の述語否定形式の比較日本初教材・BCCWJ・日常会話の比較（曹 (2011) の表を体裁変更）

| | 教材（中） | | 教材（日） | | 検定 | | 新聞 | | 雑誌 | | 国会会議録 | | 日常会話（小林 2005） | |
|---|---|---|---|---|---|---|---|---|---|---|---|---|---|---|
| | マセン系 | ナイデス系 | マセン系 | ナイデス系 | マセン系 | ナイデス系 | マセン系 | ナイデス系 | マセン系 | ナイデス系 | マセン系 | ナイデス系 | マセン系 | ナイデス系 |
| 名だ | 104 | 18 | 180 | 4 | 15 | (5)* | 16 | 6 | 146 | 165 | 621 | 633 | 6 | 74 |
| ナ形容詞 | 29 | 5 | 39 | 0 | 5 | 0 | 2 | 1 | 12 | 11 | 15 | 3 | 1 | 7 |
| イ形容詞 | 134 | 10 | 105 | 57 | 13 | 0 | 3 | 0 | 25 | 18 | 19 | 8 | 4 | 38 |
| 動詞 | 2,500 | 5 | 2,573 | 28 | 276 | 0 | 240 | 16 | 1,446 | 169 | 8,713 | 277 | 178 | 278 |
| 計 | 2,767 | 38 | 2,897 | 89 | 309 | (5) | 261 | 23 | 1,629 | 363 | 9,368 | 921 | 189 | 397 |
| % | 99 | 1 | 97 | 3 | 98 | 2 | 92 | 8 | 82 | 18 | 91 | 9 | 32 | 68 |

\* この5例には「じゃないですか」3例，「でないですか」1例，「ではないですか」1例が含まれる．いずれも「ないです＋か」のバリエーションとしてここに含めた．

一方，BCCWJ においては，新聞（92:8）では田野村（1994）の調査結果（92.8:7.2）とほぼ一致するものの，ジャンル別の差異は興味深い．国会会議録（91:9）は日常会話（32:68）より「ないです」系の使用ははるかに少なく，むしろ，新聞の状況（92:8）に近い．これに対し，雑誌（82:18）では「ないです」系は 2 倍程度使われている．

これはつまり，日本語教材には日本語の多様な実態が必ずしも的確に反映されてないということである．「ません」系と「ないです」系の使用上の特徴（新聞と日常会話の使い分け）と丁寧さの相違（「ません」系＞「ないです」系）を教材に反映させる必要がある．これも，コーパスの総合的利用によって今後の教科書作成の課題が明確になった例と言える．

### 4.4.3 学習項目の質的調査と分析

『中国日本語教科書コーパス』では，前節で述べた量的な分析のほかに，その検索機能を生かして，教科書の状況に関する質的な分析も可能である．

曹（2005）では，助詞「に」の用法の提示のしかたと授受表現の「てもらう」の解説方法を教科書コーパスで調査し，各教科書において質的な差が見られたことを明らかにした．助詞「に」は多くの用法を持つ文法項目であるが，教科書コ

ーパスで調べてみると，表 4.21 のように，各教科書では用法分類の細かさや用法の提示のしかたが教科書によってかなり異なることがわかる．

また，授受関係を表す「てもらう」は中国語を母語とする学習者には習得困難な項目であり，「床屋で顔をそってもらう」のような使役的用法と「先生にほめてもらった」のような受身的用法に分けて教えるのが効果的である．しかし，教科書コーパスで「てもらう」を検索した結果，この 2 つの用法をともに提示した教科書は 1 種しかなく，他の 3 種は一方の用例しかなく，用例が説明と一致していないことがわかった（表 4.22）．

多義語の提示のしかたについても，「つける」を例に中国と日本の教科書を比較した結果，表 4.23〜表 4.25 のように，BD が「連語→基本義→拡張義」という順序であるのに対して，SW と日本の教科書 XBKC と RBYCB では提示の順序が異なることが分かった（曹，2010：網掛けの部分が基本義）．固定的な連語と基本義は理解しやすく先に導入しやすいことを考えると，この違いは重要である．

表 4.21　各教科書における助詞「に」の提示の仕方

| 助詞「に」の意味用法 | 1 存在場所 | 2 帰着到達点 | 3 成立時点 | 4 間接的対象人間 | 5 受け手 | 6 選択決定対象 | 7 変化結果 | 8 動作作用の結果 | 9 比較評価の基準 | 10 比例頻度の基数 | 11 目的 | 12 名目 | 13 原因理由 | 14 受動文の動作主体 | 15 使役の対象 | 16 特定の動作主体 | 17 補充説明の補語 | 18 並列・添加 |
|---|---|---|---|---|---|---|---|---|---|---|---|---|---|---|---|---|---|---|
| SW | 1-4 | 1-7 | 1-6 | 1-7 | 1-16 | 2-2 | 1-9 | 1-18 | 2-4 | 1-6 | 1-16 | 2-7 | 3-5 | 2-9 | 2-12 | 3-8 | | 4-1 |
| BD | 1-5 | 1-2 | 1-9 | 1-10 | | 1-10 | 1-5 | | 2-3 | 3-9 | 2-3 | 3-6 | 4-9 | | | 3-1 | 4-13 | |
| BW | 1-11 | 1-6 | 1-7 | 1-7 | 2-15 | | 1-8 | | | 1-7 | | | | 2-11 | 2-12 | | 4-11 | |
| DW | 1-14 | | 1-16 | 1-17 | 1-18 | | | 1-23 | 1-22 | | 2-1 | | | | 2-13 | | | |

数字は出現位置，例えば 1-4 は第 1 冊第 4 課を指す．

表 4.22　各教科書における授受表現「てもらう」の解説方法

| | BD | | BW | | DW | | SW | |
|---|---|---|---|---|---|---|---|---|
| | 説明 | 用例 | 説明 | 用例 | 説明 | 用例 | 説明 | 用例 |
| 使役的 | ○ | − | ○ | ○ | − | ○ | − | ○ |
| 受身的 | ○ | ○ | ○ | ○ | ○ | − | ○ | − |

表 4.23 教科書 BD における多義語「つける」の提示のしかた

| 冊 | 位置 | 課 | 形式 | 種類 | 訳語 |
|---|---|---|---|---|---|
| BD1 | XC2 | 10 | 日記をつける | 連語 | 记日记 |
| BD2 | XC1 | 2 | 名前をつける | 連語 | 起名，命名 |
| BD2 | XC2 | 6 | 印をつける | 連語 | 打记号 |
| BD2 | XC2 | 13 | 習慣を付ける | 連語 | 养成习惯 |
| BD3 | XC1 | 9 | きりをつける | 連語 | 告一段落 |
| BD3 | XC1 | 11 | 付ける | 他下一 | 涂，抹，沾粘；安装；附加；记入 |
| BD3 | XC2 | 6 | つける | 他下一 | 点燃，开 |
| BD3 | XC2 | 15 | 着ける | 他下一 | 穿，戴；靠，停；就位，进入 |
| BD4 | XC1 | 5 | 手をつける | 連語 | 动，摸，碰；着手 |
| BD4 | XC2 | 12 | 明かりをつける | 連語 | 点灯 |

表 4.24 教科書 SW における多義語「つける」の提示のしかた

| 冊 | 位置 | 課 | 形式 | 種類 | 訳語 |
|---|---|---|---|---|---|
| SW1 | XC1 | 20 | 気をつける | 連語 | 注意 |
| SW2 | XC1 | 2 | つける | 他一 | 定（价），给（价） |
| SW2 | XC1 | 20 | つける | 他一 | 附加 |
| SW2 | XC1 | 20 | 名前をつける | 連語 | 起名字 |
| SW2 | XC1 | 20 | 利子をつける | 連語 | 加上利息 |
| SW3 | XC1 | 1 | つける | 他一 | 涂，抹 |
| SW3 | XC1 | 5 | 節をつける | 連語 | 声调抑扬；谱曲 |

表 4.25 日本の教科書における多義語「つける」の提示のしかた

| 教科書 | 課 | 形式 | 教科書 | 課 | 形式 |
|---|---|---|---|---|---|
| XBKC | 15 | ○をつける | RBYCB | 14 | 電気をつける |
| XBKC | 16 | クーラーをつける | RBYCB | 20 | 味をつける |
| XBKC | 17 | 薬をつける | RBYCB | 27 | 気をつける |
| XBKC | 22 | 気をつける | | | |
| XBKC | 27 | 電気をつける | | | |

さらに，教科書本文の内容の話題と会話文の場面について，話題の代表性を持つ語（「代表語」と呼ぶ）の出現状況と会話文の場面提示状況を教科書コーパスで調べたところ，教科書によりかなり違いがあることがわかった（曹，2008）．

表4.26は，日本の文化や思考様式を示す語と社会の特徴を示す語を代表語としてその出現回数から内容の話題性を推定したものであるが，教科書によるばらつきの大きさが目立つ．

次の表4.27は，各教科書の会話文の場面提示の状況を5つの項目で質的に分析した結果であるが，全体を通じて場面提示のバランスがよいとは必ずしも言えないことがわかる．

**表4.26** 各教科書の本文内容の話題

| 代表語 | SW | BD | BW | DW |
|---|---|---|---|---|
| 和 歌 | 1 | 5 | 1 | 1 |
| 建 前 | 11 | – | 3 | 6 |
| 義 理 | – | 13 | 1 | 3 |
| 新人類 | 2 | 2 | – | – |
| コンビニ | (2)* | – | – | 5 |
| 円 高 | 1 | 1 | 2 | 2 |
| 終身雇用 | – | – | 5 | 2 |
| バブル | – | – | 4 | 3 |
| 高齢化 | 16 | – | 5 | 1 |
| 国際化 | 2 | – | 1 | 3 |
| 情報化 | – | – | 11 | 12 |

＊（2）は練習の閲読文に出た語数

**表4.27** 各教科書の会話文の場面提示状況（○良　△弱　＊無）

|  | BD | BW | DW | SW |
|---|---|---|---|---|
| 前 文 | ○ | △ | ＊ | ○ |
| 場面説明 | ＊ | ＊ | △ | ＊ |
| 場所提示 | △ | △ | ＊ | △ |
| 人物身分関係提示 | △ | ○ | ＊ | △ |
| 人物性別提示 | ○ | ○ | ＊ | ＊ |

前文：会話文の前に付けた全体背景や内容を説明した短文．
場面説明：会話の場面に関する一文ほど簡単な説明．
場所提示：会話の場所を提示した言葉，「教室で」「レストランで」など．
人物身分関係提示：会話人物の身分や関係を提示した言葉，「先生」「学生」など．
人物性別提示：「木村太郎」「小林秀子」のように性別がわかる表現．

趙（2006）は，『中国日本語教科書コーパス』に収録された4つの教科書の練習問題を調査し，教室活動という観点から，教科書の練習問題を表4.28のように7つの練習パターンと2類型に分類している．「＞」は「前の冊の方が問題の数が多い」，「-」は「前の冊と同程度の数である」，「＜」は「後の冊の方が問題の数が多い」ことを表す（例：「1＞2＞3」第1冊から第3冊にかけて問題の数が減り，第4冊は問題そのものがない）．

表4.28からわかるように，中国の日本語教科書では，初級から中級にかけて練習問題は「基礎固め型」から「応用型」へと配置されているが，全体として基礎固め型の練習に重点が置かれており，タスク型の練習の数が少ないことがわかる（最近はタスク型の練習の数も増えている）．中国の日本語教育の教室活動においては，コミュニケーション能力を中心とする総合的応用能力を身につけるための練習問題を充実させることが課題となっており，教科書もそれに対応した改善が必要であることが，コーパスを用いることにより，具体的に把握されたことになる．

表4.28 教科書の練習問題から見た教室活動の種類と特徴

| 分類 | | 練習パターン | | 分布（冊） |
|---|---|---|---|---|
| 基礎固め型 | 1 | 発音 | | 1＞2＞3 |
| | 2 | 表記 | | 1-2-3-4 |
| | 3 | 活用 | | 1-2 |
| | 4 | 単語・助詞 | | 1-2-3-4 |
| 応用型 | 5 | 文法文型 | 言い換え・置き換え | 1-2-3-4 |
| | | | 文完成・応答・翻訳 | |
| | 6 | 読解 | | 1＜2-3＜4 |
| | 7 | タスク（ロールプレー・作文） | | まばら |

## 4.5 まとめ

本章では，日本語教科書という媒体が，内容・体裁・構造の面でも，中に含まれる文・文章の種類の面でも多様性が大きいこと，そして，日本語教科書のコーパスを用いた分析が「日本語教科書で使用されている日本語そのもの」，あるいは「各日本語教科書がどのようにできているか」について考えるための基礎データの提供に結びつくことを述べ，それぞれの分析例を示した．

コーパスの利用は，日本語教育の現場において身近な存在になりつつある．1冊の日本語教科書に含まれるテキストの分量はそれほど大きいものではないため，著作権に配慮したうえで，個人がOCR等を用いて電子化することは不可能ではない．李ほか（2012）では，日本語教育でのコーパスの活用を念頭に置き，紙媒体の日本語教材を電子テキスト化して教材コーパスとして使用するためのデータ構築の考え方と手順，作成したコーパスの検索，形態素解析，語彙表の作成などについて，具体的な調査方法を解説している．

　日本語教育の現場において，教材コーパスがもたらす意義は大きい．データがコンピュータにより正確かつ高速に検索処理できることで，教材の活用方法が大きく変わることが期待されるだけでなく，学習者が触れる言語について具体的な検証が可能になる（Hunston, 2002を参照）．また，教材コーパスを構築し，母語話者のコーパスと比較することにより，「外国語教育で学習者に提示している言語の真正性（authenticity）を客観的に評価」（石川，2012）することができ，このことは教材やシラバス，テストの開発と評価といった分野への寄与にもつながる（Gabrielatos, 2005）．

　その一方で，日本語教科書を集成してコーパス化する際，「語学教材」というジャンルの媒体の特徴が分析にどのように影響するかという点については，これまでほとんど議論されていない．日本語教科書をよりよいものにするためには，「日本語教科書の内容と構成はどうあるべきか」，「日本語教科書ではどのような日本語を提示するのがよいか」に関する議論と，「実際の日本語教科書でどうなっているか」に関する議論が有機的な関連をもってなされることが重要であるが，前者の教育の観点からの議論は，日本語教科書をコーパス化する際にどのような情報をどのような形で付与するのがよいかを検討するためにも重要である．日本語教科書のコーパスを構築するための研究，そして日本語教科書のコーパスを用いた研究は，日本語研究と日本語教育研究を結びつける研究であり，その蓄積は両者にとって有益な知見をもたらすことになろう．　　［千葉庄寿・曹大峰・井上優］

## 参 考 文 献

石川慎一郎（2008）．『英語コーパスと言語教育：データとしてのテクスト』大修館書店．
石川慎一郎（2012）．『ベーシックコーパス言語学』ひつじ書房．
内山将夫，中條清美，山本英子，井佐原均（2004）．「英語教育のための分野特徴単語の選定尺度の比較」，『自然言語処理』，11-3，165-197．

何志明（2012）．「『現代日本語書き言葉均衡コーパス』及び中上級日本語教科書における複合動詞の出現頻度」，『日本語／日本語教育研究』，**3**，261-276．

影浦峡（2000）．『計量情報学──図書館／言語研究への応用──』，丸善株式会社．

近藤明日子（2008）．「特徴度の設定」，文部科学省科学研究費特定領域研究「代表性を有する大規模日本語書き言葉コーパスの構築：21世紀の日本語研究の基盤整備」『日本語コーパス言語政策班中間報告書』，JC-P-08-01．

寒川，クリスティーナ・フメリャク（2012）．「日本語教科書コーパスの構築と分析：日本語学習者のためのリーダビリティー測定に向けて」『日本語教育方法研究会誌』，**19**-2，4-5．

曹大峰（2005）．「日本語教科書データベースの構築とその応用研究」，『日本研究と日本語教育におけるグローバルネットワーク』，香港向日葵出版社．

曹大峰（2008）．「中国における日本語教科書作成──歩み・現状・課題──」，『言語文化と日本語教育』，35，1-9．お茶の水女子大学日本言語文化学研究会

曹大峰（2009）．「日本語教育に複合動詞をどう位置づけるべきか──教科書コーパスの調査から──」『日语动词及相关研究』外语教学与研究出版社．

曹大峰（2010）．「教科書コーパスと日本語教育」，『日本語学研究』27，韓国日本語学会．

曹大峰（2011）．「海外の日本語教育からみたBCCWJ」，『跨文化交际中的日语教育研究1』，高等教育出版社．

小林ミナ（2005）．「日常会話にあらわれた「ません」と「ないです」」，『日本語教育』**125**，9-17．

田野村忠温（1994）．「丁寧体の述語否定形の選択に関する計量的調査──「～ません」と「～ないです」──」，『大阪外国語大学論集』**11**，51-66．

千葉庄寿（2011）．「BCCWJによる語彙情報データベース（Version 0.6）」，文部科学省科学研究費補助金「代表性を有する大規模日本語書き言葉コーパスの将来：21世紀の日本語研究の基盤整備」『日本語コーパス総括班，研究成果報告書』，JC-G-10-03．

趙華敏（2006）．「基礎段階用日本語教科書における練習問題について」，『日语教学与教材创新研究』，高等教育出版社．

陳曦（2011）．「日本語教科書における複合動詞の扱われ方に関する一考察：コーパスによる使用実態調査との比較を通して」，『ことばの科学』，**24**，119-131．名古屋大学言語文化研究会

中村純作，堀田秀吾編（2008）『コーパスと英語教育の接点』，松柏社．

李在鎬，石川慎一郎，砂川有里子（2012）．『日本語教育のためのコーパス調査入門』，くろしお出版．

Cantos Gómez, P. (2013). *Statistical Methods in Language and Linguistic Research*, Equinox.

Dunning, T. (ed) (1993). Accurate methods for statistics of surprise and coincidence. *Computational Linguistics*, **19**-1, 61-74.

Gabrielatos, C. (2005). Corpora and language teaching：just a fling or wedding bells. *TESL-EJ*, **8**-4, 1-37.

Gouverneur, C. (2008). The TeMa corpus：using a pedagogic corpus to enhance teaching material design, In Gudrun, R. (ed.) *Taal Aan den Lijve：Het Gebruik van Corpora in Taalkundig Onderzoek en Taalonderwijs*. 99-122. Academia Press.

Gries, S. Th. (2008). Dispersions and adjusted frequencies in corpora. *International Journal of Corpus Linguistics*, **13**-4, 403-437.

Gries, S. Th. (2010). Dispersions and adjusted frequencies in corpora : further explorations. *Language & Computers*, **71**-1, 197-212.
Hunston, S. (2002). *Corpora in Applied Linguistics*. Cambridge University Press.
Khojasteh, L. and Reinders, H. (2013). How textbooks (and learners) get it wrong : a corpus study of modal auxiliary verbs. *Applied Research on English Language*, **2**-1, 33-44.
Lijffijt, J. and Gries, S. Th. (2012). Correction to Stefan Th. Gries' Dispersions and adjusted frequencies in corpora. *International Journal of Corpus Linguistics*, 13-4, 403-437.
Meunier, F. and Gouverneur, C. (2007). The treatmenet of phraseology in ELT textbooks. In Hidalgo, E., Quereda, L. and Santana J. (eds.) *Corpora in the Foreign Language Classroom*. pp. 119-139, Rodopi.
Meunier, F. and Gouverneur, C. (2009). New types of corpora for new educational challenges : collecting, annotating and exploiting a corpus of textbook material. In Aijmer, K. (ed.) *Corpora and Language Teaching*. 179-201, John Benjamins.
Römer, U. (2004). Comparing real and ideal language learner input : the use of an EFL textbook corpus in corpus linguistics and language teaching. In Aston, G. Bernardini, S. and Stewart D. (eds.) *Corpora and Language Learners*. 151-168, John Benjamins.
Tono, Y. (2011). TaLC in action : recent innovations in corpus-based English language teaching in Japan. In Frankenberg-Garcia, A. Flowerdew, L. and Aston, G. (eds.) *New Trends in Corpora and Language Learning*. 3-25, Continuum.

# 第5章　作文支援とコーパス

## 5.1　作文支援システム『なつめ』構築にいたるまで

### 5.1.1　コンピュータによる作文指導は可能か

　東京工業大学留学生センターで公開されている日本語作文学習支援システム「なつめ」は『現代日本語書き言葉均衡コーパス（BCCWJ）』を利用したシステムである．このシステムは日本の大学に在学している理工系留学生がレポートや論文を書く支援をすることを主たる目的として，仁科らによって構築が開始された[1]．

　外国人に対する日本語教育では作文指導に当たって個々の教師が添削後，学習者に書き直し再提出を求めることで作文力を養成するというプロセスを繰り返すことが多く，教師には多大な時間を要する作業である．個々の教師が保存している記録をほかの教師，学習者と共有することができればという願いは以前から存在しているが，今日のようなコンピュータ言語処理の進歩によってその夢を叶える可能性も出てきた．例えば，学習者の作文中に次のような文があったとする．

（1）　日本語でメールを作るのはそんなに難しいではない．（作例）

　この文で「難しいではない」は，活用の誤りであり，形容詞の活用と接続法のルールに沿って考えれば「難しくない」と修正することができる．一方，「メールを作る」は「メールを作成する／書く／送信する」などの修正案が考えられる．この表現は文法的な誤りではないが，母語話者には見られない不自然な文である．このような場合は慣用的な共起表現の誤りとして考えることができる．非母語話者は習得目標言語に触れる時間が母語話者に比較すると少ないことから，慣用的な共起表現の習得が困難である（Nation, 2001）とする一つの例と考えられる．

---

1) 2004年に東京工業大学留学生センターのWebで公開した．2015年11月現在はhinoki projectのサイトで公開している．（https://hinoki-project.org/natsume/2015年11月8日閲覧）

### 5.1.2 コンピュータによる作文支援の先行研究

日本語学習を支援するコンピュータ・システムとして，対訳辞書の開発が基礎となる．日本語学習用の Web 上の対訳辞書としては，オーストラリアの Jim Breen による電子辞書が先駆的であり，現在でもさまざまな学習システムに利用されている．この辞書を利用したものの一つである読解支援ツール『Rikai』は，日本語学習者の立場から開発されたもので，知りたい語の上をマウスオーバーすることで多言語による対訳語が表示され，文章理解の支援をしている．一方，日本国内で開発されたものとしては『リーディング・チュー太』がある．このシステムは入力したテキストの品詞，語の読み，多言語による対訳の意味，日本語レベルなどを表示することができ，広く利用されている．また仁科らの開発した『あすなろ』は，読み，意味のほかに構文情報を提示することで学習者の日本語の理解を支援している．

このような読解支援システムに続いて，近年，コーパスを利用した共起語検索支援システムの開発が見られるようになった．NINJAL-LWP, Sketch Engine は，言語研究，翻訳，辞書開発などの専門家が利用する共起検索ツールとして優れているが，専門家ではない日本語学習者の作文利用には向いていない (Prashant, et al., 2012；Kilgarriff, et al., 2004)．

また，奈良先端科学技術大学院大学で開発されている Chantokun は日本語学習者の支援を意識した格助詞の誤りを正す校正支援であり，正用コーパスの頻度計算を利用して正誤判定をするシステムである（水本，2012）．このシステムは文章全体を考慮したダイナミックな支援をするものではない．

### 5.1.3 データ駆動型学習

非母語話者が習得目標言語に日常的に触れる機会が少ないことを補う方法としてコンピュータを利用した Data Driven Learning（データ駆動型学習）の考え方がある．提唱者の一人である Johns は，形態素から文法，ディスコースまでの専門家の知識を定式化しようとするルールベースのシステムを否定した（Johns, 1991）．言語のような複雑な構造をエキスパートシステムとすることは不向きだと考えた．これに代わるものとして提案したのがデータ駆動型学習である．コンピュータを教師と考えるのではなく，インフォーマントに近いものと位置づける．つまり学習者が与えられた言語データを観察することで発見的に学習するという考えである．例えば知りたい語を入力し，コンコーダンサで前後のコンテクスト

を観察することで，学習者は目前のデータを分析し，規則性を見出す．つまり規則を丁寧に教授する教師ではなく，言語を提示することで学習の手助けをするインフォーマントとして支援するものである．

また，Krashen (1981) はコミュニケーションを習得するまでの学習過程において学習者が自らの発話を客観的に観察することで，習得に近づくことを示している．我々のシステムは親切なインフォーマントが学習者を導いてくれるデータ駆動型学習であることを目標とする．学習者が自らの作文過程で表記法・文法・語彙選択から文章全体にいたるまで観察することを支援するツールとして『なつめ』を位置づける．

## 5.2 論文作成とコーパスの利用

### 5.2.1 レジスターとジャンル

論文で使用する書き言葉と友達と交わす話し言葉の間では，どのような違いがあるのだろうか．人は毎日，ある目的を果たすために言語を通じてコミュニケーションを行う．そして，コミュニケーションに利用する語彙・文法（lexicogrammar）を置かれている状況に応じて変えている（ハリデー，2001）．言い換えれば，語彙や文法は目的と状況においてコミュニケーションを促すために不可欠な機能を持っている．このような目的と状況から生じる機能的な語彙・文法の変異をレジスターという．例えば，論文の書き言葉，講演講義の話し言葉，くだけた会話などにみられる語彙・文法の変異がレジスターに相当する[2]．

レジスターに関してはHallidayが機能文法理論として詳しく論じている（ハリデー，2001）．機能文法理論では，レジスターを活動領域，役割関係，伝達様式という3要素で定義している．そしてレジスターが社会の中で再生を繰り返すことで形式化する場合は，その形式化したレジスターがジャンルを特徴づける．例えば時代小説，ファッション雑誌の記事などのジャンルには，それぞれ特有のレジスターが用いられている．

また，Biber and Conrad (2009) ではコーパスを用いて具体的なレジスターの様相を統計的に分析し，語彙・文法の出現パターンこそがレジスターを特徴づけるものであるとした．つまり，レジスターを計量できるものとして捉え，レジス

---

[2] 本講座第1巻，第2巻では「レジスター」の語をBCCWJに含まれる「白書」「書籍」「知恵袋」などのテキスト種別に言及するために用いている．本章の「レジスター」の用語は，それとは意味が異なる．

ターを語彙・文法パターンの出現分布というボトムアップ形式によって定義した．例えば，共起表現も語彙と文法に関係するものとして，レジスターによってはその用法の分布が異なっている．

### 5.2.2 論文スキーマと第二言語習得

ジャンルにふさわしい文書作成はそのジャンルのスキーマとレジスターの知識が必要であるが，第二言語学習者はその知識が不足していることが報告されている（村岡ほか，2009；Swales, 1990）．5.2.1項で述べたように学習者が大学で書くレポートおよび論文では話し言葉との使い分け，格助詞の省略などのない論理的な構文や語を正確に使用することが求められる．そこで，学習者は適切なレジスターを有するコーパスに接することでレジスター知識の不足を補うことが考えられる．『なつめ』ではコーパスから得られた共起表現の情報が検索できることからこの知識を獲得する支援となると考えられる．次に共起表現としての正確な言葉遣いについて概説する．

### 5.2.3 共起表現

共起（co-occurrence）という語をここで改めて定義する．共起は一般に「テキストや文において，語と語がある関係の下で同時に出現すること」とされる．例えば「美味しいご飯を食べた」という発話の中で「美味しい」と「ご飯」は隣接して出現しているので共起表現と呼ぶ．また，名詞「ご飯」の前に形容詞「熱い」「温かい」などの出現が予想できるが，特に初級学習者にとってはその中のどれかがよく使われるか，つまり典型的な共起表現はどれなのかという情報が必要となる．「熱い」と「温かい」の意味・用法を区別する方法としても，共起表現の概念が有効となる．学習者は比較したい語のそれぞれの共起表現を調べることで使い分けできるようになる．比較対象の語の意味が似ていて区別がつかない場合は，有意に高い確率で出現する共起表現を優先して選ぶことができる．コーパス言語学では，このような有意に高い確率で出現する共起表現をコロケーション

名詞-格助詞-動詞　　名詞-格助詞-形容詞

塩酸を　水酸化ナトリウムで　滴定した　場合と　ほぼ　等しい．

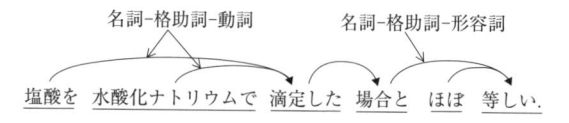

**図 5.1** 日本語の構文構造と表記表現の関係
ウィキペディア日本語版の記事「中和滴定曲線」（2008年検索）からの実例である．

（collocation）と呼んでいる．

また，【形容詞-名詞】からなる共起表現のほかにもさまざまなパターンがある（第6章参照）．図5.1は，「塩酸を水酸化ナトリウムで滴定した場合とほぼ等しい．」という文の構文構造とその中の共起表現を示す．

「塩酸を」と「滴定した」は「水酸化ナトリウムで」を挟んで係り受けの関係が成立している．同様に，「場合と」と「等しい」に「ほぼ」が間に入るにもかかわらず，矢印が示す構文的な関係があるゆえ共起表現と呼べる．以後共起表現について述べるときは，係り受け関係にある【名詞-格助詞-用言】からなる3つ組を意味することにする．

共起表現の中でもコロケーションは統計的に有意に高く共起する表現であることから，第二言語習得においては重要な学習項目と考えられる．しかし，コロケーションを学習するには，単にある語とほかの語の意味を加え合わせることでは不十分であり，1つのユニット（チャンクともいう）として認識する必要があることが論じられている（Nation, 2001）．また，学習者の母語で用いるコロケーションを日本語に直訳すると必ずしも意味が通じる保証がない．例えば，英語話者は「薬を飲む」を英語の「take medicine」の直訳から「薬をとる」という不自然な表現をすることがある．このように第二言語学習者にとってはコロケーションが推測されにくい要素があり，その習得が困難であるといえる（Nation, 2001）．

### 5.2.4 BCCWJ と科学技術論文コーパス

本システムではBCCWJ領域内用2008年版を使用している（前川, 2011）．BCCWJは1975～2008年のおおよそ30年間に出版されたすべての出版物を母集団として，サンプリングを行っており，現代日本語の書き言葉の実態を捉える道具として十分に用いられると思われる．また，BCCWJにはジャンルの異なったサブコーパスが8つあり，ある表現がどのジャンルに出現しやすいかが容易に調べられる．しかし，科学技術論文という特化した分野の特色を知るために必要なコーパスはBCCWJのデータのみでは十分とはいえない．そこで，我々は独自に科学技術論文コーパスとして土木工学，電気工学，医学系，言語処理など日本の代表的な学会の論文を収集し，『なつめ』公開に当たってこれらのテキスト中の文章を例文表示する使用許可を得た．表5.1に示すように論文を電子化し，『科学技術論文コーパス』（以後，論文コーパス）を構築している．BCCWJと論文コーパスは併せて1億語程度の文章を含んでいるが，共起表現の場合は名詞が格助詞を

表 5.1 論文コーパスの情報（文字数単位：千）

| 学会 | 論文集・雑誌名 | 収集年 | 論文数 | 文字数 |
|---|---|---|---|---|
| 土木学会 | 土木学会論文集（A, B, C, D） | 2009〜2010 | 109 | 1,061 |
| 日本化学会 | 日本化学会誌 | 2000〜2002 | 184 | 1,099 |
| 日本医科大学医学会 | 日本医科大学医学会雑誌 | 2005 | 28 | 106 |
| 電気学会 | 電気学会論文誌 | 1987〜1989 | 213 | 1,332 |
| 言語処理学会 | 自然言語処理 | 1994〜2003 | 199 | 2,510 |
| 総計 | | 1987〜2010 | 733 | 6,108 |

表 5.2 『なつめ』搭載のコーパス（単位：千）

| コーパス | 延べ共起数 | 異なり共起数 | 文字数 |
|---|---|---|---|
| 科学技術論文 | 340 | 174 | 6,108 |
| BCCWJ: | | | |
| 書籍 | 2,955 | 1,608 | 53,801 |
| Yahoo! 知恵袋 | 427 | 260 | 9,763 |
| 国会会議録 | 422 | 202 | 8,712 |
| 検定教科書 | 99 | 69 | 1,819 |
| 白書 | 410 | 172 | 8,444 |
| Yahoo! ブログ | 195 | 144 | 5,246 |
| 雑誌 | 21 | 18 | 456 |
| 新聞 | 62 | 51 | 1,188 |
| ウィキペディア | 18,550 | 7,022 | 372,901 |
| 総計 | 23,482 | 8,711 | 468,439 |

介して用言と共起するのでその組み合わせは膨大であり，1億語のみでは十分に質がよく，かつさまざまな話題をカバーできる共起データが得られない．そこで，テキスト量が大きい日本語版ウィキペディア（2008年時点）を補助データとして搭載した．現時点の『なつめ』では表5.2に示すようにBCCWJのサブコーパス[3]と論文コーパスを仮に「ジャンル」と呼び，それぞれのサブコーパスにおける個々の共起表現の出現分布を算出している．

## 5.3　日本語作文支援システム『なつめ』の機能

### 5.3.1　作文支援システムの機能

第二言語学習者にとって，ある単語に対して共起する語を適切に選択することは難しい問題である．同じ意味を表す語でも共起する語が異なったり，同じ語で

---

[3]　第1巻，第2巻でレジスターと呼んでいる概念を，本巻第5章ではサブコーパスと呼ぶ．

も状況に応じて共起する語が変ってきたりする場合がある．また，中級者以上の学習者でも，ある語に対して意味的に共起する語を想起することはできるが，執筆するジャンルに応じて適切な語を選択することはまだまだ難しい．

そこで我々は，日本語を学ぶ学習者を対象に，このような困難に対する支援の策としてジャンルに応じて適切な共起語を検索することを可能にした作文支援システム『なつめ』を開発している．『なつめ』は，学習者の入力した語に対して共起する語を頻度順に表示する機能を有するとともに，共起対の頻度をジャンル別に表示する機能，複数の語の共起頻度を一度に比較する機能，入力語の類義語表示機能などを有する．

我々は，自らが外国語学習を行うと考えたとき何が必要か，外国語学習者にとって使い勝手のよいインターフェースはどうあるべきかなどを模索しながら，作文支援システムにあるべき機能を設計し，単なる共起語検索だけでなく，複数語の比較や，類義語検索といった言語処理的な機能を加えてきた．

第二言語で作文するための支援に必要な機能を挙げると，辞書引き支援，語彙想起支援，校正支援などが考えられる．辞書引き支援は，文字通り母語の語句から作文する言語の語句の辞書を引く環境を提供するものであるが，複数の訳語が存在するときは，学習者自らが執筆する状況に応じて適切な語を選択する必要がある．使用する辞書の選択において，登録語数の多さや言語が異なる状況での熟語・慣用句の扱い方などが問題となる．

語彙想起支援とは，学習者が文章を書いている途中，使用したい語を思いついたときに，その語と適切に結びつく（共起する）語を提示するものである．ここでいう適切とは，日本語として正しい組み合わせであると同時に，作文する文章のジャンルに沿った使われ方をしていることを満たすものであり，これは通常の辞書利用では補えないところである．また辞書では適切な語が発見できない場合，想定した語の類義語を提示する機能も兼ね備えていることが望ましい．現時点での『なつめ』の機能はこの支援の拡充を目指している．

最後の校正支援は，作文として文が完成した後に，文法的なチェックを行い，日本語として正しいかどうかを確認する機能である．スペルチェックや表記揺れなど母語話者用の校正支援も同時に使われ，市販のワープロソフトでも十分役に立つ場面も存在する．しかし，第二言語学習用には，さらに過去に蓄積された学習者による誤用例と比較することで誤りを検出し，典型的な誤用を学習者に指摘する機能が求められる（5.1節，5.5節参照）．

### 5.3.2 システムの設計

日本語作文支援システム『なつめ』について，使用しているデータの流れに焦点を当てたシステムの設計図を図5.2に掲載する．

システムは大きく2つの部分に分かれ，共起情報を構築する部分と，学習者がインターネットを介して共起情報を検索・表示する部分から構成される．

共起情報の構築は，収集したコーパスから日本語文を抽出し，形態素解析，係り受け解析を施し，最終的に名詞・動詞，名詞・形容詞といった共起語の対を抽出する．データベースでは，指定された共起対を効率的に検索できるようにリレーショナルデータベースに格納するとともに，類似語の計算ができるように，行列形式でも格納する．

### 5.3.3 インターフェースの概要

システムのスクリーンショットを図5.3に掲載する．画面上部には学習者がキーとなる語を入力する入力欄，共起語のソート順を指示するリストボックスが並んでいる．現在では入力語の品詞は名詞もしくは動詞となっている．入力欄のすぐ下には入力語に対する類義語が並んでおり，クリックして選択することとで簡単に入力語と類義語の共起傾向の比較ができる．

画面中部では，入力語に対して共起する語が格助詞別にリスト表示されている．初期設定では頻度が高い順に共起語が表示される．

画面下部は，共起語の頻度がジャンル別に表示される．学習者が指定した共起語だけでなく，格の異なる語や類義語の使用状況も同時に表示することができる．

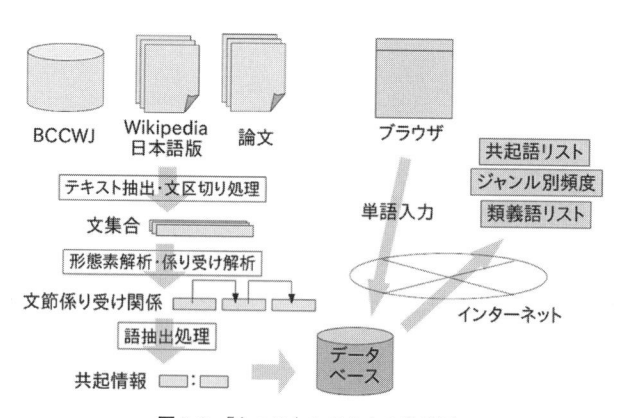

図5.2 「なつめ」システムの設計図

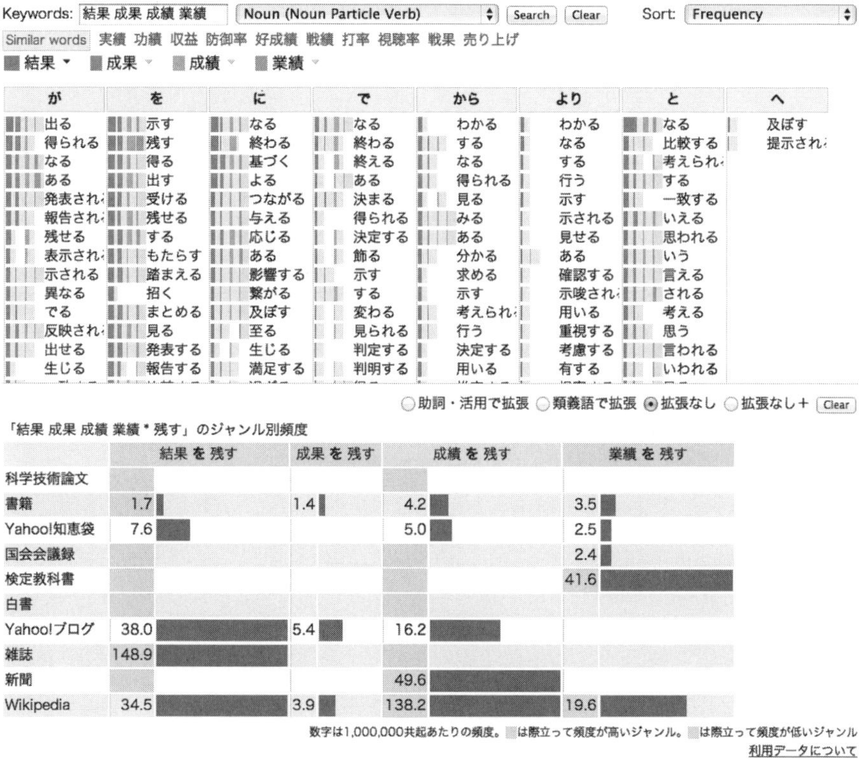

5.3 日本語作文支援システム『なつめ』の機能

図 5.3 「なつめ」のスクリーンショット

　作文支援シテテムを構築するに当たり重視した点は，学習者が知りたい共起対のみを検索するだけでなく，多様な視点からその共起対が正しく使えるものかを確認することである．ジャンル別に共起頻度を閲覧したり，類義語で似た意味の共起対がないかどうかなどを確認したりして，最終的な判断の根拠となる情報を提示することを目的としている．

### 5.3.4 入　力　欄

　学習者は，共起のキーとなる語を入力欄に入力し，右側の選択欄で入力語の品詞と知りたい共起語の品詞を指定する．入力欄には4語までの複数の語を入力することができ，共起の度合いを相対的に比較することができる．

　入力欄では1文字入力するごとに，その文字が先頭に来る単語を全コーパス内

での頻度上位10語がサジェスト候補として表示される．動詞の場合，語幹を入力すれば異なる活用形を持つ語や複合動詞がサジェスト候補として表示され，学習者は基本動詞以外の動詞があることに気づく．ここでは漢字・仮名だけでなくアルファベットを用いたローマ字入力にも対応し，日本語学習初心者や，日本語を音で覚えている学習者にとって，漢字で入力することなく，ローマ字で音のまま入力できるので便利である．

さらに『なつめ』では入力語に対する類義語を提示する機能を持つ．これは学習者が表現したい意味において，そのとき思いついた語よりも適切な語がないかを確認するときに重宝する．学習者が入力欄に語を入力し，その下の「類義語」ボタンを押すと，その入力した語に対する類義語がリストで表示される．複数の語を入力したときは，それぞれの語を考慮しての類義語となる．例えば「思い」が入力語のときは類義語として「想い　感慨　激情　念　いら立ち」が表示され，「思い　想い」と複数の語を指定したときは「感慨　恋心　激情　郷愁　憎しみ」が類義語として表示される．

類義語は，名詞・動詞の共起を考えたとき，行を名詞，列を動詞（またはその逆）とした共起行列を用いて算出されている．基本的な考え方は，共起行列から単語に対する共起語のリストを抜き出し，コサイン類似度を拡張した内積ベースの類似尺度を用いて，同じ共起語の傾向を持つ単語を上位にランキングする．情報検索の分野では，文書・単語から生成された行列に対し，高速に関連文書・単語を検索するライブラリが数多く公開されており，これらのライブラリの持つ機能は名詞・動詞の共起行列にも応用できる．本システムでは，行列の双対性を利用し，行・列どちらからでも高速に類似度計算のできる汎用連想計算エンジンGETA（西岡，2009）を使用し，類似度尺度には，情報検索でよく用いられているOkapi BM25（Robertson, *et al.*, 1994）を使用した．

### 5.3.5　共起語表示

学習者が入力した入力語に対する共起語を，格助詞別に表示する．図5.3の例では，入力語として「結果　成果　成績　業績」の4語を指定し，共起する動詞を表示させたものである．このとき各動詞の左側には異なる背景色で小さい棒グラフが表示され，どの語がどのくらいの頻度で共起しているかを認識でき，ほかの共起語との差異が直感的にわかる．この表示方法は，例のように複数の入力語があるとき特に有効で，それぞれの入力語に対する共起頻度が相対的に比較でき

るとともに，共起しない場合は空白で示されるので，ある共起語に対し，特定の入力語だけ共起しないということが容易に把握できる．複数語が入力できる既存の共起語表示システムとして，Sketch Engine が挙げられるが，2 語までの入力しかできず，3 語以上の語を並べて表示することができない．

共起語を表示する順番で用いる尺度の初期値は頻度順になっている．第二言語学習者にとっては，その共起が自然であるか否かを確認することが重要であり，頻度順で表示することが最も効果的であると考えられる．一方で，日本語の辞書を作成する研究者などから特徴的に共起する語が知りたいとの要望があり，『なつめ』では順番を決める尺度として頻度のほかに，Dice 係数，T スコア，Jaccard 係数，対数尤度比，$\chi$ 二乗係数，相互情報量[4]といった共起尺度が指定できる．

### 5.3.6 ジャンル別共起頻度の比較

学習者が共起語リスト中の語をクリックすると，共起語の頻度をジャンル別に表示し，各ジャンル間の共起頻度を比較することができる（図 5.3 下部）．多くの共起語検索ツールでは複数の種類のコーパスがあることを想定しておらず，あるジャンルでは共起するが，別のジャンルでは共起しないといったことがわからない．それに対し『なつめ』では，予めコーパスにジャンルのタグを振っておけば，そのタグごとに頻度をカウントすることで，それぞれのタグ内の頻度を計算できる．

ジャンル別表記頻度の例を図 5.4 に掲載する．表示方法は棒グラフ表示で，学習者が一目でジャンルごとの頻度の差異が視認できるように工夫している．このとき各ジャンル間で総共起数が大幅に異なるため，頻度グラフでは 100 万共起あたりの頻度に正規化して表示している．また表示の際は $\chi$ 二乗検定を行い，全ジャンルの平均頻度より有意に頻度が高いもしくは低いジャンルについて，その旨を色分けして表示している．

図 5.4（a）は，ユーザが指定した共起対「事業　を　実施する」に対して，異なる格助詞で拡張し表示させた例である．指定した語が動詞の場合，異なる格助詞だけでなく受身形や使役形など格が変わる活用形での共起についても自動的に展開し表示する仕組みを持っている．この場合「事業　が　実施される」「事業　が　実施する」などの共起傾向も表示される．

図 5.4（b）は，ユーザが指定した共起対「事業　を　実施する」に対して動詞

---
[4] 詳細は（石川，2006）を参照のこと．

(a) 格助詞で拡張

「事業 * 実施する」のジャンル別頻度

| | を 実施する | が 実施される | が 実施する | を 実施される | を 実施させる | に 実施す |
|---|---|---|---|---|---|---|
| 科学技術論文 | | 6.1 | | | | |
| 書籍 | 9.8 | 1.7 | 0.3 | | | |
| Yahoo!知恵袋 | | | | | | |
| 国会会議録 | 180.3 | 29.6 | 2.4 | 4.9 | 2.4 | |
| 検定教科書 | | 10.4 | | | | |
| 白書 | 1665.4 | 99.0 | | | | 5.0 |
| Yahoo!ブログ | | | | | | |
| 雑誌 | | | | | | |
| 新聞 | | 16.5 | | | | |
| Wikipedia | 5.2 | 2.8 | | | | |

数字は 1000000 共起あたりの頻度。■は際立って頻度が高いジャンル。■は際立って頻度が低いジャンル

(b) 類義語で拡張

「事業 を *」のジャンル別頻度

| | を 実施する | を 推進する | を 遂行する | を 拡充する | を 受託する |
|---|---|---|---|---|---|
| 科学技術論文 | | | 6.1 | | |
| 書籍 | 9.8 | 3.5 | 0.3 | | 0.3 |
| Yahoo!知恵袋 | | | | | |
| 国会会議録 | 180.3 | 56.8 | 9.8 | 2.4 | |
| 検定教科書 | | | | | |
| 白書 | 1665.4 | 576.3 | 2.5 | 22.8 | 2.5 |
| Yahoo!ブログ | | 5.4 | | | |
| 雑誌 | | | | | |
| 新聞 | | 33.0 | | | |
| Wikipedia | 5.2 | 4.6 | 0.6 | 0.0 | 0.1 |

数字は 1000000 共起あたりの頻度。■は際立って頻度が高いジャンル。■は際立って頻度が低いジャンル

図 5.4　ジャンル別共起頻度

の類義語で自動拡張した例である．システムは「実施する」に対して類義語を求め，この場合「推進する」「遂行する」などが算出され，それらの共起傾向も同時に表示される．例えば新聞ジャンルでは「実施する」が使われておらず，「推進する」が多く使用されていることなどがわかる．

### 5.3.7　例文表示

現在の『なつめ』では，共起対を抽出する元となる実際の使用例文を確認できる．学習者は，さまざまな形で表示する例文を限定することができ，ジャンルを横断し特定の共起対のみに限定して表示，特定のジャンルに限定して表示，共起対とジャンル双方を限定して表示などができる．例文表示では，ジャンルの情報とともにどの年代で出現したかという詳細な出典情報が表示される．図 5.5 は

## 5.3 日本語作文支援システム『なつめ』の機能

| Wikipedia | |
|---|---|
| １９６６年7月、三島が「豊饒の海（奔馬）」の 取材 で 神風連の取材に熊本市を 訪れ た 際は、荒木精之を紹介した。 | 「ウィキペディア日本語版: 清水文雄」2008. |
| 東京や、取材 で 訪れた 旅行先等で、お気に入りの店がみつかると、その店に通いつめる性格であった。 | 「ウィキペディア日本語版: 山口瞳」2008. |
| 取材 で 訪れた アメリカで大物タレントによるチャリティショーを見て「日本でもやりたい」と決意。 | 「ウィキペディア日本語版: 都築忠彦」2008. |
| たまたま 取材 で 訪れた 落語会で見た笑福亭鶴笑のパペット落語に感動し２００４年３月３０日に鶴笑に入門。 | 「ウィキペディア日本語版: 笑福亭笑子」2008. |
| 原作者のつげ義春は１９６９年8月に「アサヒグラフ」の 取材 で この温泉を 訪れており、著書である随筆『つげ義春とぼく』の中に当時の様子を詳しく記している。 | 「ウィキペディア日本語版: 今神温泉」2008. |

| 書籍 | |
|---|---|
| ここ数年増えてきた柔道王「コンデ・コマ」の 取材 で ベレンを 訪れ る 日本のマスコミ関係者は必ず大撤のもとを訪ねる。 | 堤 剛太「アマゾンのほほん熱風録」2002. |
| たまたま筆者はこの事件の直後、取材 で UFJ名古屋本店を 訪れ た のだが、行内には松本秘書室長に対する激しい怨念が渦を巻いていた。 | 須田 慎一郎「UFJ消滅: メガバンク経営者の敗北」2004. |
| 取材 で 訪れた 大連や青州の加工工場は、まさにその第一線だった。 | 朝日新聞社「あした何を食べますか?: 検証・満腹ニッポン」2003. |
| 政治家や学者、施設やマスコミの関係者などが視察や 取材 で 訪れ る と、入居者としての声を伝えてきたという。 | 加藤 仁「介護を創る人びと: 地域を変えた宅老所・グループホームの実践」2001. |

図 5.5 例文表示

「取材で」「訪れる」の共起対を限定したときの例文の表示例である．

図 5.5 の例をみてもわかるように，『なつめ』では指定した共起対が文中で離れて共起している場合や動詞が活用している場合でも，共起事例として表示できる．これは例文ごとに内部で自動解析した共起情報を持っているためであり，コンコーダンサで多く用いられる文字列ベースの検索では実現できない機能である．もちろん，文の自動解析の誤りや，校正作業を経ていない Wikipedia やブログに頻出するぎこちない文が原因により，本来ありえない共起対が出現することもある．そのような共起対は学習者にとって学習に悪影響を及ぼすため，どのようにしてそれらを表示させないようにするかは今後の課題である．

例文表示機能は，指定した共起対の実際の使用例がすべて閲覧できるため便利である一方，初級学習者にとっては，表示された例文が長く，難しい語句を含むため理解が困難になる例文も存在する．そのような学習者のために現在，文長，単語や文型レベル，係り受け段数といった文構造を利用する例文のフィルタリング機能を実装中である．

また，日本語レベル上級者や日本語教師らの中には，共起語のリストやジャンルの使用頻度を見るためではなく例文表示を目的として『なつめ』を利用するこ

とも多い．そういった利用者のために，共起対の検索後，すぐに例文表示に直接たどりつけるようなインターフェースを現在作成中である．

## 5.4　学習者評価実験

『なつめ』の有効性を検証するために，2010年12月および2011年6，7月に評価実験を行った．2回とも，対象者は東京都内の工学系学部留学生で，日本語の能力は中・上級であり，レポートの書き方にはある程度慣れているものの本格的な論文の書き方の経験がなかった．最初の実験（以後，実験1）では，『なつめ』を使用した場合，口語表現を論文らしい表現に書き換えるタスクとしてどの程度書き換えるかを検証した．次の実験（以後，実験2）では，学習者が作文を書くときに『なつめ』を使用することで，より論文らしい作文ができるかどうかを検証した．実験1と実験2の目的は以下の通りである．

実験1では，与えられた文を論文調に書き換えることで，まず学習者がどのような語彙，文法を書き換えて，レジスターの違いがどの程度使い分けられているかを調査する目的であった．実験2では，学習者が与えられた課題について作文をすることで，作文プロセスの中で共起表現をどの程度工夫を加えてレジスターに合わせているかを観察することが主な目的であった．両実験ともに一般的な日本語の正しさのみではなく，作文目的であるレポートにふさわしい日本語かどうかに焦点を当てた．

### 5.4.1　実 験 設 計

実験は2回とも図5.6のような設定で行った．

まずは，実験1，2ともに実験協力者を2グループに分けた．グループ分けの基準は実験協力者の大学入学時に行った日本語の達成度テストの成績と母語および漢字圏と非漢字圏のバランス[5]であり，それらが均等になるように実験協力者を振り分けた．

次に，それぞれのグループが『なつめ』を使用しない課題の後に，『なつめ』を使用する課題を順番に受ける．つまり，グループAは『なつめ』を使用せずに課題1を実施した後，『なつめ』を使用して課題2を実施した．グループBは，反対に『なつめ』を使用せずに課題2を実施した後，『なつめ』を使用して課題1を

---

[5]　実験協力者の母語は，実験1と実験2において中国語がおおよそ半分の割合を占め，次に韓国語，ベトナム語，タイ語，インドネシア語などアジア各地の母語がほとんどの割合を占めた．

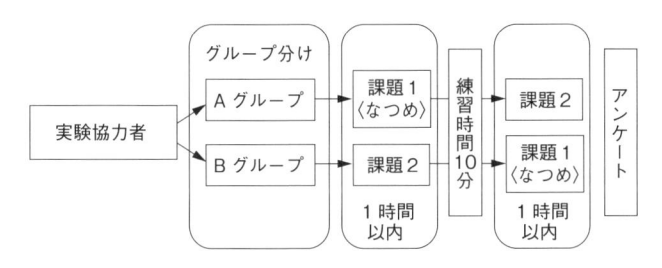

図 5.6　実験 1 と実験 2 の手順

実施した．実験協力者が課題ごとに与えられる時間は 30 分から 60 分以内とした．また，実験時間中は協力者が日常使用している電子辞書あるいはネット版辞書の使用を許可したところ，実験中にもほぼすべての学生が上記の電子辞書あるいはネット辞書のいずれか，あるいは両方を使用していた．これらの辞書は国語辞典あるいは対訳辞書であり，科学技術の分野に特化したものではなかった．使用法の説明後，実験協力者が練習する時間は拘束時間の制約から 10 分間以内であった．実験後は『なつめ』の印象および日本語作文の経験に関するアンケート調査を行った．

### 5.4.2　実験 1 ── 書き換え実験

実験 1 では，筆記と『なつめ』使用における共起表現の書き換えの比較を通して『なつめ』の利用効果を検証した（ホドシチェク・仁科，2011a）．

課題 1 と課題 2 はそれぞれ 15 文と 400 字程度の文章の書き換え問題からなっていた．「なつめ」非使用の場合では，実験協力者が自ら考えて問題文を「科学技術文章」らしい文に書き換えるという指示をした．一方，『なつめ』使用の場合は「科学技術文」など論文に近いコーパスを参照しながら高い頻度のものを選択するように指示した．図 5.7 は書き換え問題の例である[6]．

『なつめ』使用と非使用を比較するために，それぞれを同じ基準を用いて評価した．評価のための採点法は，『なつめ』で検索可能な共起語に正解の場合 2 点を付与し，『なつめ』にはないが，適切に書き換えられた場合には 1 点を付与した．図 5.7 に採点法の例を示す．

実験協力者の解答例では，「影響をもらわない」を「影響を受けない」に正しく書き換えた一方，「小惑星がぶつかる」と「大きい」はそのまま書き換えせずに残

---
6)　例文は岡田・加藤（2009）中の 2 文．

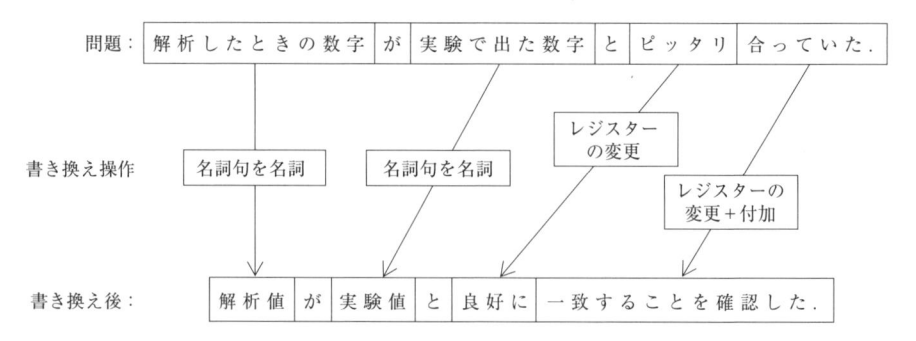

```
問題：       ┌─────────────┐   ┌─────────┐  ┌────┐ ┌──────┐
             │解析したときの数字│ が │実験で出た数字│ と │ピッタリ│ │合っていた.│
             └──────┬──────┘   └────┬────┘  └──┬─┘ └──┬───┘
                    │                │      ┌───┴──┐    │
                    │                │      │レジスター│    │
                    │                │      │の変更 │    │
書き換え操作   ┌──────┴──┐    ┌──────┴──┐  └──────┘    │
             │名詞句を名詞│    │名詞句を名詞│        ┌──────┴─┐
             └──────┬──┘    └──────┬──┘        │レジスターの│
                    │                │            │変更＋付加 │
                    ▼                ▼            └─────┬──┘
書き換え後：   ┌────┐ ┌──┐ ┌────┐ ┌──┐ ┌────┐ ┌────────────┐
             │解析値│ が │実験値│ と │良好に│ │一致することを確認した.│
             └────┘    └────┘    └────┘ └────────────┘
```

┌─回答例と模範解答─────────────────────────────────┐
│ 課　題：天体の中の小惑星がぶつかっても私たちは大きい影響をもらわないでしょう． │
│ 回答例：天体の中の小惑星がぶつかるが私たちは大きい影響を受けないだろう．   │
│                              （採点：0＋2＋0＝2） │
│ 模範解答例：天体の小惑星が衝突しても我々は重大／深刻な影響を受けない．   │
│                              （採点：2＋1＋2＝5） │
└────────────────────────────────────────────┘

**図 5.7**　論文らしい表現への書き換えにおける書き換え操作種類の例

している．

　実験 1 の結果として，課題 1 と課題 2 の間では有意差は認められなかった．同じく，グループ A とグループ B の間でも有意差が認められなかった（$t = -0.15$, $p$ 値 $= 0.89$）ため，グループをまとめて集計することにした．

　図 5.8 に示す『なつめ』使用と非使用の間の差分をみると，実験協力者の『なつめ』非使用の得点が低ければ低いほど『なつめ』使用での効果がみられる．一方，筆記の得点が高い群では『なつめ』使用の効果があまりみられなかった．『なつめ』使用で得点が下がった原因を調べるため，上位群の『なつめ』非使用の解答を分析した結果，大きく 3 つの理由が考えられた．まず制限時間の影響で共起検索にだけ注目している傾向があった．次に，検索して得られた共起語の複数の候補からの選択誤りによる書き換えの失敗がみられた．最後に表 5.3 に示すように，下位概念から上位概念への書き換え，副詞，複合辞，モダリティなど『なつめ』の機能では書き換えができない項目において筆記では得点を得た協力者がいたためとわかった．

　実験後のアンケート調査の質問から論文の書き方についての認識に関しては，以下のような記述があった．

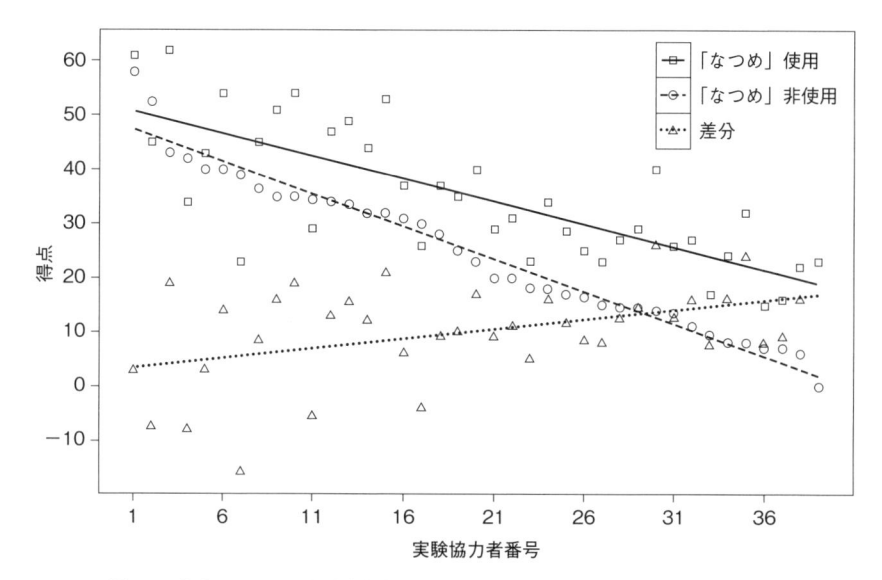

**図 5.8** 実験 1 における実験協力者の得点分布及びその線形回帰（非使用の降順）

**表 5.3** 『なつめ』で指摘できない書き換え項目

| 種類別書き換え項目 | 正しい書き換えの例（誤用→正用） |
| --- | --- |
| 下位から上位概念への書き換え | プラスチックなどのゴミ→不燃ごみ |
| 名詞句を1名詞にする | 水の深さ→水深 |
| 動詞の名詞化 | 決まった条件→先決条件 |
| 副詞 | いくつかの→若干 |
| 形容詞 | いろいろな観点→様々な観点 |
| 名詞 | 大きい違い→大きい差 |
| 複合辞 | 家族について→家族に関して |
| モダリティ，文末表現 | 条件が合うようにしなければならない→条件を満たすべきだ |
| 接続詞 | 考え出したので→提出したがゆえに |

・話し言葉とは違う書き言葉がある．
・漢語を多く使う．
・「である」体で書く．
・名詞句，述部，接続詞，副詞も論文らしい表現があるらしい．
・単語は見たことがあるが文脈中での適切な用法がわからない．

以上から，学習者は論文がほかの文書と何らかの違いがあることに気づいていても，自ら書いた表現が論文にふさわしいかどうかという判断がしにくいことが

示唆された．

### 5.4.3　実験2——作文評価実験

実験2では，実験1に次いでレポート作成における『なつめ』の有効性を検証した（Hodošček・仁科，2011）．課題は，「日本は動物実験を全廃にすべし」（課題1）と「日本は英語を第二公用語にすべし」（課題2）とし，課題の主旨を200字程度で示し，主張の是非の判断とその理由を書くように指示した．作業は，MS Word と Firefox 5 を用いて行った．文章作成の条件としては，200字以上書くこと，「である」体で文をまとめること，そして『なつめ』使用の際に「科学技術論文」のジャンルを参照することとした．

実験協力者が作成した作文の文字数と作業時間について t 検定を行った結果，文字数においては有意な差はなかった．作成時間については『なつめ』を使用した場合が使用しなかった場合に比較して，6分間長く，有意差が認められた（$t(19)=2.56$, $p<0.05$）．この結果からは，『なつめ』での練習時間が不足して使い方に慣れていなかった実験協力者が『なつめ』での作業に時間を費やしたことが推測できる．一方，アンケートの回答からは，『なつめ』使用による「疲れ」は少なかったことがわかった．

さらに，産出された共起表現について，日本語教育専門家3名に次の5項目の評価を依頼した．

| 評価項目 | 定義 | 高得点の例 | 低得点の例 |
| --- | --- | --- | --- |
| レジスター | 共起表現がレポートの表現として適切か | 実験を行う | 実験をやる |
| 共起の意味 | 共起表現内において意味が通じるか | 薬を飲む | 薬をとる |
| 共起の構文 | 共起表現内において構文的に適切か | 被害にあう | 被害をあう |
| 1文の意味 | 共起表現を含む1文全体の意味が通じるか | 科学者が実験に命をかける | 動物の命をかけて実験をするのは動物にとって残酷すぎる |
| 1文の構文 | 共起表現を含む1文全体が構文的に適切か | 文章を英語で書いた | 英語圏を中心とする今の科学界には，多くの文献は英語で書いた |

共起表現の妥当性をさまざまな観点からみることができるが，ここでは上記の5項目に限定する．まずは，共起表現がレポートのレジスターとして適切かどう

表 5.4 『なつめ』使用による効果の検証（数値はすべて平均パーセント値）

| 評価 | 『なつめ』使用 | レジスター | 共起 | | 1文 | |
|---|---|---|---|---|---|---|
| | | | 意味 | 構文 | 意味 | 構文 |
| 適切 | なし | 43 | 72 | 73 | 48 | 47 |
| | あり | 72 | 83 | 85 | 64 | 64 |
| どちらともいえない | なし | 29 | 10 | 11 | 25 | 25 |
| | あり | 16 | 6 | 6 | 17 | 18 |
| 不適切 | なし | 28 | 19 | 16 | 27 | 28 |
| | あり | 12 | 11 | 9 | 19 | 19 |
| 合計 | なし | 100 | 100 | 100 | 100 | 100 |
| | あり | 100 | 100 | 100 | 100 | 100 |

かを評価する．次に，共起表現の範囲内では，共起語間の結合における意味と構文が評価対象となる．文レベルにおいては，共起表現を含む文全体の意味と構文が評価対象となる．

　レジスターに関しては『なつめ』使用の評価の中でほかの評価項目より平均評価点が低いことがわかり，共起表現の運用の中で，意味と構文よりレジスターが実験協力者にとって難しいことが示唆された．また，レジスターに対する評価者間の評価一致度に揺れがあり，レジスターの評価に個人差があることがわかった．

　評価項目間のピアソンの積率相関係数を算出した結果，レジスター以外の項目間で相関が高く，レジスターがほかの項目と比較して独立していることを示唆している．例えば，「実験をやる」という共起表現は意味と構文においても適切である一方，レジスターとしては不適切である．

　表 5.4 の使用と非使用における平均評価得点を比較すると，『なつめ』使用は共起表現の産出において有効であることを示している．また，評価の詳細を探るため，評価者全員の評価の平均得点順位から上位と下位の例を示す．

　上位例：グローバル化が非常に進んでいる現在，多くの領域での国際的な協力が期待される．

　下位例：子供の考えはどこから影響をとるかというと，日常生活なのである．

　上位の例では，「グローバル化が進んでいる」の意味，構文，レジスターとも適切であると判断され，全項目で高い評価点を得ている．下位例においては，「影響をとる」が「影響を受ける」という意図であると推測される．「影響をとる」の場合は，共起表現として意味が成立しないと評価され，ほかの項目においても評価が概ね低くなっている．このように共起表現として意味が成立しない場合は，構

表 5.5 『なつめ』使用と非使用における「実験」を含む共起表現の比較

| 検索語 | 共起語 | 『なつめ』使用 | 『なつめ』非使用 |
|---|---|---|---|
| 実験 | を行う | 8 | 7 |
| | を実施する | 2 | 0 |
| | をやる | 1 | 2 |
| | をする | 0 | 10 |
| | が必要 | 2 | 0 |
| | 合計 | 13 | 19 |

文およびレジスターが評価しづらくなることが推測される.

表 5.5 は「実験」という語について,『なつめ』使用と非使用の場合の共起語を対照したものである.「実験」についてみると『なつめ』使用では「行う,やる,実施する」,非使用では「行う,する,やる」などが見られる.実験協力者は「なつめ」を参照してレポート文を書くという条件の中で,科学技術論文のジャンルを参照しながら「行う」を選択し,「する」は選ばなかったと推測される.一方,「なつめ」非使用の実験協力者は,「実験をする」の使用が多く,「実験をする」が「実験を行う」を上回っている.これは実験協力者がレポートにおける適切なレジスターの使用に習熟していないことを示すものである.

実験 1 では,中級学習者までの実験協力者において『なつめ』使用が非使用より書き換えの得点が有意に高い一方,上級学習者においては『なつめ』の有効性が明らかではなかった.実験 2 では,『なつめ』のジャンル別共起表示を参照することで,共起の産出とその適切な使用において有意に効果があることが明らかになった.

評価実験からみえてきた学習者の問題点として,次の 4 点が明らかになった.
① 実際の論文の記述法とのギャップの解消.
② 科学技術論文レジスターの提示が必要.
③ レジスターを意識させる教材教具の提供の必要性.
④ 学習者が自身の誤用に気づかない場合に検索しなかった語をどのように気づかせて,適切な産出に導くか.

## 5.5 日本語の誤用添削と文章校正支援

学習者は日本語を第二言語として学習しているため,日本語母語話者のように日本語におけるさまざまなジャンルに触れていない.さらに,学習者の母語でジ

ャンルの区別はできるとしても，母語のジャンルに関する知識がそのまま活用できない．そこで画面を見ることで日本語のジャンルの違いが理解しやすくなれば，ジャンルを意識した学習への展開につながると考えられる．例えば，話し言葉として適切な表現が論文において不適切になることがある．話し言葉の「〜がけっこうある」に対して書き言葉では「〜が多数ある」となるように，ジャンルを区別することは学習者にとって戸惑う問題である．この場合，「けっこう」と「多数」のジャンル別分布がわかれば，すべてのジャンルと馴染みがなくてもどの語をどのジャンルで使用できるかが推測できる．このように，データ駆動によって学習者が日本語母語話者の日本語感覚をコーパスという客観的なデータを用いて補うことができる．

しかし，学習者が自らの誤りに気づかないこともある．この場合は，正しい文章を書くために，個々の表現について辞書などを頼りにすべて調べる以外にすべがない．そこで，学習者の誤用事例を収集したデータの構築と自動的に誤用を指摘し，修正案を提示するシステムの開発が考えられる．

### 5.5.1 日本語学習者作文コーパス

我々は 2009 年度から学習者の犯しがちな誤用を探るべく日本語学習者作文コーパスの構築（以後，学習者コーパス）を開始している．学習者コーパスは，大学に在籍する日本語学習者が日本語の授業で特定のテーマについて書いた作文を収集し，学習者情報（国籍，母語，性別，日本語レベル，学習時間など）と誤用タグデータも併せて収納している．2012 年 3 月の時点では学習者 164 名分から 261 作文（総文数 5,664 文）を収録している．そして，そのうちの 3,563 文に対しては日本語教師 3 名が添削を行い，誤用箇所ごとに「口語・文語のスタイルの誤り」や「語の共起の誤り」など誤用タグづけを行っている．

### 5.5.2 誤用判定方法

ある表現がレポートの中で適切かどうかを知る方法として，異なるジャンルのコーパスにおける出現頻度と比較することが考えられる．しかし，作文目的で決まるジャンルのレジスターをどのコーパスと対応させるかは場合によって困難である．例えば，今，レポート作成が目的である場合，レポートそのもののコーパスを利用することが好ましいが，現実にはそれらに直接対応するコーパスはなく，それらに最も近いと思われる科学技術論文コーパスと BCCWJ の白書を「準正用

コーパス」とみなすことで対象を拡張して用いることにする．一方，レポートとレジスターが大きく異なるコーパスとしては何を基準に選ぶかが問題となるが，ここでは口語が含まれておりレポートとは最も遠いと思われる BCCWJ の Yahoo! 知恵袋，Yahoo! ブログ，国会会議録を「準誤用コーパス」とみなす．こうして「準正用コーパス」と「準誤用コーパス」を決定したうえで，表現の出現頻度をそれぞれから算出し，誤用判定を行う．

　誤用判定ができる条件としては，まず判定対象の表現が少なくとも1つのコーパスに出現することが前提となる．コーパスは大きいほど出現しないことで誤用と判定できる確かさは一般的に増すと考えられるが，たまたまコーパスに含まれていない表現を誤用と判定することは危険であり避けるべきである．また，同じように，レジスターの誤用として判定できる条件として「準正用コーパス」に出現しないだけで「誤用」と判定することは困難であり，表現の「準誤用コーパス」での出現が「準正用コーパス」の出現に対して有意に高いという条件が必要となる．また，反対に「準正用コーパス」が「準誤用コーパス」と比較して表現の出現が有意に高い場合は，その表現を「正用」と判定する．最後に，複数コーパス中で出現しても，「準正用コーパス」と「準誤用コーパス」の間で統計的な有意差がない場合は，ニュートラルな表現としても考えられ，「判定不能」となる．

　表現が出現する場合，「準正用コーパス」と「準誤用コーパス」とそれら以外のコーパスにおける出現頻度を元に $\chi$ 二乗検定を行い，「準正用コーパス」と比較して「準誤用コーパス」が有意水準5%で有意に高い場合にその表現は目的のレジスターとしてふさわしくないものであると判定され，「誤用」とする．

　以上を共起表現の「準誤用コーパス」と「準正用コーパス」での出現頻度に基づいて誤用判定を行う手法として，表5.6にまとめる．

表5.6　誤用判定の種類

| 誤用判定 | 説明 |
| --- | --- |
| 誤用 | すべてのコーパスにおいて出現しない |
| レジスターとして誤用 | 「準正用コーパス」と比較して「準誤用コーパス」側に著しく多く使用されている |
| 判定不能 | 「準正用コーパス」で出現しない，あるいは「準正用・準誤用コーパス」間で統計的な有意差がない |
| レジスターとして正用 | 「準誤用コーパス」と比較して「準正用コーパス」側に著しく多く使用されている |

### 5.5.3 品詞別の誤用判定

レポートにおけるレジスターの誤りの実態を探るために，学習者コーパスの誤用分類（曹ほか，2010）の中でレジスターの誤りが現れやすい誤用項目「口語・文語のスタイル」を対象に分析した（ホドシチェク・仁科，2011b）．まずは添削された表現を品詞別に分け，そこから得た誤用 416 件の中から，「ですから」を「だから」のような文体の異なりを対象外とし，「ですから」を「従って」のように語が異なるもののみを対象とした．その結果，得られた誤用件数 195 の中で最も添削件数が多い接続表現（94 件）と副詞（65 件）に焦点を当てた．

添削前と添削後の表現の出現頻度を論文コーパスと BCCWJ から抽出し[7]，「準正用コーパス」と「準誤用コーパス」に分けた．論文コーパスと BCCWJ における接続表現と副詞の出現分布によるレジスターの選択誤り判定の例を表 5.7 に示す．表 5.7 においては，出現頻度をわかりやすくするために有意に頻度が高いコーパスを「高」，低いコーパスを「低」，または有意差がないコーパスを「中」という頻度カテゴリに分類する．添削前の表現については，「「準正用コーパス」での使用が「準誤用コーパス」での使用より少ない」場合，添削前の表現が適切に誤用と判定している．添削後の表現については，「「準正用コーパス」での使用が

**表 5.7** 表現におけるレジスターの選択誤り判定

| 品詞 | 誤用表現 | 添削回数 | 準正用 | 準誤用 | 誤用判定 | 正用表現 | 準正用 | 準誤用 | 正用判定 |
|---|---|---|---|---|---|---|---|---|---|
| 接続表現 | でも | 39 | 中 | 中 | × | しかし | 低-高* | 低 | × |
|  | だから | 5 | 低 | 高 | ○ | 従って | 高 | 高 | × |
| 副詞 | 多分 | 13 | 低 | 高 | ○ | 恐らく | 低 | 高 | × |
|  | いっぱい | 8 | 中 | 高 | ○ | たくさん／多く／多数 | 中 | 低 | ○ |
| 形容詞・形状詞 | いろんな | 9 | 中 | 高 | ○ | いろいろな／さまざまな | 中 | 高 | × |
| 形容動詞 | みたいな | 1 | 低 | 高 | ○ | のような | 高 | 低 | ○ |
| モダリティ表現 | かな | 2 | 低 | 高 | ○ | かもしれません | 低 | 高 | × |
| 助詞 | 〜とか〜とか | 3 | 低 | 高 | ○ | 〜や〜など | 中 | 低 | ○ |
| 動詞 | ちがいます | 1 | 低 | 高 | ○ | 異なります | 高 | 低 | ○ |
| 名詞 | お父さん | 1 | 中 | 中 | × | 父親 | 中 | 中 | × |

\* 「しかし」は「白書」で「高」であるのに対し「科学技術論文」では「低」のため，判定不能とした．

---

7) 語彙パターン抽出には全文検索エンジン Sphinx を使用した（http://sphinxsearch.com/）．

「準誤用コーパス」での使用より多い」場合，正用と判定している．

全体の傾向として，異なり数 56 個の添削前の表現は 79% を誤用として判定できたものの，異なり数 67 個の添削後の表現は 15% が正用として判定された．例えば「多分→恐らく」を例にすると，添削前の表現は誤用として判定できるが，添削後の表現は正用として判別されない．これは，「恐らく」ないし「多分」が推量副詞として「準正用コーパス」において出現しない傾向があるため，推量副詞が多用される「準誤用コーパス」との比較の中で誤用かどうかが判定できなかったと考えられる．また，今回は学習者コーパスが論文ではなくレポートとしての誤用アノテーションが付与されているため，「かもしれません」というモダリティ表現は許容している．しかし，「準正用コーパス」におけるフォーマルな論文の書き方としてはむしろ誤用として判定することが妥当と考えられる．以上の理由から，本手法は「準正用コーパス」の設定によって正用の判定には有効とはいえないものの，誤用の判定には効果があることがわかった．

### 5.5.4 共起表現の誤用判定

八木ほか（2012）は 5.5.3 とは異なるアプローチにより，『なつめ』の共起表現データと学習者コーパスを利用することで共起表現の誤用判定の方法を示した．学習者コーパスを CaboCha と UniDic で係り受け解析し，【名詞-格助詞-用言】と【形容詞-名詞】の共起表現を抽出し，学習者コーパスの誤用タグデータと照合した結果，誤用共起表現 117 例が得られた．その共起表現の名詞と用言の要素を日本語 WordNet（Bond, et al., 2009）および『なつめ』の共起情報データに基づいて拡張した結果，1203 例の共起表現が評価対象となった．拡張方法については八木ほか（2011）を参照されたい．

学習者コーパスから誤用タグを付与していない 36 作文（476 文）に対して誤用

表 5.8 レジスターの妥当性確認の結果

| 判定結果 | 名詞-格助詞-動詞 | | 名詞-格助詞-形容詞 | | 形容詞-名詞 | |
| --- | --- | --- | --- | --- | --- | --- |
| | 実数 | (%) | 実数 | (%) | 実数 | (%) |
| 共起データなし | 598 | (54) | 16 | (43) | 11 | (20) |
| 誤用 | 41 | (4) | 6 | (16) | 17 | (30) |
| 判定不可 | 468 | (42) | 14 | (38) | 26 | (46) |
| 正用 | 3 | (0) | 1 | (3) | 2 | (4) |
| 計 | 1,110 | (100) | 37 | (100) | 56 | (100) |

添削を適用した判定結果を表 5.8 に示す．共起データがないかあるいは，「準正用コーパス」と「準誤用コーパス」との間で出現分布に有意な差がみられない共起表現が判定の大半を占めているが，全体の 5% ほどをレジスターとしてふさわしくない「誤用」あるいは，「正用」として判定できた．

適切に誤用と判定された共起表現の例は，「ことがある」「問題が起きる」「結論を出す」「一緒にする」「いい経験」などであった．どれも日本語として誤っているわけではないが，レポートや論文の場合には別の表現に書き換えたほうがよいといえる．

一方，誤って誤用であると判定された共起表現の例としては，「子供がいる」「仕事をする」「大学に行く」などがあった．こうした表現はレポートや論文のテーマによって使用する可能性は皆無とはいえない．しかし，判定の際に「準正用コーパス」として使用した科学技術論文，BCCWJ における白書，法律では，こういった話題に関する文章が少ないことが誤りの要因として考えられる．この問題の解決策として，「準正用コーパス」として手本となる日本語母語話者のレポートのコーパスや，正用データの拡張が挙げられる．また，誤用として判定できる表現の種類を拡大するためには，学習者コーパスの整備も必要となる．

## 5.6 作文支援システムの課題と可能性

### 5.6.1 『なつめ』で可能になったこと

理系留学生の作文を支援する項目として，我々は表記から文章の構成や一貫性まで様々な言語のレベルを目指してきた．学習者にとって習得困難だと思われる特定のジャンルにおける語と語の共起表現に注目し，【名詞-格助詞-用言】の共起検索の開発をした．理系のレポート・論文を書くための語の選択をするうえで話し言葉と書き言葉の使い分けが重要であることがわかった．そこでレジスターとジャンルの理論を導入し，BCCWJ に科学技術論文コーパスを加え，ジャンルを意識させるために用法の頻度差を示すことで，学習者が用法を選択することが出来るようにし，この表示法の有効性を学習者実験により明らかにした．すなわち，『なつめ』を使用した場合と使用しなかった場合を比較した結果，『なつめ』を使用した方が妥当な共起表現とレジスターに適った文を作成できることがわかった．しかしながら，現システムには改良すべき点や今後開発すべき機能が課題として残されていることも多い．

### 5.6.2 データ駆動型学習の再考

データ駆動型のデータ表示方法は母語話者および上級レベル学習者の文章作成には有効であるが，初級ないし中級レベルの学習者には問題点が多く存在している．Johns の考えたデータ駆動型学習は，新しい学習法として期待できる点が多いが，今後も工夫の余地がある．インフォーマントとして単にテキストデータを提示するのみではなく，作文支援の観点として『なつめ』のようなジャンルおよび格助詞別の共起語の提示などを集約し，整理した情報を提供することがこれからの可能性として考えられる．

### 5.6.3 正用コーパスと誤用コーパスの必要性

BCCWJ は均衡コーパスとして日本語の標準的な姿を知るのに有効であり，日本語学習がこのコーパスの高頻度の表現が理解できれば，標準的な日本語を理解できると考えられる．

また BCCWJ は作文支援のツールとして，学習者の作文目的に適ったジャンルにコーパスを分割することで表現の検索ができる．しかし，作文支援には BCCWJ などの正用コーパスのみではなく，学習者コーパスの併用が有効であると考えられる．学習者コーパスを構築することで学習者が誤りやすい傾向を把握でき，これを数値化することでコンピュータによる学習支援が可能になる．現在日本語学習者コーパスは英語学習者コーパスに比較して整備が遅れている．話し言葉では KY コーパスなどがよく知られており，すでに日本語教育の研究者には広く利用されているコーパスである．書き言葉コーパスとしては国立国語研究所で作成された「日本語学習者による日本語作文」とその母語訳との対訳データベース（作文対訳 DB，データの総数 1,565 件）などがあるものの，『なつめ』に利用する BCCWJ などの正用コーパスと併用できるコーパスは現在，非常に少ない．学習者コーパスの開発が今後ますます重要になってくる．

### 5.6.4 ま と め

現在の言語処理技術と言語資源によって様々な応用が可能になったことから発展的なデータ駆動型の言語学習支援システムの開発を進めることができるようになった．本章では BCCWJ を利用した Web 上での日本語作文学習支援システム『なつめ』の構築について述べた．特に書き言葉と話し言葉の使い分けが重要な指導項目であることに着目し，学習者が適切な表現方法を習得するためには，ジャ

ンルによるコーパスの分類法が有効であり，同時に学習者コーパスの構築が重要であることを提案した．このコーパスの構築には，大量で正確なアノテーションが必要であるものの，その方法が現実には困難であることから，機械学習によるアノテーションを可能にするために基礎となるプロトタイプの作成が急がれる．

ほかにもシステムと教育効果の評価，BCCWJ と誤用データベースとの連携，第二言語習得研究の発展性，学習評価とシステム開発，意味ネットワーク利用の可能性など多くの課題があり，今後の研究が期待される．

［仁科喜久子・阿辺川武・ホドシチェク ボル（Hodošček Bor）］

## 参 考 文 献

阿辺川武，ホドシチェク・ボル，仁科喜久子（2011）．「語の共起を効率的に検索できる日本語作文支援システム「なつめ」の紹介」，『言語処理学会第 17 回年次大会発表論文集』，pp. 595-598.

石川慎一郎（2006）．「言語コーパスからのコロケーション検出の手法―基礎的統計値について―」，『言語コーパス解析における共起語検出のための統計手法の比較研究』，統計数理研究所共同研究レポート，**190**，1-14.

岡田淳，加藤真志（2009）．「高強度鋼を用いて塑性化を考慮した合成 I 桁の曲げ耐荷力特性の評価」，『土木学会論文集 A』，65-1.

鎌田美千子，曹紅荃，歌代崇史，村岡貴子（編著）仁科喜久子（監修）（2012）．『日本語学習支援の構築―言語教育・コーパス・システム開発―』，凡人社.

曹紅荃，黒田史彦，八木豊，鈴木泰山，仁科喜久子（2010）．「学習者作文支援システムのための誤用データベース作成―動詞の誤用分析を中心に―」，『世界日語教育大会論文集』，pp. 1571-1-1571-9.

西岡真吾（2009）．「汎用連想計算エンジン GETA」，『コンピュータソフトウェア』，**26-4**，87-106.

ハリデー，M. A. K.（著）山口登，筧壽雄（訳）（2001）．『機能文法概説―ハリデー理論への誘い―』くろしお出版.

ホドシチェク・ボル，仁科喜久子（2011a）．「作文支援システム『なつめ』利用によるアカデミック日本語表現の学習効果」，『第 13 回専門日本語教育学会研究討論会誌』，pp. 1-2.

ホドシチェク・ボル，仁科喜久子（2011b）．「作文支援システムにおけるレジスターの扱い」，『世界日本語教育研究大会 異文化コミュニケーションのための日本語教育 2』，pp. 522-523.

前川喜久雄（2011）．「コーパスと言語学」，松本裕治（編）．『言語と情報科学』，pp. 115-147，朝倉書店.

水本智也，小町守（2012）．「なんで日本語はこんなに難しいなの？―リアルな日本語学習者コーパスの分析と言語処理の課題―」，『情報処理』，**53-3**，217-223.

村岡貴子，因京子，仁科喜久子（2009）．「専門文章作成支援方法の開発に向けて―スキーマ形成を中心に―」，『専門日本語教育研究』，**11**，23-30.

八木豊，ホドシチェク・ボル，仁科喜久子（2012）．「BCCWJ と学習者作文コーパスを利用した

日本語作文支援—表記と共起に関する誤用添削プロトタイプ構築—」, 第 1 回『日本語コーパスワークショップ予稿集』, pp. 315-320.

八木豊, 鈴木泰山, 仁科喜久子 (2011).「BCCWJ と誤用コーパスを利用した日本語作文支援に関する一考察」,『特定領域研究「日本語コーパス」平成 22 年度公開ワークショップ（研究成果報告会）予稿集』, pp. 119-124.

Biber, D. and Conrad, S. (2009) *Register, Genre, and Style*. Cambridge Textbooks in Linguistics.

Bond, F., Isahara, H., Uchimoto, K., Kuribayashi, T. and Kanzaki, K. (2009)「Extending the Japanese WordNet」,『言語処理学会第 15 回年次大会発表論文集』, pp. 84-87.

Hodošček Bor, 阿辺川武, BekešAndrej, 仁科喜久子 (2011).「レポート作成のための共起表現産出支援—作文支援ツール『なつめ』の使用評価—」,『専門日本語教育研究』, **13**, 33-40.

Johns, T. (1991a). Should you be persuaded : two examples of data-driven learning. In Johns, T. and King, P. (eds.) *Classroom Concordancing. English Language Research Journal*, **4**, 1-16.

Kilgarriff, A., P. Rychly and J. Pomikalek (2004). The sketch engine. In Williams, G. and Vessier, S. (eds.) *Proceedings of the Eleventh EURALEX*, pp. 105-116.

Krashen, S. D. (1981). *Second Language Acquisition and Second Language Learning*, Pergamon Press.

Nation, P. (2001). *Learning Vocabulary in Another Language*. Cambridge University Press.

Pardeshi, P., Imai, S., Kiryu, K., Lee, S., Akasegawa, S. and Imamura, Y. (2012) Compilation of Japanese basic verb usage handbook for JFL learners : A project report. *Acta Linguistica Asiatica*, **2-2**, 37-64.

S. E., Robertson, Walker, S., Jones, S., Hancock-Beaulieu, M. and Gatford, M. (1994) Okapi at TREC-3. *Proceedings of THIRD TEXT RETRIEVAL CONFERENCE* (TREC 1994), pp. 109-126.

Swales, J. (1990) *Genre Analysis: English in Academic and Research Settings*. Cambridge University Press.

**URL**

Breen, Jim. "WWWJDIC", http://www.edrdg.org/cgi-bin/wwwjdic/wwwjdic?1C（2015 年 11 月 8 日検索）.

Chantokun, http://cl.naist.jp/chantokun/（2015 年 11 月 8 日検索）.

KY コーパス, http://opi.jp/shiryo/ky_corp.html（2015 年 11 月 8 日検索）.

リーディングチュー太, http://language.tiu.ac.jp/（2015 年 11 月 8 日検索）.

Sketch Engine, http://www.sketchengine.co.uk/（2015 年 11 月 8 日検索）.

Rikai, http://www.rikai.com/perl/HomePage.pl?Language=Ja（2015 年 11 月 18 日閲覧）

# 第6章 コーパス検索ツール

## 6.1 はじめに

　第二言語教育などの分野においてコーパスを応用するためには，コーパスだけでなく，コーパスの検索を可能とするツールも必要である．そのため，コーパスの構築とともに，コンコーダンスツールという，コーパスからデータを抽出するためのツールが開発され始めた．しかし，大規模なコーパスが検索対象となったころから，1つの検索キーワードに対して1,000例，10,000例以上と用例が大量に表示されるため，その大量の例を簡単に扱うことがむずかしくなってきた．そこで，コンコーダンス以外の機能を持ったコーパス検索ツールの開発が始まった（Heid, et al., 2000 ; Kilgarriff and Tugwell, 2001）．このようなツールにより，さまざまな統計値[1]を利用しつつ，頻度および統計値の高い順に語彙リスト，コロケーション関係，文型パターンなどの言語情報が抽出できるようになった．

　本章では，まず，世界および日本におけるこのようなツールの開発と応用について概説する．特に，データ駆動型学習およびコーパス準拠型の教材開発へのコンコーダンスの応用について述べる．次に，ウェブ上で利用可能なコーパス検索ツール Sketch Engine を紹介し，このツールによって抽出できる複数の共起関係，言語パターン，類義語の共通点と差異についての情報がどのように日本語教育に応用できるか，例を挙げながら検討する．最後に，コーパスおよびツールを活用した学習者用のコロケーション辞書の作成の試みについて述べる．

## 6.2　コーパス検索ツールの発展と日本語教育への応用

### 6.2.1　コンコーダンス

　電子化されたテキストの集合体としてのコーパスは，言語の蓄積データを分析するために貴重な資源である．コンピュータの力を借り，データ中で単語などの

---

　1) たとえば，相互情報量（Church and Hanks, 1989）などの統計値．

```
カートの短い女の前で自殺する男にたいするご意見は？」　陽気に、口笛を吹いて女
ていたという事実について、彼らの意見を発表し合う必要が生じたのであった。
三上は、やはり、船長との一件で小倉の意見が聞きたかったのであったが、それよ
その事に対して「こうしたらいいだろう」という意見を持ち出す者はなかった。だれ
。小倉も、この例によって、藤原へ意見を求めようと決心した。　藤原は、今まで
要求書を出す間ぎわになって、それを見せて意見を聞いたら。そしてもし、コーター
来の"ニュー・ロック"の誕生をみた、とする意見を聞きます。事実、ヤードバーズや
だ。彼とは、人生の問題について意見が合わないことが沢山ある。そんな話をすると
このことから、彼女の言葉は詩ではないという意見が出てくるのも当然です。確か
ファースト・アルバムの発表後、ウッズ夫妻は音楽上の意見の対立から、再びデュオと
```

図 6.1　コンコーダンスの KWIC 表示－キーワード「意見」

　言語的な情報が検索できる．MS Word などのソフトウエアでも，単語が検索できるが，コーパス検索ツールでは検索方法がさまざまあり，抽出・活用できる情報は多様である．検索ツールの基本であるコンコーダンスでは，語（いわゆるキーワード）の検索だけでなく，そのキーワードが現れる文脈，また例文の抽出ができる．その上，キーワードの出現数を数えて，コーパス中のキーワードの頻度を示し，キーワードの左右にある語をアルファベット順などの一定の基準によって並べ替えることができる．このような検索方法で得られた表示は，コンコーダンスリスト，または，KWIC（Key Word In Context）表示と呼ばれ，コンコーダンスツールの標準である．図 6.1 はキーワード「意見」の KWIC の例を示している．基本検索方法として，コーパス中に現れる「意見」を含む例文および直接の文脈を表示している．

　なお，コーパスが生のデータではなく，品詞などの言語的なタグ付けが追加されていれば，コーパス中でさまざまな言語的情報の検索が可能になる．基本的に，コーパスに対してさまざまな情報が付与されればされるほど，検索できる内容・方法が増加し，コーパスの応用範囲が広がる．

### 6.2.2　コーパス検索ツールの発展

　最初のコンコーダンスリストは，コンピュータがなかった時代，手作業で作成された．語彙集の作成に手間がかかったので，最も重要な作品のためだけに作られた．例えば，聖書やウィリアム・シェイクスピアのコンコーダンスリストである[2]．

　コーパスが電子化され，それとともにそのコーパスを検索するためのツールの開発が始まった．世界最初のコーパス Brown Corpus（約 100 万語）が 1964 年に公開された．その後 Bank of English（BOE），British National Corpus（BNC）

(約1億語)などの,より大規模なコーパスが開発され,その検索のためにコンコーダンス・ツールが利用された.特に有名なコーパスプロジェクトはコウビルドで,1980年代に『コウビルド(Cobuild)英英辞典』を初めとして,電子コーパスやコンコーダンスが辞書編纂に用いられるようになった(Sinclair, 1991).

1990年代にはコロケーション統計情報として,Church and Hanks (1989) が相互情報量(MI)を提案し,辞書編纂に利用され始めた.2000年代には,Sketch Engineのような,単語の振舞いの概略情報(いわゆるレキシカル・プロファイリング)を提供するツールが現れ,辞書の編纂に用いられるようになってきた.

### 6.2.3 日本語のコーパス検索ツール

『現代日本語書き言葉均衡コーパス(BCCWJ)』の構築とともに,コーパス検索ツールの開発・改良が注目されるようになった.例えば,コーパス構築と同時に開発されていたのは『ひまわり』,Chaki,『少納言』,『中納言』などのコンコーダンスツールである.

『ひまわり』[3] は言語研究用に設定されたツールで,XMLフォーマットの文書から特定の文字列が検索できる.日本語解析済みコーパス管理ツールChakiは,係り受け木などの検索機能のほかに,共起頻度統計の機能も提供している(松本, 2005).『少納言』[4] はBCCWJコーパスを対象に簡単な文字列検索(全文検索)を行うツールで,ウェブページ上で使うことができる.『中納言』[5] は,さらに,短単位・長単位・文字列の3つの方法によるBCCWJの検索ができる.

日本語のJpWaCという4億語のウェブコーパスの構築とともに,Sketch Engineを活用し,レキシカル・プロファイリングという方法を用いた検索が日本語でもできるようになった(Srdanović, et al., 2008).近頃,同じツールで百億語の日本語コーパスJpTenTenを用いたプロファイリングができた(スルダノヴィッチほか, 2013).6.3節,6.4節において,日本語のために適用したSketch Engineを紹介し,日本語教育への応用を検討する.

2012年には,同じレキシカル・プロファイリング手法を利用したNINJAL-

---

2) 後に,これらのコンコーダンスリストは電子化され,ウェブで公開されている.聖書のコンコーダンスはhttp://www.onlinebible.org/,シェイクスピアのコンコーダンスはhttp://www.opensourceshakespeare.org/concordance/ で見られる(2015年12月5日検索).
3) http://www2.ninjal.ac.jp/lrc/index.php (2015年12月5日検索).
4) http://www.kotonoha.gr.jp/shonagon/ (2015年12月5日検索).
5) https://chunagon.ninjal.ac.jp/login (2015年12月5日検索).

LWP（プラシャント・赤瀬，2012）というツールが現れた．NINJAL-LWPは，まずBCCWJの検索ツールとして構築され，その後11億語の『筑波ウェブコーパス（Tsukuba Web Corpus: TWC)』の検索ができるようになった（今井ほか，2013）．

Sketch EngineとNINJAL-LWPは，レキシカル・プロファイリングツールで，ウェブ上で公開されており，辞書編集および日本語教育や日本語研究の分野で幅広く活用できるツールである．

さらに，他の特定のコーパスの検索を行うツールとして，『格フレーム検索』やChakoshiが挙げられる．河原・黒橋（2006）『格フレーム検索』は16億文の日本語のウェブデータから名詞・格助詞・動詞のコロケーションおよびその原文をウェブ上で検索することができる[6]．青空文庫コーパスと名古屋大学会話コーパスの検索を行うChakoshi[7]は日本語用例・コロケーション情報抽出システムであり，ウェブ上でコーパスからキーワードのKWICおよびコロケーションリストの表示ができる（深田，2007）[8]．

以上の資源はもともと日本語学習者を対象として作成されたものではないが，日本語教育への応用も見られる．例えば，KH Coderは動詞パターンなどの情報をコーパスから取り出すことができる（佐野・李，2007）．また，佐藤ほか（2007）の研究では，副詞と形容詞の組み合わせを学習するためのウェブ上のコンコーダンスが作成され，その運用例が示された．さらに，学習者のレベルにあった例文をウェブコーパスから検索できるためCUWIというツールが使われている[9]．このツールは日本語能力レベル分けに応じて例文が検索できる（川村・寒川，2010）．

なお，コーパスをデータにした学習支援システム（仁科，2012）が開発されており，これもコーパス検索ツールと言える．例えば，本書の第5章で紹介した「なつめ」は，複数のコーパスを利用し，コロケーション，類義語などのジャンル別の情報抽出ができる．

---

6) http://reed.kuee.kyoto-u.ac.jp/cf-search/ （2015年12月5日検索）．
7) http://tell.cla.purdue.edu/chakoshi/public.html （2015年12月5日検索）．
8) 他の日本語で検索ができるツールはWeb Concordancer, WebCorpなどである．Web Concordancer: http://vlc.polyu.edu.hk/concordance/, WebCorp: http://www.webcorp.org.uk/ （2015年12月5日検索）．
9) http://nl.ijs.si:3003/cuwi/jpwac_12 （2015年12月5日検索）．

### 6.2.4 コーパスを用いた言語学習方法とコーパス検索ツールの役割
#### a. データ駆動型学習の面からの応用

コーパスを直接的に言語教育に活用する学習方法として，データ駆動型学習 (data - driven learning：DDL) がある．DDL は，学習者が自らコーパスおよびツールを利用し，言語の用法を発見することで学んでいく学習方法である (Johns, 1991)．このような方法は学習中心で，学習者・教師はコンコーダンスなどのツールを利用しつつ，言語のパターン，単語やフレーズの振舞いなどを調べる．たとえば，学習者は教師の指導で，学習文法書の記述をコーパスの解析結果と比較したり評価することによって学習を進める．コーパス検索ツールの DDL に関する研究の一例として Smrž（2004），Smith and Shen（2011）が挙げられる．日本語教育においても学習者用のコンコーダンスを開発し，学習者が自分の間違いに気付くために実際の授業に用いた研究の一つとして広谷（2007）などがある．

このような学習方法に効果が現れるか否かは，テキストの読み易さ・難易度などのコーパスに関する要因だけではなく，コーパス検索ツールに関する要因などにも依っている．それは，たとえば，ツールのインターフェース，使い易さ，提供された機能などの要因であり，データ駆動型学習においては，コーパス検察ツールの必然性と重要性が明らかである．

#### b. コーパス準拠型の教材開発への応用

言語教育におけるコーパスの間接的な利用としては，コーパス準拠型（corpus-based）の教材開発，教材評価などがある．研究者や教材執筆者がコーパスの知見を活かして辞書や教科書の記述を改訂し，シラバスを改善し，言語使用の実態に即した教材を作成する．また，コーパスから取り出したデータを教材・教科書に現れる語彙，パターンなどのデータと比較する．

この方法においても，研究者や教材執筆者がコーパス検察ツールの様々な機能を利用しつつ，対象とする言語的データを調べる．もちろん検索するコーパスの内容・サイズなどの妥当性が非常に重要であるが，利用者の目的に合ったコーパス検索ツールの使い方，使い易さ，カバーされている機能も重要である．それによって，教材の質だけでなく，教材開発の効率性が変わる．

コーパス準拠型の辞書作成においては，伝統的な方法で編纂された辞書と比べると，頻度情報を明示化し，語義・用例・語法・コロケーション・レジスターの記述を精緻化し，口語的コロケーションを適切に取り込めるようになる（井上，2003）．ここでは，例えば，コーパスおよびサブコーパスごとの結果の比較が簡単

に表示できるツールが有用である．または，コロケーションをコロケーションタイプ別に揃えて表示できるツールは約に立つ．一例として，主要語について，話し言葉と書き言葉別に3段階の頻度ランクが表示されている Longman Dictionary of Contemporary English が挙げられる．

シラバス作成においても，コーパスおよびコーパス検索ツールは重要な役割を果たしている．語彙シラバスの作成に当たって，重要な語彙を選ぶ際，頻度などを参考にしつつ教師の主観で語を選ぶか，あくまでも客観的データを優先するかが問題となる．客観的データを優先させた語彙リスト作成の一例として，BNC コーパスに基づいて作成された語彙リスト（Leech, et al., 2001）が挙げられる．従来の語彙表にはほとんど見られなかった品詞別頻度，話し言葉・書き言葉別頻度，レジスターごとの特徴度が含まれている．近年，語彙表は複数の資源を利用して作成されてきた．例えば，日本人英語学習者のために 2003 年に作成された JACET8000 という語彙表は，日本人英語学習者が遭遇しやすい英文テキストから 580 万語のサブコーパスを作成し，BNC コーパス頻度とサブコーパス頻度を対数尤度比で比較し，BNC の頻度順を補正している（石川，2008）．

日本語教育においても，コーパス準拠の語彙リストの作成（橋本・山内，2008），日本語学習者用のさまざまな教材作成（砂川，2009）などが行われている．

## 6.3 Sketch Engine ツールと日本語

### 6.3.1 ツールの特徴

Sketch Engine は，Manatee というコンコーダンスツールをもとにして特殊な機能を構築したウェブ上のコーパス検索ツールである（Kilgarriff, et al., 2004）．このシステムの特長は，コンコーダンスなどの普通のコーパス検索機能以外に，レキシカルプロファイリング手法を用いた共起・文法関係の分析機能を持ち，キーワードの複数の共起・文法関係の情報を1webページにまとめた形で短時間に抽出し，表示できることである．

最初，Sketch Engine は英語のために作成され，その後，ドイツ語，フランス語，イタリア語，中国語，チェコ語，スロベニア語，アラビア語など，他の言語にも適用されるようになった．特定の言語のコーパスおよび特定の言語の文法・共起関係を記述する「文法関係ファイル」から構築されている．

Sketch Engine ツールの主な機能は以下のとおりである．

- コンコーダンス（Concodance）：簡単で直観的なクエリインターフェイスおよび拡張の CQL（Corpus Query Language, コーパスクエリ言語）シンタクス（Jakubíček, et al., 2010）を提供する．
- ワードリスト（Word List）：さまざまな条件に応じてコーパスおよびサブコーパスからの単語の一覧を抽出し，提供する．
- ワードスケッチ（Word Sketch）：コーパスから自動的に取り出した単語のコロケーションを1ページにまとめる．
- シソーラス（Thesaurus）：ワードスケッチで提供したコロケーションに基づいた統計的シソーラスであり，類似した語のリストを提供する．
- スケッチディフ（Sketch-Diff）：ワードスケッチで提供したコロケーションに基づいた2語の検索キーワードの共通点と差異を提示する．

以上の主な機能に加え，自作コーパスの作成，サブコーパスへの分類などができる．コンコーダンス機能の中で利用できる統計値[10]は相互情報量（MI-score；Church and Hanks, 1989），T-score, $MI^3$-score, log-likelihood, ダイスログ（DiceLog）などである．ワードスケッチで利用されているのは，ダイスログ（DiceLog）の統計値であり（Rychlý, 2008），それによって共起関係の顕著性[11]が計算されている．このツールは特に辞書編纂に利用されており，それ以外にも語学教育，言語研究にも広く利用されるようになった．

### 6.3.2 ツールおよびデータの技術的な背景
#### a. データとしてのコーパス

Sketch Engine には，現時点で現代日本語 web コーパスが2種搭載されている．

JpWaC は2007年に構築された4億語の大規模 web コーパスである．このコーパスは，均衡データを目指したので，Sharoff（2006），Ueyama and Baroni（2005），Wacky Project と関連する研究（Baroni and Bernardini, 2006）などの慎重な方法によって抽出された．そのために，BNC から抽出された高頻度の内容語500語の日本語訳が利用された．できる限り文章のみのデータを対象とし，web ページから定型的なタグ，ナビゲーションフレーム，コード，リンクなどの

---

10) 詳細については http://www.sketchengine.co.uk/xdocumentation/attachment/wiki/SkE/DocsIndex/ske-stat.pdf を参照されたい（2016年1月26日検索）．
11) 顕著性（salience）はコーパスにおける共起の統計的な重要性を表している．

テキストではないデータを削除した．

近年コーパス量を増やす必要性が明らかになり，TenTen 群の一つとして 100 億語の日本語超大規模コーパス JpTenTen が 2011 年に作成された（Pomikalek and Suchomel, 2012）．日本語のウィキペディアからデータを利用し，日本語言語モデル学習を行った．SpiderLing などのツールでデータをクロールし，さまざまな方法やツールでクリーニングを行った．

**b. コーパスのマークアップ（形態素解析）**

日本語のコーパスをマークアップするために形態素解析ツールおよび辞書が必要である．それによって，単語の区切り方をどうするのか，多様な表記をどのようにまとめ上げるのか，どの品詞などの情報を付けるのか決定できる．

JpWaC は ChaSen という形態素解析ツールおよび ChaSen の標準の辞書である IPADIC によって，アノテーションを付けた．利用したアノテーションは token（出現形：出現した形のままの単語・形態素），lemma（見出し語：活用形を含む単語・形態素の代表），tag（英訳した日本語品詞のタグ）である．図 6.2 は Sketch Engine で ChaSen による解析結果を表している．形容動詞「幸せな」は名詞形容動詞語幹「幸せ」＋助動詞特殊・ダ「な」の 2 部分に，「でした」は助動詞特殊・デス「でし」＋助動詞特殊・タ「た」の 2 部分に分けられている．

JpTenTen は形態素解析ツール MeCab，短単位の解析を行う UniDic 辞書，および UniDic の短単位をさまざまな規則によって長単位に組み上げる長単位解析器 Comainu を利用している．UniDic は，BCCWJ の開発に当たって整備された形態素解析辞書で，従来の辞書に見られる単語の区切り方の揺れや，表記のまとめ上げなどの問題点に対処した辞書である．次の例は，同じ文を短単位と長単位

| token | kana | lemma | POS tag (品詞) | | POS tag eng (英語の品詞) |
|---|---|---|---|---|---|
| とても | トテモ | とても | 副詞-助詞類接続 | | Adv.P |
| 幸せ | シアワセ | 幸せ | 名詞 形容動詞語幹 | | N.Ana |
| な | ナ | だ | 助動詞 特殊・ダ | 体言接続 | Aux |
| 気分 | キブン | 気分 | 名詞-一般 | | N.g |
| でし | デシ | です | 助動詞 特殊・デス | 連用形 | Aux |
| た | タ | た | 助動詞 特殊・タ | 基本形 | Aux |
| 。 | 。 | 。 | 記号-句点 | | Sym.p |

図 6.2 Sketch Engine（ChaSen）による分析例「とても幸せな気分でした．」

表 6.1　UniDic の品詞マッピング

| 品詞 | 品詞(英訳) | 記述 | 活用形 | 活用形(英語) | 記述 |
|---|---|---|---|---|---|
| 代名詞 | Pron | pronoun | ク語法 | ku_wrd | ku_wording |
| 副詞 | Adv | adverb | 仮定形-一般 | Cond.g | conditional.general（katei） |
| 助動詞 | Aux | auxiliary_verb | 仮定形-融合 | Cond.int | conditional.integrated（katei） |
| 助詞-係助詞 | P.bind | particle（binding） | 命令形 | Imp | imperative（meirei） |
| 助詞-副助詞 | P.adv | particle（adverbial） | 已然形-一般 | Real.g | realis.general（izen） |

で分割した例である．

　短単位：私/は/国立/国語/研究/所/で/日本/語/を/研究/し/て/いる/

　長単位：私/は/国立国語研究所/で/日本語/を/研究し/ている/

　JpTenTen のアノテーションは，token，lemma，tag 以外に，inflectional type（活用型）と inflectional form（活用形）を利用している（スルダノヴィッチほか，2013）．品詞，活用形，活用型は英訳した上でコーパスに載せている．品詞マッピングの例を表 6.1 に示す．

#### c. 文法関係のパターン化および決定された共起関係

　Sketch Engine には，日本語コーパス以外に，日本語の「文法関係ファイル」が搭載されている．このファイルは日本語の共起・文法的な関係を決定しており，その結果として，コンコーダンスだけでなく，検索キーワードの共起関係，シソーラス，類似した共起の間の差異と共通点などの言語的情報が抽出できる．文法関係ファイルの日本語文法規則に基づいてキーワードと他の単語との可能な関係を判別することで，さらに発展的なコーパス検索方法を提供することが可能になっている．

　「文法関係ファイル」は正規表現，品詞などの単語の情報に基づいたコーパス検索シンタクスを実装している[12]．表 6.2 には，「文法関係ファイル」で決定したそれぞれの品詞によって複数の共起関係タイプおよびその例を示している[13]．日本語の規則で，動詞，名詞，形容動詞，形容詞，副詞との共起が決定されている．

---

12)　詳細については http://www.sketchengine.co.uk/xdocumentation/wiki/SkE/CorpusQuerying を参照されたい（2013 年 4 月 18 日アクセス）．

13)　示した共起タイプは日本語の文法関係ファイルの最初版の結果である．現時点でこのファイルの更新を行っているので共起タイプの種類が増えている．この本を出版する前の最終更新についてスルダノヴィッチほか（2013）を参考されたい．

表6.2 日本語の「文法関係ファイル」で決定された共起関係（初版）

| PoS | | Gramrel relation | Type of relation | Example |
|---|---|---|---|---|
| Noun | 16 | modifier_Ai | Adj Ai modifying noun | 新しい挑戦 |
| | | modifier_Ana | Adj Ana modifying noun | 果敢な挑戦 |
| | | を verb | Nwo + verb | 挑戦を受ける |
| | | で verb | Nde + verb | お湯で溶く |
| | | が verb | Nga + verb | 挑戦が始まる |
| | | に verb | Nni + verb | 挑戦に立ち向かう |
| | | は verb | Nwa + verb | 挑戦は続く |
| | | から verb | Nkara + verb | お湯から上がる |
| | | pronom の | noun + noN | 最後の挑戦 |
| | | の pronom | Nno + noun | 挑戦の意欲 |
| | | は Adj | Nwa + Adj | お湯はぬるい |
| | | が Adj | Nga + Adj | お湯がいい |
| | | coord | coordinate relation | 挑戦・革新 |
| | | particle | N + particle | 挑戦という |
| | | suffix | N + suffix | 挑戦状 |
| | | prefix | prefix + N | 初挑戦 |
| Verb | 14 | modifier_Adv | Adv modifying V | にこにこ笑う |
| | | noun は | noun_wa + V | 彼は笑う |
| | | noun が | noun_ga + V | 鬼が笑う |
| | | bound_V | bound verbs connecting to free verbs | わらっちゃう |
| | | V_bound | free verbs connected to bound verbs | 連れて行く |
| | | noun で | noun_de + V | 鼻で笑う |
| | | noun に | noun_ni + V | 最後に笑う |
| | | noun から | noun_kara + V | （心の）底から笑う |
| | | noun まで | noun_made + V | 最後まで笑う |
| | | noun を | noun_wo + V | （人の）失敗を笑う |
| | | noun へ | noun_he + V | 公園へ行く |
| | | coord | coordinate relation | 笑う・泣く |
| | | suffix | V+suffix | 笑いっぱなし |
| | | prefix | prefix + V | 超笑う |
| Adj Ai | 7 | modifies_N | Ai modifies noun | 長い歴史 |
| | | N は | Nwa + Ai | 道のりは長い |
| | | N が | Nga + Ai | 前置きが長い |
| | | bound_N | bound/free nouns connecting to Ai | 長いわけ |
| | | coord | coordinate relation | 長い・短い |
| | | suffix | Ai+suffix | 超長い |
| | | prefix | prefix + Ai | 長さ |
| Adj Ana | 11 | bound_N | bound/free nouns connecting to N.Ana | 重要な点 |
| | | N は | Nwa + N.Ana | 役割は重要 |
| | | N が | Nga + N.Ana | ことが重要 |
| | | pronom の | noun + noN.Ana | ネットワークの重要性 |
| | | の pronom | N.Ana_no + noun | 重要の課題 |
| | | modifier_Ai | Ai modifying N.Ana | ものすごい重要 |
| | | modifier_Ana | N.Ana modifying N.Ana | 不可欠な重要（課題） |
| | | suffix | N.Ana+suffix | 重要性 |
| | | prefix | prefix + N.Ana | 最重要 |
| | | coord | coordinate relation | 重要・高い |
| | | particle | N.Ana + particle | 重要と（なる・いう） |
| Adv | 1 | modifies_V | Adv modifying V | やっと落ち着く |

### 6.3.3 ツールのインターフェース

Sketch Engine に登録すると，最初のページで，検索するコーパスを選ぶことができる．使用されているコーパス数は徐々に増加しており，現在は複数の言語の 150 以上のコーパスが載せられている（図 6.3）．そのうち日本語のものは，上述した JpWaC, JpTenTen などである．

コーパスを選択すると，コンコーダンスの機能（Concordance）が表示される．Simple query で形態素の検索ができ，Query types をクリックすると，さまざまな検索方法が選べる．CQL という機能で正規表現，単語，品詞，形態素などの組み合わせを利用し，より複雑なパターンの検索方法が可能になる．

シンプルクエリで，「感想」という単語を検索した結果は図 6.4 に見られる．キーワードをクリックすると例文が現れ，その例文前後を長く見ることができる．標準のコンコーダンス機能がさまざまあり，例えば，キーワードの左右のノードの分類（ソート）およびコロケーション検索などができる．

図 6.5 はワードスケッチで取り出した「原稿」のコロケーションタイプおよびコロケーションである．コロケーションタイプは「を verb」「pronom の」「が verb」「modifier_Ai」などの品詞の組み合わせによるパターンのことで，それぞれ別のボックスに分類されている．各コロケーションタイプのボックス内では，頻度および統計的な重要性によって表示の順番が決まっている．例えば，「原稿」の「を verb」というコロケーションタイプでは，「原稿を書き上げる・仕上げる・読み上げる，書く」などが上位に並んでいる．

| Corpus name | Language | Tokens | Words | | |
|---|---|---|---|---|---|
| Arabic web corpus | Arabic | 174,239,600 | 407,005 | | |
| zhTenTen | Chinese, Simplified | 2,106,661,021 | 1,729,867,455 | | |
| British National Corpus | English | 112,181,015 | 96,048,950 | | |
| enTenTen12 (WS2.5) | English | 12,968,375,937 | 11,191,860,036 | | |
| frTenTen | French | 12,369,868,562 | 10,666,617,369 | | |
| deTenTen | German | 2,844,839,761 | 2,338,036,362 | | |
| jpTenTen11 [MeCab+UniDic2] | Japanese | 10,321,875,665 | 8,432,256,386 | | |
| jpTenTen11 [MeCab+UniDic2+Comainu, long units only, sample] | Japanese | 122,965,329 | 99,391,412 | | |
| JpWaC | Japanese | 409,384,405 | 333,246,192 | | |
| ruTenTen | Russian | 20,162,118,568 | 15,763,181,803 | | |
| Fida PLUS 620m | Slovenian | 738,503,145 | 600,309,670 | | |
| ThaiWaC | Thai | 108,013,897 | 82,787,119 | | |

Show 151 more corpora  Parallel corpora

図 6.3　Sketch Engine の多言語コーパス

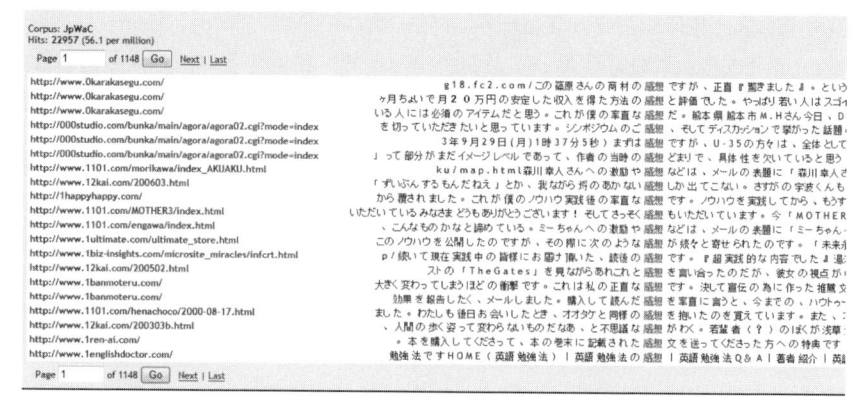

図 6.4 コンコーダンスの検索結果

図 6.5 ワードスケッチの結果——「原稿」とのコロケーション

　シソーラス機能は，単語と単語のコロケーションを比較し，その組み合わせから見たもっとも類似した単語を並べる（図 6.6）．例えば，「原稿」という単語のコロケーションの組み合わせは，「書類，論文，レポート，使用，記事」などの単語のそれと類似している．それぞれの単語のリンクをクリックすると，キーワードとその単語のスケッチが見られる．
　スケッチディフの結果においては，まず，2 語の振舞いの共通点を示す（図 6.7）．2 語ともに表示された語の多いコロケーションタイプ，すなわち coord, modifier_Ai, modifier_Ana, を verb などでは，抽出された語（共起する語）はコーパス中の頻度および統計的な重要性の順に並べられている．それぞれのコロ

## 6.3 Sketch Engine ツールと日本語

| Lemma | Score | Freq | | Lemma | Score | Freq |
|---|---|---|---|---|---|---|
| 書類 | 0.296 | 11077 | | カード | 0.206 | 25934 |
| 論文 | 0.287 | 23190 | | ビデオ | 0.2 | 20582 |
| レポート | 0.287 | 18465 | | データ | 0.199 | 57909 |
| 資料 | 0.255 | 58301 | | メール | 0.198 | 67570 |
| テキスト | 0.253 | 12630 | | プログラム | 0.198 | 38038 |
| 記事 | 0.248 | 108353 | | ノート | 0.196 | 11920 |
| 文章 | 0.246 | 29928 | | 図面 | 0.196 | 3570 |
| 文書 | 0.238 | 18157 | | ネタ | 0.195 | 22583 |
| 文 | 0.227 | 26213 | | タイトル | 0.195 | 22966 |
| 手紙 | 0.227 | 15832 | | 画像 | 0.188 | 25389 |
| ファイル | 0.225 | 28122 | | コード | 0.188 | 17109 |
| メモ | 0.218 | 12047 | | コンテンツ | 0.187 | 15368 |
| コメント | 0.215 | 165703 | | 雑誌 | 0.185 | 25170 |
| 感想 | 0.214 | 22957 | | レビュー | 0.184 | 24872 |
| コピー | 0.212 | 14091 | | リスト | 0.184 | 17670 |
| メッセージ | 0.211 | 20151 | | 地図 | 0.184 | 11974 |
| ページ | 0.208 | 98474 | | リンク | 0.183 | 80038 |
| 日記 | 0.206 | 66191 | | コラム | 0.182 | 18176 |

図 6.6　シソーラスの結果――「原稿」の類義語

原稿 / 書類　JpWaC freqs = 10297/11077
Common patterns

| 原稿 | 6.0 | 4.0 | 2.0 | 0 | -2.0 | -4.0 | -6.0 | 書類 |

| coord | 102 | 221 | 0.1 | 0.2 | | prefix | 166 | 26 | 1.3 | 0.2 | | を verb | 4778 | 3927 | 6.7 | 5.2 |
| 資料 | | 5 | 10 | 1.9 | 2.9 | | 各 | | 6 | 1.5 | 1.8 | | 書く | 5 | 32 | 0.5 | 3.1 |
| modifier_Ai | 109 | 68 | 1.7 | 1.0 | | suffix | 658 | 421 | 0.9 | 0.5 | | 取る | | 8 | 31 | 1.1 | 3.0 |
| 古い | | 7 | 9 | 3.4 | 3.7 | | 等 | | 13 | 137 | 0.5 | 3.9 | | 出す | | 33 | 98 | 2.2 | 3.7 |
| modifier_Ana | 69 | 460 | 1.2 | 7.5 | | 作り | | 17 | 45 | 4.7 | 6.1 | | 持つ | | 33 | 87 | 1.2 | 2.6 |
| 膨大 | | 6 | 9 | 4.7 | 5.2 | | づくり | | 5 | 6 | 2.0 | 2.3 | | 作る | | 47 | 115 | 2.7 | 4.0 |
| がAdj | 61 | 166 | 0.7 | 1.9 | | 用 | | 7 | 6 | 1.2 | 1.0 | | 受け取る | 18 | 42 | 4.5 | 5.8 |
| ない | | 11 | 16 | 0.2 | 0.8 | | 書き | | 217 | 24 | 9.9 | 6.8 | | 入れる | 10 | 24 | 1.0 | 2.3 |
| pronomの | 1772 | 1436 | 2.5 | 1.9 | | particle | 429 | 684 | 1.1 | 1.7 | | 下さる | | 9 | 18 | 1.7 | 2.7 |
| ため | | 18 | 63 | 0.7 | 2.5 | | について | 22 | 80 | 0.9 | 2.8 | | くださる | 19 | 33 | 1.5 | 2.3 |
| 関連 | | 5 | 15 | 2.8 | 4.4 | | だけ | | 13 | 43 | 0.9 | 2.6 | | つくる | 13 | 18 | 2.2 | 2.7 |
| すべて | | 10 | 26 | 2.4 | 3.8 | | として | 28 | 74 | 1.0 | 2.4 | | 渡す | | 39 | 48 | 5.5 | 5.9 |
| 他 | | 9 | 12 | 1.4 | 1.9 | | さえ | | 5 | 13 | 3.3 | 4.6 | | もらう | 52 | 63 | 3.1 | 3.4 |
| 次 | | 15 | 17 | 2.5 | 2.7 | | など | | 60 | 142 | 2.4 | 3.6 | | 集める | 16 | 19 | 3.5 | 3.7 |
| | | | | | | | | | | | | 捨てる | 12 | 13 | 3.5 | 3.6 |

図 6.7　スケッチディフの結果――「原稿」と「書類」の共通点

ケーションタイプの結果には，1 番目・3 番目の列は 1 番目のキーワードのコロケーションのコーパス中の頻度・統計的な重要性を示し，2 番目・4 番目の列は 2 番目のキーワードのコロケーションのコーパス中の頻度・統計的な重要性を示す．例えば，「prefix」のコロケーションタイプでは，「各原稿」の頻度は 5，統計的な重要性は 1.5 であり，「各書類」の頻度は 6，統計的な重要性は 1.5 である．単語によって頻度などの値に差異があるので，共通点にも差異が見られる．例えば，

| "原稿" only patterns | | | | | | "書類" only patterns | | | | | |
|---|---|---|---|---|---|---|---|---|---|---|---|
| coord | 102 | 0.1 | のpronom | 888 | 1.3 | coord | 221 | 0.2 | がAdj | 166 | 1.9 |
| 写真 | 7 | 1.5 | 催促 | 15 | 8.5 | 図面 | 6 | 5.7 | 不備 | 5 | 6.1 |
| modifier_Ai | 109 | 1.7 | 校正 | 24 | 8.5 | ノート | 6 | 4.8 | 必要 | 71 | 3.3 |
| 短い | 8 | 4.0 | 締切 | 13 | 8.1 | 本 | 5 | 0.0 | 多い | 17 | 1.6 |
| 早い | 11 | 3.1 | ゲラ | 7 | 7.4 | modifier_Ana | 460 | 7.5 | 少ない | 5 | 1.4 |
| 長い | 7 | 2.0 | 清書 | 5 | 7.4 | 正式 | 10 | 5.8 | pronomの | 1436 | 1.9 |
| 難しい | 5 | 1.5 | 棒読み | 5 | 7.4 | 不要 | 6 | 5.1 | もろもろ | 6 | 6.4 |
| 高い | 7 | 0.7 | 執筆 | 27 | 7.3 | 必要 | 235 | 5.0 | 申告 | 12 | 6.3 |
| 良い | 5 | 0.3 | 手直し | 6 | 6.8 | 大事 | 28 | 4.7 | 下記 | 12 | 5.6 |
| pronomの | 1772 | 2.5 | 添削 | 5 | 6.7 | 面倒 | 6 | 4.1 | 大量 | 16 | 5.4 |
| 締め切り | 20 | 7.6 | 依頼 | 28 | 6.4 | 様々 | 16 | 3.8 | 英文 | 5 | 5.2 |
| 字詰め | 8 | 7.2 | 仕上げ | 6 | 5.9 | いろいろ | 25 | 3.6 | その他 | 22 | 4.7 |
| スピーチ | 17 | 6.9 | 遅れ | 5 | 4.8 | 重要 | 35 | 3.5 | 上記 | 9 | 4.7 |
| 急ぎ | 9 | 6.9 | | | | 色々 | 7 | 3.5 | 申請 | 10 | 4.6 |
| 文集 | 7 | 6.8 | particle | 429 | 1.1 | さまざま | 8 | 3.2 | 役所 | 5 | 4.6 |
| 新書 | 5 | 6.0 | に対する | 5 | 0.9 | 大切 | 11 | 3.0 | たくさん | 12 | 4.5 |
| 連載 | 12 | 5.8 | をverb | 4778 | 6.7 | をverb | 3927 | 5.2 | がverb | 742 | 2.4 |
| 字 | 21 | 5.8 | 読み上げる | 21 | 6.5 | 揃える | 39 | 6.9 | そろう | 13 | 6.1 |
| 真相 | 8 | 5.5 | 書きためる | 7 | 5.5 | そろえる | 28 | 6.9 | 整う | 9 | 5.1 |
| 演説 | 8 | 5.3 | 書き直す | 9 | 5.5 | | | | | | |

図 6.8 スケッチディフの結果――「原稿」と「書類」の差異(一部)

結果から「原稿・書類を出す,持つ,作る,受け取る」などのコロケーションがあるということがわかるが,それ以外に,「書類を置く」のほうが「原稿を置く」より出現が多いことがわかる.

図 6.8 では,各キーワードごとのコロケーションタイプおよびコロケーションを比較して見ることができる.「原稿」については「短い・早い・長い原稿」「原稿の催促・締切」「原稿を読み上げる・書き直す」などのコロケーションが見られる一方,「書類」については「正式な・不要な・必要な・大事な書類」「書類を揃える・届ける」「書類の不備」などのコロケーションがあり,両者の差異をすぐに把握することができる.

### 6.3.4 ツールおよびデータの評価

Srdanović, et al., (2008) では,web データと新聞データを比較した結果,新聞のほうは,形式の面から見ても(過去形の使用,「ます・です」を使用していないこと),内容の面から見ても(新聞特有の一般名詞が高頻度であること),特殊性を持つデータだということが明らかになった.一方,JpWaC のほうがよりインフォーマルで総合的なデータであり,広範囲で多様な内容を含んでいることがわかった.さらに,スルダノヴィッチほか (2009) では,13 種のコーパスにおける推

量副詞の分布を比較し，それに基づいてクラスター分析を行った結果，BCCWJ の書籍と web コーパス JpWaC は副詞の分布の仕方からバランスの取れたデータ，もっとも偏りがないデータであることが確認できた．同時に Sharoff（2006）において web コーパスのほうが新聞データより BNC に類似していると確認されている．

日本語学習者向けの学習辞典の編集への応用を考え，Sketch Engine の日本語版の評価も行われた．その一つは，学習用コロケーション辞典との比較評価（スルダノヴィッチ・仁科，2008)，他の一つは多言語の Sketch Engine の評価プロジェクト（SketchEval）の一環として行われた日本語コロケーション辞典編集のための評価である（Kilgarriff, et al., 2010）．評価の結果によると，学習コロケーション辞典の編集のために日本語のワードスケッチが有効であることが示唆された．同時に，以下の改善すべき点が明らかになった．

・形態素解析の間違いまたはタグ方法に起因した問題点（例えば，「研究者」は「研究」と「者」に分類されているので，「優秀な研究者」は「優秀な研究」と抽出される（Srdanović, et al., 2011）．
・形態素解析ツールの表記のゆれ（漢字と仮名）（例えば「目指す/めざす/目ざす」がそれぞれ別語として分析されている．）
・コーパス中の同じ例文および同じウェブページの重複．
・「日本語文法ファイル」が取り扱っていないコロケーションタイプ（複合名詞，サ変動詞，〈形容動詞語幹＋に＋動詞〉）．

以上の問題点は，新しく活用した短単位と長単位の UniDic 辞書のアノテーション，および改訂版の文法関係ファイルによって，大幅に改善された（スルダノヴィッチほか，2013）．

## 6.4 Sketch Engine の日本語教育への応用

多くの言語について Sketch Engine が第二言語教育に使われており，その有用性が検討されている（Smith and Shen, 2011；Smrž, 2004）．日本語教育においても，日本語教授者と日本語学習者，または日本語教材作成とシラバスデザインを支援することが可能である．スルダノヴィッチ・仁科（2008）では，日本語教育における Sketch Engine の応用方法について，すでに詳細を述べている．本節ではデータ駆動型学習への直接的な応用およびコーパス準拠型の教材開発への間接

的な応用を考え，例を挙げつつ，検討する．

## 6.4.1 データ駆動型学習への応用 —— ツールの検索方法の例

まず，Sketch Engine の直接的な応用を考える．その場合，利用者は，(a) 日本語の教師（日本語母語話者と非母語話者），および (b) 日本語の学習者（初・中・上級レベル）である．教師にとってツールを使うことは難しくないと思われるが，非母語話者の教師の場合は，現れる微妙な言語的問題について，簡単に判断できないときもある．一方，学習者の日本語能力のレベルによっては，Sketch Engine に搭載された日本語のデータが理解できないこともある．ツールの中では学習能力レベルの情報が含まれていないので，特に未知語，読み方を知らない漢字，難しい文型が現れると，初級学習者および中級学習者の能力レベルに合わないこともありうる．しかし，web 上で公開されているポップアップ辞書[14] を使えば，Sketch Engine の結果画面上に出てくる語の意味および漢字の振り仮名が見られるようになり，少なくとも語彙と知らない漢字に関する問題はある程度解消できる．

一方，新しくできた機能として，コンコーダンス表示がさまざまあり，キーワードだけのアノテーションを表示するか前後の語句のアノテーションも表示するか，またどのアノテーションタイプ（見出し語，品詞，活用形，読み方など）を表示するかを選択できる．その内，「キーワードの読み方」と「コンテクストの読み方」を選択すると，学習者が読めない漢字の読み方がわかる．

コンコーダンスツールにおいても例文の複雑さを考慮に入れ，その複雑さ・難易度によってコンコーダンスラインがソートできるという研究が行われている (Smrž, 2004)．今後このような機能を Sketch Engine に追加すれば，学習者のためにさらに使いやすくなると考えられる．類似した機能は，6.2.3 項に述べた NoSketchEngine にあり，学習者のレベルにあった例文の検索を行うことができる．

学習内容の面から見ると，Sketch Engine のさまざまな機能は，単語，コロケーション，文型パターンなどに関する言語的な知識の習得という点で，学習者にとっても教師にとっても利用価値が高い．教師が新しい語彙，文型を導入すると

---

14) 例えば，Perapera-kun (http://www.perapera.org/)，Rikai-chan (https://addons.mozilla.org/ja/firefox/addon/rikaichan/)，Pop-jisho (http://www.popjisyo.com/) などである（2013 年 4 月 18 日アクセス）．

## 6.4 Sketch Engine の日本語教育への応用

きに，教室で直接ツールを利用して学生にコンコーダンスリスト，ワードスケッチの結果，例文などを見せつつ，学習内容を説明する方法が考えられる．また，授業の前に教師が練習問題を準備する際，コロケーションリストなどのデータに基づいたタスクを作成し，学生に行わせる方法もある．この方法では，学習者が自分でコンコーダンスリスト，ワードスケッチの結果，スケッチディフなどの結果を利用しつつタスクを行う．このような能動的な学習法は学習効果に結び付くことが確認された（Stevens, 1991；Johansson, 2009；中條ほか，2011）．なお，導入，演習のときだけでなく，復習，評価のためにも，ツールから取り出せるデータを考慮に入れたタスク・テストを行わせる方法もある．Smrž（2004）によると，意味的に関連した単語の差異を学習者が理解しているかどうかをチェックするためのテストが，Sketch Engine の上で自動的に作成できる．

　図 6.9 と図 6.10 は中級から上級の学生を対象とした，コーパス検索ツールを利用して行うタスクの例である．図 6.9 のタスク 1 は『日本語文型辞典』（グループジャマシイ，1998）のパターン分析を利用した上で作成されたものなので，コー

「N+によって」の文型をコンコーダンサーで調べ、以下の各パターンの例を挙げなさい。

＜原因＞
事故によって、今日の会議に間に合わなかった。
＿＿＿＿＿＿＿＿＿＿＿＿＿＿＿＿＿＿＿
＿＿＿＿＿＿＿＿＿＿＿＿＿＿＿＿＿＿＿

＜受身文の動作主＞
この作品は有名な作家によって書かれた。
＿＿＿＿＿＿＿＿＿＿＿＿＿＿＿＿＿＿＿
＿＿＿＿＿＿＿＿＿＿＿＿＿＿＿＿＿＿＿

＜それを手段として、その方法を用いて、それを根拠として＞
その資料によって事実が明らかになった。
＿＿＿＿＿＿＿＿＿＿＿＿＿＿＿＿＿＿＿
＿＿＿＿＿＿＿＿＿＿＿＿＿＿＿＿＿＿＿

＜いろいろな場合に応じて/慣用句＞
人によってやり方が違う。
＿＿＿＿＿＿＿＿＿＿＿＿＿＿＿＿＿＿＿
＿＿＿＿＿＿＿＿＿＿＿＿＿＿＿＿＿＿＿

その他気付いたことがあれば、以下に書きなさい。
＿＿＿＿＿＿＿＿＿＿＿＿＿＿＿＿＿＿＿
＿＿＿＿＿＿＿＿＿＿＿＿＿＿＿＿＿＿＿

| | word | Freq |
|---|---|---|
| p/n | ことによって | 24817 |
| p/n | それによって | 4826 |
| p/n | 場合によって | 4058 |
| p/n | 人によって | 2956 |
| p/n | これによって | 2905 |
| p/n | 例によって | 1879 |
| p/n | 者によって | 1438 |
| p/n | 化によって | 1046 |
| p/n | 法によって | 983 |
| p/n | 地域によって | 918 |
| p/n | 国によって | 877 |
| p/n | 事によって | 873 |
| p/n | 手によって | 845 |
| p/n | 力によって | 806 |
| p/n | 状況によって | 782 |
| p/n | 等によって | 759 |
| p/n | たちによって | 734 |
| p/n | 場所によって | 666 |
| p/n | 方法によって | 623 |
| p/n | さによって | 538 |
| p/n | 努力によって | 535 |
| p/n | 内容によって | 520 |
| p/n | ものによって | 504 |
| p/n | 法律によって | 502 |
| p/n | 種類によって | 476 |
| p/n | 行為によって | 466 |
| p/n | 方によって | 413 |
| p/n | 技術によって | 412 |
| p/n | 会社によって | 405 |

図 6.9　タスク 1「名詞＋によって」

パス例文の分析結果は学習目的以外に，教材の評価にも利用できる．このタスクでは，「名詞＋によって」をコンコーダンスの CQL で [tag＝"N.*"][word＝"によって"] として記入する．品詞で検索するときには [tag＝"*品詞のタグ名*"] を使う．たとえば，名詞の品詞のタグは，普通名詞，固有名詞，数詞などのサブタイプに分けて付け，それぞれのタグ名は N.g，N.Prop，N.num とする．N.* はそのすべての名詞のサブタイプを含むことを表す書き方である．名詞に続く「によって」はそのまま現れるので，[word＝"によって"] と書く．コンコーダンスラインの結果をソートするために，Sketch Engine 画面の左側にある Node forms というリンクをクリックすると，図 6.9 の右側にある結果が見られる．それぞれのパターン

「閉める」と「閉まる」をスケッチディフ機能で調べ、そのコロケーションおよび簡単な例文を書きなさい。どれが他動詞どれが自動詞？

名詞＋を＋［閉める］
名詞　例文

［閉める］＋ 設備
設備　例文
例）られる　ドアがきちんと閉められています

［閉める］＋ 動詞に付く自立・非自立・接尾の動詞
付く動詞　例文

名詞＋が＋［閉まる］
名詞　例文

**図 6.10**　タスク 2「閉める・閉まる」(一部の例)

"閉める" only patterns

| nounを | 1746 | 5.0 |
|---|---|---|
| 雨戸 | 31 | 9.0 |
| カーテン | 61 | 8.8 |
| 扉 | 135 | 8.8 |
| 蓋 | 53 | 8.4 |
| ふた | 36 | 8.3 |
| 戸 | 50 | 8.3 |
| 窓 | 168 | 8.2 |
| シャッター | 30 | 8.0 |

| bound_V | 660 | 2.5 |
|---|---|---|
| なおす | 10 | 5.1 |
| きる | 37 | 4.8 |
| こむ | 4 | 3.2 |
| 直す | 4 | 2.4 |
| だす | 4 | 2.1 |
| もらう | 13 | 1.1 |
| くれる | 19 | 0.9 |
| すぎる | 4 | 0.7 |

| suffix | 201 | 0.6 |
|---|---|---|
| っぱなし | 16 | 6.4 |
| 出し | 4 | 5.0 |
| させる | 21 | 3.2 |
| られる | 138 | 2.6 |

"閉まる" only patterns

| bound_V | 986 | 5.5 |
|---|---|---|
| かける | 18 | 2.1 |
| おる | 30 | 0.5 |
| 始める | 5 | 0.2 |

| nounが | 709 | 7.5 |
|---|---|---|
| シャッター | 26 | 8.3 |
| ドア | 150 | 8.2 |
| ゲート | 10 | 6.8 |
| ふた | 9 | 6.8 |

**図 6.11**　タスク 2 は「閉める・閉まる」の差異

の例文を検索するには,「p」のリンクをクリックする.

タスク2は「閉める・閉まる」の差異をSketch Engineのスケッチディフとワードスケッチ機能で調べるタスクである.図6.10にはタスクの一部を,図6.11にはスケッチの結果の一部を示す.

### 6.4.2 コーパス準拠型の教材開発──コロケーション辞書の開発の試み

Sketch Engineはすでにコーパス準拠型の教材開発のために利用されている.例えば,英語の学習用辞書Macmillan Dictionary for Advanced Learners of Englishの作成時,コロケーションなどの情報を取り出すために応用された.Oxford University Press, Chambers Harrap and Collinsなどの辞書編纂にも利用された(Kilgarriff and Rychlý, 2008).日本語教育においても2012年に出版された『新完全マスター語彙 日本語能力試験N1, N2』の教材作成に当たって,日本語版のSketch Engineが利用された(伊能ほか,2011).スルダノヴィッチほか(2009)では,さまざまなコーパスを利用することで,推量副詞と文末モダリティ形式の学習シラバス項目の改善方法を提案した.本項では,日本語学習者辞書作成のために,Sketch Engineのワードスケッチなどの機能がどのように応用できるかについて例を挙げつつ考察する.

#### a. コロケーション学習辞書の必要性

コロケーションの学習の負担は,そのコロケーションの予測性と関連する,とNation(2001)では強調されている.コロケーションの学習の負担の大きさは,母語または既習の第二言語のコロケーションからそのコロケーションが予測できるかどうかによっている.母語または既習言語の影響により,学習者はコロケーションを誤りやすく,ネイティブらしい自然な表現になりにくい.例えば,英語などの言語には「hot water」というコロケーションがあり,waterという語は日本語の「水」と「お湯」の両方の意味を持っているので,学習者は「お湯」や「熱いお湯」という表現を使わず,かわりに「熱い水」という表現を使ってしまう誤用が多々発生する.言語学習でコロケーションを導入するに当たって,特にどのコロケーションが高頻度か,および高頻度の語彙項目がどのような予測し難いコロケーションとして出現するかを検討する必要がある(Nation, 2001).

2000年代以降においては日本語のコロケーション情報を記述する辞典が様々現れてきた.たとえば,コロケーションをもっとも幅広くカバーしている辞典としては姫野ほか(2012),小内(2010)が挙げられる.しかし,これまでのところ現

代均衡日本語コーパスを利用して多くのコロケーションタイプを記載した（学習）辞典は編纂されていない．バランスが取れたデータ，複数のコーパスタイプおよび複数のツールを利用した日本語学習者用のコロケーション辞典が編纂されるのが望ましい．

**b．日本語コロケーション辞書が対象とする項目案**

ここでは日本語 web コーパス JpWaC および Sketch Engine ツールを応用した，「イ形容詞＋名詞」のコロケーションを対象とする日本語コロケーション辞書を考える．

**1）検索キーワードおよび辞書の見出し語**

Sketch Engine によって，コーパス中で高頻度のイ形容詞を検索し，さらにそれらをキーワードとして調べると，高頻度の「イ形容詞＋名詞」[15]のコロケーションが得られる．ここでは大規模なコーパスで5回以上の頻度で出現するイ形容詞を対象にする．

Sketch Engine のワードリスト機能で最も高頻度のイ形容詞およびイ形容詞の活用形が取り出せる（図6.12）．

得られたワードリストを『日本語能力試験出題基準』（国際交流基金・（財）日本国際協会，2002）の語彙リストと比較することによって，級外の項目を調べることができる．『リーディングチュウ太』の語彙の「レベル判定ツール」でこのような作業は自動的に行われる．Sketch Engine で得られた高頻度の100語のイ形容詞を『リーディングチュウ太』でレベル別で分析した結果，最も高頻度の100語のうち，62％は最もやさしい4級，22％は3級，12％は2級，3％は1級レベルに属する．コーパス中で最も高頻度の語彙であるのに，級外の例は2語ある．それ

| word | Freq | total=3871216 |
|---|---|---|
| ない | 328510 | |
| いい | 250304 | |
| 多い | 107670 | |
| なく | 96932 | |
| 新しい | 80742 | |
| 高い | 76862 | |
| 良い | 72992 | |
| よく | 68334 | |
| 悪い | 49730 | |
| 大きく | 48475 | |
| 多く | 48047 | |
| 無い | 46428 | |
| 難しい | 42031 | |
| 強い | 39388 | |
| なかっ | 33789 | |
| よい | 33642 | |
| なし | 32518 | |
| 早く | 32326 | |
| 長い | 32131 | |
| 少ない | 31988 | |

**図6.12** もっとも高頻度の20語のイ形容詞（ワードリスト機能）

---

15) 現段階では，「名詞は/がイ形容詞」は扱わない．

らは，日本語学習者にも役立ちそうなイ形容詞，「興味深い」と「幅広い」である．

さらに，Sketch Engine で得られた高頻度の 500 語を能力試験レベルで分けた結果，188 語が級外の項目として現れる（例えば，「疑わしい」「しんどい」「有り難い」「淡い」「気持ちいい」などのイ形容詞である）．級外の 188 語のうち，学習者向けの教材に使うのには疑問がある項目もあるが，従来の語彙リストに不足していた項目も発見できる．今後の課題として，ぞれぞれの項目の重要性を確認するために，Sketch Engine に載せた大規模な web コーパスだけでなく，学習コーパス，バランスの取れた大規模な BCCWJ などのコーパスおよび教材を調べ，データを比較する方法が考えられる．複数のデータに基づいて得られたイ形容詞のリストをコロケーション辞典の見出し語の項目とし，その名詞とのコロケーションを調べる必要がある．

**2)「イ形容詞＋名詞」のコロケーション項目案**

Sketch Engine のワードスケッチ機能で，各イ形容詞をキーワードとして調べると，最も高頻度および統計的な重要度が高い名詞などのコロケーションが取り出され，分析できる．自動的に抽出され，まとめられた「イ形容詞＋名詞」のコロケーションを，さらに BCCWJ などのコーパスから得られるコロケーションと比較すると，テキストタイプごとの差異も明らかになる．得られたコロケーションを，難易度別語彙リストを利用して分類する．

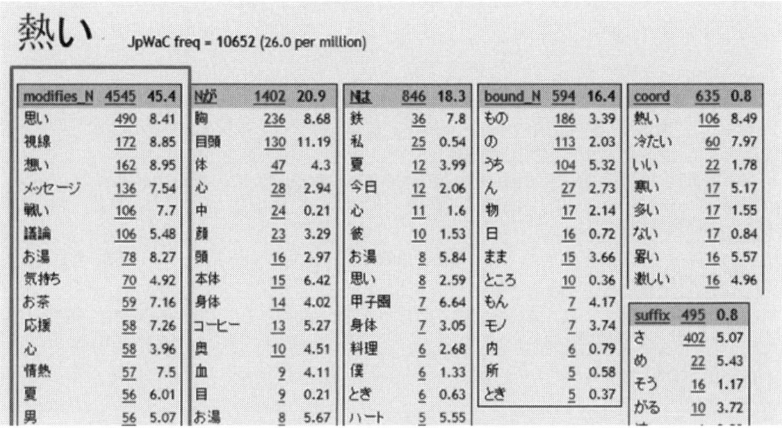
熱い　JpWaC freq = 10652 (26.0 per million)

| modifies_N | 4545 | 45.4 |
|---|---|---|
| 思い | 490 | 8.41 |
| 視線 | 172 | 8.85 |
| 想い | 162 | 8.95 |
| メッセージ | 136 | 7.54 |
| 戦い | 106 | 7.7 |
| 議論 | 106 | 5.48 |
| お湯 | 78 | 8.27 |
| 気持ち | 70 | 4.92 |
| お茶 | 59 | 7.16 |
| 応援 | 58 | 7.26 |
| 心 | 58 | 3.96 |
| 情熱 | 57 | 7.5 |
| 夏 | 56 | 6.01 |
| 男 | 56 | 5.07 |

| Nが | 1402 | 20.9 |
|---|---|---|
| 胸 | 236 | 8.68 |
| 目頭 | 130 | 11.19 |
| 体 | 47 | 4.3 |
| 心 | 28 | 2.94 |
| 中 | 24 | 0.21 |
| 顔 | 23 | 3.29 |
| 頭 | 16 | 2.97 |
| 本体 | 15 | 6.42 |
| 身体 | 14 | 4.02 |
| コーヒー | 13 | 5.27 |
| 奥 | 10 | 4.51 |
| 血 | 9 | 4.11 |
| 目 | 9 | 0.21 |
| お湯 | 8 | 5.67 |

| Nは | 846 | 18.3 |
|---|---|---|
| 鉄 | 36 | 7.8 |
| 私 | 25 | 0.54 |
| 夏 | 12 | 3.99 |
| 今日 | 12 | 2.06 |
| 心 | 11 | 1.6 |
| 彼 | 10 | 1.53 |
| お湯 | 8 | 5.84 |
| 思い | 8 | 2.59 |
| 甲子園 | 7 | 6.64 |
| 身体 | 7 | 3.05 |
| 料理 | 6 | 2.68 |
| 僕 | 6 | 1.33 |
| とき | 6 | 0.63 |
| ハート | 5 | 5.55 |

| bound_N | 594 | 16.4 |
|---|---|---|
| もの | 186 | 3.39 |
| の | 113 | 2.03 |
| うち | 104 | 5.32 |
| ん | 27 | 2.73 |
| 物 | 17 | 2.14 |
| 日 | 16 | 0.72 |
| まま | 15 | 3.66 |
| ところ | 10 | 0.36 |
| もん | 7 | 4.17 |
| モノ | 7 | 3.74 |
| 内 | 6 | 0.79 |
| 所 | 5 | 0.58 |
| とき | 5 | 0.37 |

| coord | 635 | 0.8 |
|---|---|---|
| 熱い | 106 | 8.49 |
| 冷たい | 60 | 7.97 |
| いい | 22 | 1.78 |
| 寒い | 17 | 5.17 |
| 多い | 17 | 1.55 |
| ない | 17 | 0.84 |
| 暑い | 16 | 5.57 |
| 激しい | 16 | 4.96 |

| suffix | 495 | 0.8 |
|---|---|---|
| さ | 402 | 5.07 |
| め | 22 | 5.43 |
| そう | 16 | 1.17 |
| がる | 10 | 3.72 |

**図 6.13**　ワードスケッチの例（熱い）

図 6.13 はワードスケッチで取り出したイ形容詞「熱い」の例である．一万回以上出現するイ形容詞「熱い」との様々なコロケーションタイプが見られる．四角で囲んだコロケーションタイプは対象とする「イ形容詞＋名詞」のコロケーションタイプである（modifies_N と呼ぶ）．このコロケーションタイプにおいて，高頻度順にコロケーション項目がリストされている．このようにして得られたデータを，コーパスの例文を見つつ，コロケーション辞典の項目の候補として検討する．

表 6.3 は，ワードスケッチで自動的に提示された「熱い＋名詞」の高頻度の上位 30 項，および統計的な重要性の高い上位 30 項をさらに難易度別に分けたコロケーション結果の例である．初級の 4 級から上級の 1 級および「語彙リスト」にはない項目の 0 級（超級）レベルに分けた．

4 級レベルでは，「熱いお茶・夏・コーヒー・お風呂」などのような初級の学生に役立つコロケーションの例が見られる．また，「熱い思い・視線・想い・声援」などのような級外の語彙は，従来の「能力試験の語彙リスト」にはないが，上級向けの学習辞典に適当だと考えられる．一方，「熱い男・メッセージ」などコーパスの種類に偏りがありそうなコロケーションは学習辞典に入れるかどうか疑問が残る例が見られる．このような場合には，複数のコーパスなどの資源を利用し，辞典の項目に入れるのが妥当かどうかを判断するべきである．

今後の課題として，学習者にとって予測しがたいコロケーションを検討する必要がある．その場合，他言語コーパスから取り出したコロケーションと比較し，どのコロケーションが特定の母語話者の学習者に学習負担となりうるか，ある程度判断ができる．また，学習者コーパスに現れる誤りを考慮に入れつつ，辞書編

表 6.3 難易度別に分けた「熱い＋名詞」のコロケーション結果の例

| | | |
|---|---|---|
| 熱い (10652) | 4 級 | お茶 (59；7.1), 夏 (56；6), 男 (56；5), コーヒー (55；6.9), お風呂 (47；6.4), 人 (45；0,5), シャワー (33；7.05), 風 (23；3,8), 話 (22；1,7), 紅茶 (20；6.5), 言葉 (18；2.1) |
| | 3 級 | 気持ち (70；4.9), 心 (58；7,2), お湯 (78；8,2), 血 (33；5,7), 空気 (31；5,4), 試合 (19；4,1) |
| | 2 級 | 戦い (106；7.7), 議論 (106；5.4), 応援 (58；7.2), 涙 (41；6.1), 期待 (43；5.6), 注目 (23；5,61) |
| | 1 級 | メッセージ (136；7.5), 情熱 (57；7.5), 支持 (24；5,4), 要望 (20；5), コメント (18；3,3) |
| | 0 級 | 思い (490；8.4), 視線 (172；8.8), 想い (162；8.9), 声援 (44；4.8), ハート (25；6.8), 抱擁 (18；6,9), 血潮 (19；7) |

纂を行うのも一つの方法だと考えられる．最近，学習者コーパスが検索できる機能が Sketch Engine の英語版に加えられ（Kovář and McCarthy, 2012），学習者の誤りのタイプによって検索を行うことができるようになった．今後，このような機能が日本語版にも追加されることが望ましい．さらに，能力試験の語彙リストだけでなく，学習者コーパスなどに依拠したレベル判定基準（砂川，2009）などの資源の利用を検討することは今後の課題の一つである．

## 6.5 ま　と　め

日本語教育のためにコーパスを活用するにあたって，コーパス検索ツールのノウハウは重要である．ツールはさまざまな機能を持ち，その機能を用いた検索によって，多様な言語的情報が取り出せる．本章においては，キーワードの複数のコロケーション関係抽出ができるレキシカルプロファイリングツール Sketch Engine を紹介した上で，データ駆動型学習およびコーパス準拠型の教材開発への応用について述べた．次いで，ツールのさまざまな特徴をどのように日本語教育に応用できるかについて，例を挙げながら検討した．直接的な応用として，中級から上級の学生にコーパス検索ツールを利用しながら行わせるタスクの例を示した．また，間接的な応用の例として，学習者用のコロケーション辞典の作成のための，コーパスおよびツールの役割を示した．

日本語のデータ駆動型の学習やコーパス準拠型の教材開発のために，様々な日本語コーパスとコーパス検索ツールが利用可能である．コーパス，ツールはそれぞれに特徴を持っているので，客観的データに基づいた日本語教育のために複数のコーパスおよび複数のツールを活用することが望ましい．

[イレーナ　スルダノヴィッチ（Irena Srdanović）]

**参 考 文 献**

伊能裕晃，来栖里美，前坊香菜子，宮田公治，阿保きみ枝，本田ゆかり（2011）．『新完全マスター語彙　日本語能力試験』，スリーエーネットワーク．

井上永幸（2003）．「コーパスに基づく辞書編集」．齋藤俊雄・中村純作・赤野一郎（編）．『英語コーパス言語学―基礎と実践―』，pp. 207-228，研究社．

今井新悟，赤瀬川史朗，プラシャント・パルデシ（2013）．「筑波ウェブコーパス検索ツール NLT の開発」，『第 3 回コーパス日本語学ワークショップ予稿集』，pp. 199-206．

小澤俊介，内元清貴，伝康晴（2011）．「BCCWJ に基づく中・長単位解析ツール」，『特定領域「日本語コーパス」平成 22 年度公開ワークショップ予稿集』，pp. 331-338．

小木曽智信, 伝康晴 (2013).「UniDic2：拡張性と応用性にとんだ電子化辞書」,『言語処理学会第 19 回年次大会発表論文集』, pp. 912-915.

小内一 (2010).『てにをは辞典』, 三省堂.

川村よし子, 寒川 クリスティナ・フメリャク (2010).「Web コーパスを活用したレベル別例文検索システムの開発と評価」,『ヨーロッパ日本語教育』4, 231-238.

石川慎一郎 (2008).『英語コーパスと言語教育』, 大修館書店.

河原大輔, 黒橋禎夫 (2006).「高性能計算環境を用いた Web からの大規模格フレーム構築」,『情報処理学会 自然言語処理研究会』, 171-12, 67-73.

グループジャマシイ (1998).『日本語文型辞典』, くろしお出版.

国際交流基金, 日本国際教育協会 (2002).『日本語能力試験出題基準（改訂版）』, 凡人社.

佐藤有希子, 阪上辰也, 古泉隆, アックシュダリヤ, 杉浦正利 (2007).「Ajax による自作教材開発既技法」The 4th International Conference on Computer Assisted Systems for Teaching & Learning Japanese (CASTEL-J). University of Hawaii, Kapiolany Community College.

佐野香織, 李在鎬 (2007).「KH Coder で何ができるか―日本語習得・日本語教育研究利用への示唆―」,『言語文化と日本語教育』, 33, 47-48.

砂川有里子 (2009).「コーパスを活用した日本語教育研究」,『人工知能学会誌』, 24-5, 656-664.

スルダノヴィッチ・イレーナ, スホメル・ヴィット, 小木曽智信, キルガリフ・アダム (2013).「百億語のコーパスを用いた日本語の語彙・文法情報のプロファイリング」『第 3 回コーパス日本語学ワークショップ」予稿集』, pp. 229-238.

スルダノヴィッチ・イレーナ, ベケシュ・アンドレイ, 仁科喜久子 (2009).「コーパスに基づいた語彙シラバス作成に向けて―推量的副詞と文末モダリティの共起を中心にして―」,『日本語教育』, 142, 69-79.

スルダノヴィッチ・イレーナ, 仁科喜久子 (2008).「コーパス検索ツール Sketch Engine の日本語版とその利用方法」,『日本語科学』, 23, 59-80.

中條清美, 西垣知佳子, 山保太力, 天野孝太郎 (2011).「英語初級者向けコーパスデータとしての教科書テキストの適性に関する研究」,『日本大学生産工学部研究報告 B（文系）』, 44, 13-23.

仁科喜久子（監修）鎌田美千子, 曹紅荃, 歌代崇史, 村岡貴子（編）(2012).『日本語学習支援の構築―言語教育・コーパス・システム開発―』, 凡人社.

橋本直幸, 山内博之 (2008).「日本語教育のための語彙リストの作成」,『日本語学（特集：「語彙の教育」）』, 27-10, 50-58.

松本裕治 (2005).「日本語研究者のための『茶筌』入門」, 麗澤大学言語研究センター第 1 回シンポジウム.

姫野昌子（監修）柏崎雅世, 藤村知子, 鈴木智美（編）(2012).『研究社日本語コロケーション辞典』, 研究社.

広谷真紀 (2007).「CMC コーパス利用の効果検証」Proceedings from The Fourth International Conference On Computer Assisted Systems For Teaching and Learning/Japanese (CASTEL/J), 177-180.

深田淳 (2007).「日本語用例・コロケーション情報抽出ツール『茶漉』」,『日本語科学』, 22,

161-172.
プラシャント・パルデシ, 赤瀬川史朗 (2012). 「BCCWJ を活用した基本動詞ハンドブック作成 ―コーパスブラウジングシステム NINJAL-LWP の特徴と機能―」, 『特定領域研究「日本語コーパス」『現代日本語書き言葉均衡コーパス』完成記念予稿集』, pp. 205-216.
Baroni, M. and Bernardini, S. (eds.) (2006). *Wacky! Working papers on the Web as Corpus.* GEDIT.
Church, K. W. and Hanks, P. (1989). Word association norms, mutual information, and lexicography. *Proceedings of the 27th annual meeting on Association for Computational Linguistics*, pp. 76-83.
Heid, U., Evert, S., Docherty, V., Worsch, W. and Wermke, M. (2000). Computational tools for semi-automatic corpus-based updating of Dictionaries. *EURALEX 2000*, Stuttgart, pp. 183-196.
Johns, T. F. (1991). Should you be persuaded: two samples of data-driven learning materials. *English Language Reserch*, 4, 1-16.
Jakubíček, M., Rychlý, P., Kilgarriff, A. and McCarthy, D. (2010). Fast syntactic searching in very large corpora for many languages. *PACLIC 24 Proceedings of the 24th Pacific Asia Conference on Language, Information and Computation*, pp. 741-747.
Johansson, S. (2009). Some thoughts on corpora and second-language acquisition. In K. Aijmer, (ed.), *Corpora and Language Teaching* pp. 33-44, John Benjamins Publishing.
Kilgarriff, A., Kovář, V., Krek, S., Srdanović, I. and Tiberius, C. (2010). A quantitative evaluation of Word Sketches. *Proceedings of The 14th EURALEX International Congress*, pp. 372-379.
Kilgarriff, A., Rychlý, P., Smrž, P. and Tugwell, D. (2004). The Sketch Engine. *Proceedings of the 11th EURALEX International Congress*, pp. 105-116.
Kilgarriff, A. and Rychlý, P. (2008). Finding the words which are most X. *Proceedings of the 13th EURALEX International Congress*, pp. 433-436.
Kilgarriff, A. and Tugwell, D. (2001). WORD SKETCH: Extraction and display of significant collocations for lexicography. *Proceedings of workshop "COLLOCATION: Computational Extraction, Analysis and Exploitation. 39th ACL & 10th EACL*, pp. 32-38.
Kovář, V., McCarty, D. (2012). New Learner Corpus Functionality in the Sketch Engine. *APCLC*.
Leech, G., Rayson, P. and Wilson, A. (2001). *Word Frequencies in Written and Spoken English: Based on the British National Corpus*, Pearson Education.
Nation, P. (2001). *Learning Vocabulary in Another Language*, Cambridge University Press.
Pomikálek, J. and Suchomel, V. (2012). Efficient Web Crawling for Large Text Corpora. *ACL SIGWAC Web as Corpus* (at conference WWW).
Rychlý, P. (2008). A lexicographer-friendly association score. In Sojka, P. and Horák, A. (eds), *Proceeding of second Workshop on Recent Advances in Slavonic Natural Languages Processing, RASLAN 2008*. prvin., pp. 6-9.
Sharoff, S. (2006). Creating general-purpose corpora using automated search engine queries. *WaCky! Working papers on the Web as Corpus.* GEDIT.

Sinclair, J. M. (1991). *Corpus, Concordance, Collocation*, Oxford University Press.
Smith, S. and Shen, X. (2011). Corpusbased tasks for learning Chinese: a data driven approach. *Proceedings of The Asian Conference on Technology in the Classroom*, pp. 48-59.
Smrž, P. (2004). Integrating natural language processing into E-learning—A case of Czech. *Proceedings of the Workshop on eLearning for Computational Linguistics and Computational Linguistics for eLearning COLING 2004*, pp. 106-111.
Srdanović, I., Ida, N., Shigemori Bučar, C., Kilgarriff, A. and Kovář, V. (2011). Japanese word sketches: advantages and problems. *Acta Linguistica Asiatica*, 1-2, 63-82 (available at http://revije.ff.uni-lj.si/ala/index).
Srdanović, E.I., Erjavec, T. and Kilgarriff, A. (2008). A web corpus and word-sketches for Japanese, 『自然言語処理』, 15-2, 137-159.
Stevens,V. (1991). Classroom concordancing: Vocabulary materials derived from relevant, authentic text. *English for Specific Purposes*, 10, 35-46.
Ueyama, M. and M. Baroni (2005). Automated construction and evaluation of a Japanese web-based reference corpus. *Proceedings of Corpus Linguistics 2005*.

# 付録　正規表現とコーパス

## 1 はじめに

　コーパスはこのところ広く用いられるようになってきているが，その利用にあたっては正規表現が駆使できると有益である．正規表現を使えば，細かな条件指定が可能になり，自分の目的に合致した小回りの利く処理が可能になるからである．ここでは，日本語のコーパス（電子テキスト）を処理する際に有益となる正規表現についてその概略を述べる．

　はじめにお断りする必要があるのは，以下の3点である．

(1) 正規表現は，用いるツールによって細部で相違がある．相違点について細かく述べることは趣旨に反するので，ここでは第1章で用いた『サクラエディタ』の ver. 2.2.0.1（執筆時 2015 年 11 月時点での最新版）で利用できる正規表現を中心に述べる．

(2) 特殊な意味をもつ記号の解説をしていくが，日本語の処理に関わる部分を中心に述べる．

(3) 直感的なわかりやすさを優先するため，厳密さに欠ける部分がある．厳密で詳細な説明は，大名（2012）などを読まれることをお薦めする．

　第1章においては，正規表現の効用を示すため以下のような例示を行った．ここでは説明の便宜上，第1章の例を一部簡略化して示す．（正規表現を用いる場合には，第1章の注に明記した通り，意図しないものを含めてしまう危険性に留意しなくてはならない．）

　例1：動詞とその活用形をまとめて指定できる．

　　「行う」と一部の活用形を指定する正規表現：

　　　　　行な?(わない|います|って|う|えば|おう)

　例2：具体的な文字列を特定せずにパターンを指定できる．

　　「きっと〜ちがいない。」を指定する正規表現：

きっと.+ちがいない。

例3：文字種での指定ができる．

漢字4文字以上の連鎖を指定する正規表現：

[一-龠]{4,}

片仮名語を指定する正規表現：

[ァ-ヴー]+

例4：繰り返しを含むパターンを指定できる．

平仮名の繰り返しを含むオノマトペ（「ぽたぽた」「ぐにゅぐにゅ」など）を指定する正規表現：

([ぁ-ん]{2,})\1

以下では，上の例で使われている特殊な意味をもつ記号（全て半角文字で書かれる）を中心に解説する（以下，紛らわしいと思われる場合には，正規表現の箇所に下線を施す）．

## 2 複数の文字列の同時指定 ——（ | ）

例1の行な?(わない|います|って|う|えば|おう)では，( )と | を組み合わせた( | )が使われている．(わない|います|って|う|えば|おう)は，「わない」「います」「って」「う」「えば」「おう」のいずれか1つを示している．数に制限はないので，いくつでもつなげることができる．ここで | は「または」を意味し，( )はどこまでを範囲とするかを指定していて，両者は組み合わせて使われることが多い．これによって，複数の文字列を同時に指定することが可能となり，個別に指定する手間を省くことができる．

## 3 繰り返しの指定 —— ? * + {m,n} {m,} {m}

例1の行な?の部分には，?という記号が使われ，「行」「行な」の両方を同時に指定している．?は量を指定する「量指定子」と呼ばれるものの1つである．以下の3つがよく用いられる．

? 　直前のパターンの0回か1回の繰り返し

* 　直前のパターンの0回以上の繰り返し

+ 　直前のパターンの1回以上の繰り返し

行な?では，?の直前のパターンは「な」であり，それが0回か1回繰り返されるということは，「な」があってもなくてもよいということである．

3 繰り返しの指定——? * + {m,n} {m,} {m}

他の例を見ると，例えば，名古屋大学? では，「名古屋大学」と「名古屋大」が指定される．また，( ) と組み合わせ，名(古屋)?大 と書くと，「名古屋大」と「名大」が指定される．( ) で括ることによって，括られた文字列がまとまりを成し，? によってその箇所が 0 回あるいは 1 回使われていることを意味している．

「名古屋大学」「名古屋大」「名大」という 3 つの文字列をこれらの記号を使って同時に指定するには，名(古屋大学?|大) あるいは 名(古屋大学|(古屋)?大) のようにする．もちろん 名古屋大学|名古屋大|名大 としても同じである．

例 2 では量指定子の + が使われているが，この + や * は「任意の 1 文字」を表すドット . とよく組み合わせて使われる．（ここでいう「文字」には，全角・半角のスペースや記号類なども含まれる．つまり，ドットは，文字にも数字にも記号にも空白文字にも，何にでもマッチするジョーカーのような存在と言える．）.+ は，「任意の 1 文字の 1 回以上の繰り返し」を，.* は「任意の 1 文字の 0 回以上の繰り返し」を表す．例 2 のように きっと.+ちがいない。とすると，「きっと〜ちがいない。」のように，間に任意の文字列が含まれる連鎖が指定できる（例えば，「きっと明日は晴れるにちがいない。」）．

0 回あるいは 1 回以外の繰り返しを指定するには，以下のように記述する．

{m,n}　m 回以上 n 回以下の繰り返し
{m,}　m 回以上の繰り返し
{m}　m 回の繰り返し

m と n には任意の整数を使うことができるので，「4 回以上 8 回以下の繰り返し」や「4 回以上の繰り返し」など，自由に指定できる．

日本語を処理する際に重要になってくるのは，ある文字種の繰り返しの指定だろう．例えば，後述の通り，漢字 1 文字は [一-龠] と表される（「サクラエディタ」の ver. 2.2.0.1 を含む Unicode の場合）が，これと量指定子を組み合わせ，[一-龠]{4,} のように書くと漢字の 4 回以上の繰り返しを指定できる．これは，「弱肉強食」「中部国際空港」など，漢字の 4 文字以上の連鎖にマッチする．

片仮名は [ァ-ヴー] で表されることが多い．したがって，例 3 のように [ァ-ヴー]+ という正規表現を用いれば，片仮名の 1 回以上の繰り返し，すなわち片仮名語を指定することができる．

{ } と他の量指定子を組み合わせることもできる．例えば，(ダ{3})+ は「ダの 3 回の繰り返しの 1 回以上の繰り返し」，つまりダの 3 の倍数（3 回，6 回，9 回，…）の繰り返し（「ダダダ」「ダダダダダダ」「ダダダダダダダダダ」など）を意味

する．

　量指定子に関しては一点，注意すべきことがある．例えば，以下のような文字列があったとする．

> きっと明日は雨にちがいない。でも明後日は晴れるにちがいない。

　ここで，きっと .+ ちがいない。を指定すると，マッチするのは「きっと明日は雨にちがいない。でも明後日は晴れるにちがいない。」という文字列全体である．一方，もしきっと .+? ちがいない。のように量指定子である + の後ろに ? を付けると，「きっと明日は雨にちがいない。」のみにマッチする．これは，「にちがいない。」が 2 箇所あるいはそれ以上ある場合，? を付けないとできるだけ広い範囲でマッチする文字列を探すためである．他方，? を付けると一度条件に合った文字列を見つけたら，それ以上のマッチングは行わないことになる．前者は「最長一致」，後者は「最短一致」と呼ばれる．? によって，両者を切り替えることができるのである．

## 4　文字クラスの指定 —— [ ]

　例 3 と例 4 でも用いた [ ] は，文字クラスを指定するために用いられる．

　例えば，[123] は，1, 2, 3 のうちのどれか 1 文字を意味する．ここでは 3 文字を例にしているが，数に制限はないので，いくらでも指定することができる．もし間にハイフンが使われている場合には，ハイフンの前の文字から後ろの文字までの全ての文字のうちのどれか 1 文字を意味するから，[0-9] は [0123456789] と書くのと同じである．ハイフンを使う場合には，文字の順番に注意する必要がある．コンピュータにおいて 9 は 0 より後の文字であるから，[9-0] のように書くことはできない．（ハイフンを使わずに [0123456789] のように列挙する限りは，順番に意味はないので，[6981740253] などのように書いたとしても全く同じである．）

　[a-z] は [abcdefghijklmnopqrstuvwxyz] と同じで，小文字のアルファベット 1 文字を意味する．[0-9] を [9-0] と書けないのと同様，[a-z] を [z-a] と書くことはできない．[a-zA-Z] あるいは [A-Za-z] は，アルファベット（大文字・小文字）1 文字を意味する．

　列挙する文字の種類は同じである必要はない．[abc0123] や [a-c0-3] のようにアルファベットと数字を組み合わせることもできる．[123 あいう] のように数字と仮名を混ぜることもできる．

なお，ハイフンが「…から…まで」を表すのは，2つの文字の間で使われた場合に限られる．したがって，[a-c-] は，a，b，c のどれか1文字またはハイフンを意味する．最初のハイフンは文字間にあるので「…から…まで」を表し，末尾のハイフンは文字間にはないので文字通りハイフンを表している．[-a-c] としても同じである．

[^a-z] のように [ ] 内の最初に ^ を置くと，「〜以外」を意味する．例えば，[^a-z] は [a-z] 以外の1文字を意味する．これには大文字のアルファベット，仮名，漢字，数字，記号，空白文字など，小文字のアルファベット以外のものが全て含まれる．

## 5 文字の順番

前述の通り，[ - ] を使う際には，文字の順番に注意する必要がある．数字やアルファベットに順番があるというのは，容易に理解できるだろう．では，平仮名や片仮名の順番はどうだろうか．常識的に考えると，「あ」「ア」が最初で「ん」「ン」が最後だと思われるが実はそうではない．「あ」「ア」の前に「ぁ」「ァ」があるからである．「わぁーい」の「ぁ」，「ファイル」の「ァ」である．

仮名の順番は以下のようになっている．

平仮名（Unicode）：
　　ぁあぃいぅうぇえぉおかがきぎ（中略）んゔかけ（後略）

平仮名（Shift JIS）：
　　ぁあぃいぅうぇえぉおかがきぎ（中略）ん

片仮名（Unicode）：
　　ァアィイゥウェエォオカガキギ（中略）ンヴヵヶヷヸヹヺ（後略）

片仮名（Shift JIS）：
　　ァアィイゥウェエォオカガキギ（中略）ンヴヵヶ

Unicode では，平仮名の「ん」の後にもいくつかの文字がある．これらを除外してよいなら，Shift JIS と同様に「ん」までを指定すればよい（[ぁ-ん]）．

同様に，Unicode の片仮名の「ヴ」の後にも数文字あるが，ー（音引き）以外は無視するという判断もありうるだろう．「ヶ」とその前の文字である「ヵ」は，「美ヶ原，一ヵ月」などの語に現れる文字である．コンピュータでは，これらを片仮名として扱っているが，実際に片仮名として扱うかどうかは別問題である．これらを片仮名と見なさないという判断をするならば，「ヴ」までにすればよい

([ァ-ヴ]).

ただし，[ァ-ヴ]では音引き（ー）が含まれない．音引きを含めるには，[ァ-ヴー]とすればよい．これに + を付け [ァ-ヴー]+ とすれば，例えば「コンピュータ」は「コンピュ」と「タ」の2つに分かれず，1つの片仮名語として扱われることになる．が，その副作用として「わぁーい」のような平仮名の中で使われるーにもマッチしてしまう．これを回避するには，[ァ-ヴ][ァ-ヴー]* のようにすればよい．この正規表現は，[ァ-ヴ]が1文字あり，その後に音引きを含む片仮名 [ァ-ヴー] が0文字以上現れていることを指定しているので，「わぁーい」の音引きにはマッチしない．

Shift JIS では，「ん」「ヶ」がそれぞれ最後の文字である．したがって，Shift JIS において，平仮名は [ぁ-ん]，片仮名は [ァ-ヶ] で指定できる．Unicode の場合と同様，「ヵ」と「ヶ」を含めない可能性もある．音引きを含めるなら [ァ-ヶー] あるいは [ァ-ヴー] のようにする．

目的によっては，小さな仮名は除きたい場合もあるだろう．そのような場合には，少々煩雑にはなるが，平仮名は [あいうえおか-ぢつ-もやゆよら-ろわゐゑをん] のように指定する．「か」と「ぢ」，「つ」と「も」，「ら」と「ろ」の間には小さな文字はないので，ハイフンを使って連続的に指定できる．（「ぢ」と「つ」の間には，「っ」がある．）それ以外は，文字を個別に指定する．片仮名も，最後にヴを加える点以外は基本的に同じである．

以上から分かる通り，コンピュータで扱う文字には全て順番があり，その順番に従わないことには上記のような指定はできない．文字には，コンピュータ上のいわば番号が付与されているということである．番号の振り方には何種類かあり，それに従う必要がある．文字の順番や番号を知る方法は色々あるが，Windows マシンを使っている場合，IME パッドから「文字一覧」を出して確認するのが最も容易である．とりあえず，日本語の処理に関しては，Unicode と Shift JIS の2つを意識しておけばよいが，「サクラエディタ 2.2.0.1」に限っていえば，内部コードは Unicode なので，扱っているテキストの文字コードにかかわらず，Unicode の配列で指定する必要がある．

ここまでは仮名について見てきたが，漢字はどうだろうか．漢字の順番については，数字，アルファベット，平仮名，片仮名と異なり，最初の文字と最後の文字が何であるかは想像さえつかないし，Unicode と Shift JIS でも大きく異なる．普通の日本語のテキストを扱っている限り，Unicode で漢字を指定するには

CJK統合漢字（CJK Unified Ideographs）の部分を漢字と見なせばほぼ問題ない（Cは中国語（Chinese），Jは日本語（Japanese），Kは韓国語（Korean）のこと）．最初の漢字は「一」であり最後の漢字は（日本語のテキストを扱う限りは）「龥」として問題はない．したがって，Unicodeでの漢字1文字は，[一-龥]となる[1)]．

Shift JISでの漢字1文字は，[亜-熙]で表される．

以上，述べた通り，平仮名，片仮名，漢字は，基本的に[ぁ-ん]，[ァ-ヴー]，[一-龥]（Unicode），[亜-熙]（Shift JIS）のように表記されるわけだが，これをテキスト処理の際に毎回，入力するのは手間であり，入力ミスも起きやすい．そこで，これらを「単語登録」しておくことを推奨する．一度，この登録をしておけば，その後の入力が楽になり，入力ミスも回避できる．

| 単語 | よみ | |
|---|---|---|
| [ぁ-ん] | ひらがな | |
| [ァ-ヴー] | かたかな | |
| [一-龥] | かんじ | （Unicodeの場合） |
| [亜-熙] | かんじ | （Shift JISの場合） |

## 6 位置を表す記号

位置を表す記号としては，＾と＄の2つを紹介するにとどめる．

まず＾は，行頭（厳密には「処理単位となっている文字列の先頭」）を表す．([＾]の＾は「以外」を表すことに注意.) 一方，＄は，行末（厳密には「処理単位となっている文字列の末尾」）を表す．

例えば，行頭に使われている「しかし」あるいは「けれども」であれば，＾(しかし|けれども)のように指定する．行末の「ちがいない．」はちがいない。＄である．

---

[1)] 「々」「〆」は記号として扱われているので，これらも含める際には[一-龥々〆]のように書く必要がある．そうでないと「人々」「佐々木」「〆切」の下線部は漢字として扱われない．「ヵ」「ヶ」をもし漢字と見なすのであれば，漢字1字は[一-龥]ではなく[一-龥ヵヶ]とすべきである．[一-龥ヵヶ]+のようにすれば，「1ヵ月」「1ヶ月」も一連の漢字と見なされることになる．

## 7 制御文字と文字クラス（略記）を表す正規表現

次は，制御文字・文字クラス（略記）を表す正規表現を見る．

制御文字の \r は「復帰文字」，\n は「改行文字」を表す．Windows マシンでの改行は，基本的にはこの2つを組み合わせて \r\n で表される．

文字クラス（定義済み文字クラス）を表す \s は，「空白類（スペース，改行，タブなど）」を意味する．わかりやすく言うと，印刷した際に「目に見えない」文字である．\S は，「空白類」（\s）以外の文字である．\S は「目に見える文字」である．

分かち書きされていない普通の日本語を扱う場合には，これらを使わねばならないことは多くないだろう．しかし，ChaSen や MeCab といった形態素解析器でスペース区切りで分かち書きを行った場合には，\s や \S を使う機会も生まれる．

\d は数字（基本的には [0-9] と同じ），\D は数字以外を表す．

これらの略記法は，[ - ] で文字クラスを表すよりも簡便であるが，ツールによってマッチするものが異なる場合があるので注意が必要である．

## 8 後 方 参 照

後方参照とは ( ) でグループ化した箇所を後で参照することである．この機能は，例4（平仮名の繰り返しを含むオノマトペ）で用いている．

例4の ([ぁ-ん]{2,})\1 において [ぁ-ん] は「平仮名1文字」を表す．{2,} は「直前のパターンの2回以上の繰り返し」なので，[ぁ-ん]{2,} は「平仮名2文字以上の連鎖」を意味する．この部分を ( ) で括ってグループ化し，そこでマッチした文字列が繰り返されることを \1 で表している．ここで1という数字は，( ) を左端から数えた番号である．この短い正規表現では ( ) は1つしか用いられていないが，( ) が複数回，用いられていれば，\1, \2, \3 ... のように数が増えていく．

例えば，「ぐにゅぐにゅ」という語では，前半の「ぐにゅ」は [ぁ-ん]{2,} にマッチしており，後半の「ぐにゅ」は \1 にマッチしている．

後方参照は，具体的文字列を定めることなく「繰り返し」を含むパターンを指定する際に極めて有益である．

## 9　正規表現による明示化 ── コーパスをブラックボックスにしないために

　以上，述べてきた通り，正規表現を用いれば，コーパス処理が格段に柔軟になる．

　重要なことは，コーパス処理の際にどのような処理をしたのかを，正規表現を用いて記録しておくことである．そうすれば，何を検索対象として含め，何を含めていないのかを厳密に（曖昧さをもたせずに）述べることができる．この情報があれば他者による処理過程の検証も可能になる．

　正規表現の明示により処理過程を示すようにすれば，コーパスのブラックボックス的な利用を避けることもでき，自らの処理結果に対して責任をもつことができるようになる．コーパスの厳密な利用にあたっては，こうした点に留意することが重要である．

[滝沢直宏]

### 参 考 文 献

大名力 (2012). 『言語研究のための正規表現によるコーパス検索』, ひつじ書房.

# 索 引

## 欧 文

BCCWJ（現代日本語書き言葉均衡コーパス） 2-5
Brown Corpus 15
Comainu 170
Carroll's $D_2$ 41
CASTEL/J 19
CEFR レベル 38
Chakoshi 166
Chantokun 136
ChaSen 6, 13, 170, 196
CJK 統合漢字 195
COCOA 形式 15
Concodance 169, 173
CUWI 166
DDL（data-driven learning, データ駆動型学習） 167
$DP_{norm}$（正規化された散布度） 122
EVP（English Vocabulary Profile） 38
General Service List 36
grep 7, 9, 13
Gries' $DP$ 41
Herdan の $C$ 値 113
ICE（International Corpus of English） 16
IPADIC 170
JACET 8000（JACET List of 8000 Basic Word） 48
JPTenTen 170
JpWac 169
Juilland's $D$ 41
Juillands's usage coefficient $U$ 41
KH Coder 166
KOKIN ルール 16

KWIC（keyword in context） 21, 27
KWIC 表示 165
lemma（レンマ） 36, 67, 68, 170
LLR（long likelihood ratio, 対数尤度比） 53, 120
Manatee 168
MeCab 6, 13, 170, 196
MI スコア 85
$n$-gram 30, 120
NDC（Nippon Decimal Classification, 日本十進法分類） 53
NINJAL-L WP 166
NINJAL-L WP for BCCWJ（NLB） 25, 84
picture 機能 31
Shift JIS 193, 194, 195
sight vocabulary list 38
Sketch-Diff 169, 174
Sketch Engine 49, 165, 168
SVL 12000（Standard Vocabulary List 12000） 48
TeMa コーパス 108
Thesaurus 169, 174
token 170
TTR（タイプ・トークン比） 113
TWC（Tsukuba Web Corpus, 筑波ウェブコーパス） 166
Unicode 12, 191-195
UniDic 20, 112, 170
web コーパス 45
Word List 169
Word Sketch 169, 177
XML 16
XSLT 17

# 索引

## ア 行

『青空文庫』 5, 6
アノテーション（情報付与） 6, 14, 110
　——のオーバーラップ 16
　——の相互変換 16
アンケート調査 149
安定度 43

意味解析 42
意味タグ 55
インターフェース 142

オーダーメイドテキスト 61
オノマトペ 12, 196
音声言語 68

## カ 行

カイ2乗値 41
改行文字 196
解析済みコーパス 19
科学学術論文 139
係り受け解析 142
係り受け関係 26
書き替え問題 149
書き言葉 44, 68
学習者コーパス 108, 157
学習者情報 155
学習難易度表示 38
学習能力レベル 178
「格フレーム検索」 166
可視化された言語情報 68
カバー率 51
漢語名詞 121
関連表現 65

義務の表現 71
旧「日本語能力試験」 24
教育語彙表 35, 46
　——の作成 46
共起 138

共起語表示 144
共起尺度 145
共起情報 142
共起対 142
共起頻度 141
教材開発 167
教材コーパス 108, 132
行の意味 7
均衡 39

具体名詞 58

形態素解析 6, 11-13, 142
形態素解析器 6, 196
形態素境界 19
形態論情報 5
言語学的属性 14
検索キーワード 182
現代日本語書き言葉均衡コーパス（BCCWJ）
　2, 108

コアデータ 114
語彙
　特徴的な—— 120
　日本語教科書の—— 55
語彙情報 38
　——のレベル 40
語彙素 20
語彙表
　——の順位相関 43
　——の評価 51
語彙密度 113
高校教科書の語彙調査 38
校正支援 141
『コウビルド英英辞典』 165
高頻度語彙 43
構文情報 55
後方参照 196
語義別頻度分析 42
語句 141
異なり語数 113

語のレベル分け　58
コーパスサイズ　42
コーパス化　133
コーパス検索ツール　164
コーパス準拠型の教材　181
コーパスによる語彙動態把握　46
誤用　18, 82, 93, 156
誤用タグ　158
誤用タグデータ　155
誤用判定　157, 158
コリゲーション　25, 82, 83
コロケーション　24, 32, 69, 83, 85, 138
コロケーション辞書　181
コンコーダンス（Concodance）　169, 173
コンコーダンスツール　164
コンコーダンスリスト　165

## サ 行

最短一致　192
最長一致　192
作文支援システム　135
作文指導　135
「サクラエディタ」　6, 189, 191
サジェスト　144
サブコーパス　139

辞書形　36
辞書引き支援　141
シソーラス（Thesaurus）　169, 174
実験協力者　148
質的な分析　68
児童の作文使用語彙　38
絞り込み　27
ジャンル　69, 137
出現位置　69
出現形　67, 68, 71
出現頻度　69
準誤用コーパス　156, 159
準正用コーパス　155, 159
使用環境　67, 101
上級学習者　154

使用傾向　67, 68, 71
条件表現　79
「少納言」　2, 6
情報付与（アノテーション）　6, 14, 110

スケッチディフ（Sketch-Diff）　169, 174

正規化された散布度（$DP_{\text{norm}}$）　122
正規表現　6, 9-11, 14, 18, 32, 189, 194, 196, 197
制御文字　196
正用　156
接続表現　157

想起支援　141
ソート　27
粗頻度　40

## タ 行

対数尤度比（LLR）　53, 120
第二言語教育　164, 177
代表性　39
タイプ・トークン比（TTR）　113
対訳辞書　136
タグ付け　15
タグの削除　17
多言語による対訳　136
単位　39
単位語彙認定　39
単語親密度　48
短単位　5, 39

置換　9
『中学校教科書の語彙調査』　38
中級学習者　154
『中国日本語教科書コーパス』　108
抽象名詞　58
「チュウ太のレベルチェッカー」　49
「中納言」　2, 3, 6, 14, 20
　——のキー　21
調整頻度　40, 116

長単位　5, 39
直観　68

伝わりやすい言語使用　68

データ駆動型学習　136, 167, 178
テキストエディター　2, 4, 6
テキストカバー率　51
添削　155
伝聞の表現　69

統語解析　42
統語的連鎖の範列的スロット　68
動名詞　86, 89
読解語彙　36

### ナ　行

「なつめ」　135, 166

『日本語学習者作文コーパス』　155
日本語教科書　108
　　──の語彙　50
日本語能力試験　49
入力欄　143

述べ語数　113

### ハ　行

発話データ　16
話し言葉　44, 47, 68
範囲　41
判定不能　156
反転前文脈　30
汎用性　16

評価実験　148
表記　42
表現群　65
表層形　36
標本抽出　39
品詞　116

品詞情報付与　6, 7, 12, 13
頻度　40
頻度順　141

複合辞　82, 96
副詞の出現分布　157
復帰文字　196
文型　81
文章構造　15
文章属性　15
文体　69
文の長さ　115
分布　40
文法関係ファイル　171
文法項目　118

変動係数　41

母標準誤差　41
本動詞　102

### マ　行

マークアップ　15

見出し語　182

文字クラス　192, 196
文字言語　68
文字の順番　193
文字列検索　11, 12

### ヤ　行

有用度指標　41

用言の否定形　78

### ラ　行

ランキング　120

量指定子　190, 191, 192
量的調査　68

類義語検索　141
類義表現　65
　　機能語的な——　82, 93
　　語彙的な——　81, 84
ルビ　17

例文表示機能　147
レキシカル・プロファイリング　165
レジスター　18, 137
連鎖　30, 32
レンジ　40

レンマ（lemma）　36, 67, 68, 170

論理行　7

## ワ　行

ワードスケッチ（Word Sketch）　169, 177
ワードリスト（Word List）　169
ワープロソフト　2, 4
話題特徴語　52
話題の難易度　60
話題別語彙表　52

## 監修者略歴

### 前川喜久雄
まえかわ きくお

1956年　京都府に生まれる
1984年　上智大学大学院博士後期課程中退
現　在　国立国語研究所言語資源研究系教授
　　　　博士（学術）

## 編集者略歴

### 砂川有里子
すなかわ ゆりこ

1949年　東京都に生まれる
1982年　大阪外国語大学大学院修士課程修了
1987年　筑波大学講師
現　在　筑波大学名誉教授
　　　　博士（言語学）

---

講座日本語コーパス

**5. コーパスと日本語教育**　定価はカバーに表示

2016年3月20日　初版第1刷

| | |
|---|---|
| 監修者 | 前　川　喜　久　雄 |
| 編集者 | 砂　川　有　里　子 |
| 発行者 | 朝　倉　誠　造 |
| 発行所 | 株式会社 朝　倉　書　店 |

東京都新宿区新小川町6-29
郵便番号　162-8707
電　話　03(3260)0141
FAX　03(3260)0180
http://www.asakura.co.jp

〈検印省略〉

© 2016〈無断複写・転載を禁ず〉　　新日本印刷・渡辺製本

ISBN 978-4-254-51605-0　C 3381　　Printed in Japan

JCOPY　＜(社)出版者著作権管理機構 委託出版物＞

本書の無断複写は著作権法上での例外を除き禁じられています．複写される場合は，そのつど事前に，(社)出版者著作権管理機構（電話 03-3513-6969，FAX 03-3513-6979, e-mail: info@jcopy.or.jp）の許諾を得てください．

# 講座日本語コーパス

〈全8巻〉

前川喜久雄 監修

## 1. コーパス入門
前川喜久雄 編

## 2. 書き言葉コーパス―設計と構築
山崎　誠 編

## 3. 話し言葉コーパス―設計と構築
小磯花絵 編

## 4. コーパスと国語教育
田中牧郎 編

## 5. コーパスと日本語教育
砂川有里子 編

## 6. コーパスと日本語学
田野村忠温 編

## 7. コーパスと辞書
伝　康晴・荻野綱男 編

## 8. コーパスと自然言語処理
松本裕治・奥村　学 編